The Digital Economy

A New Era　A New Voyage

数字经济

新时代 再起航

李艺铭　安晖◎著

人 民 邮 电 出 版 社

北 京

图书在版编目（CIP）数据

数字经济 : 新时代 再起航 / 李艺铭, 安晖著. --
北京 : 人民邮电出版社, 2017.6
ISBN 978-7-115-45702-8

Ⅰ. ①数… Ⅱ. ①李… ②安… Ⅲ. ①信息经济—研
究—中国 Ⅳ. ①F492

中国版本图书馆CIP数据核字(2017)第087584号

内容提要

本书在梳理“数字经济”相关研究成果的基础上，结合典型区域和企业数字经济的最新实践动态，分 9 章对数字经济的发展现状和趋势进行梳理和总结，力图探索数字经济的重要性和规律性。第 1 章对数字经济的概念和内涵进行梳理，对相关概念绘制了“数字经济概念家族图”。第 2~4 章在结合实践动态的基础上分别针对数字经济的理论价值、政策含义和经济影响做出最新的释义；第 5~7 章总结了数字经济在决策影响、组织形态和创新方式三个层面的特性；第 8 章面向未来发展，展望数字经济的九大核心议题；第 9 章完成了本研究的政策含义解读和措施建议。

本书适合所有对数字经济的未来发展感兴趣的读者阅读，尤其适合行业分析师、咨询师以及通信、电商、物联网等企业的中高层管理者阅读。

◆ 著　　　　李艺铭　安　晖
　责任编辑　邢建春
　责任印制　焦志炜
◆ 人民邮电出版社出版发行　　北京市丰台区成寿寺路 11 号
　邮编　100164　　电子邮件　315@ptpress.com.cn
　网址　http://www.ptpress.com.cn

◆ 开本：700×1000　1/16
　印张：13.75　　　　2017 年 6 月第 1 版
　字数：190 千字　　　2017 年 6 月河北第 1 次印刷

定价：59.00 元

读者服务热线：(010)81055488　印装质量热线：(010)81055316
反盗版热线：(010)81055315
广告经营许可证：京东工商广登字 20170147 号

前　言

如今，数字经济的发展正在进入一个新的时期。以新一代信息革命为契机，数字技术的融合提升作用和数字资源的巨大应用价值引起了科技界、产业界乃至全社会的广泛关注，开启了对数字经济议题的新探讨。2016 年，数字经济的热度不断升温，重要性显著增强。2016 年 9 月，二十国集团（G20）杭州峰会发布《数字经济发展与合作倡议》；2016 年 10 月，习近平总书记在中共中央政治局第三十六次集体学习时强调要做大做强数字经济，加快数字经济对经济发展的推动；2016 年 11 月，第 27 届中美商贸联委会以"数字经济"为战略性专题进行了深入探讨，无论是从国内眼光还是从国际视角、无论是全球合作还是大国对接，都已将数字经济作为重中之重。2017 年 3 月，《政府工作报告》提出"加快人工智能、第五代移动通信等技术研发和转化，推进'互联网 +'深入发展，促进数字经济加快成长"。这是"数字经济"首次写入我国政府工作报告之中，体现了国家对数字经济的高度重视。

客观来看，"数字经济"并非完全崭新的概念，但随着数字经济重要性的普遍开启和现实意义的延伸，数字经济的发展远超越了概念最初提出时的内涵和外延，值得我们再度关注和研究。我们也希望能赋予这个课题一些新的时代意义：一是提醒政府、企业、民众等主体，我们已经处于或即将处于一个全新时期，这似乎是当前全球政治经济众多不确定性中的确定性趋势；二是倡导开眼看世界，从数字经济的视角，去看待真实经济社会发生的核心变革，从生动的典型案例分析上升至规律的探索，努力把握数字经济的现状与趋势；三是唤醒主流经济学的关注，科技界、产业界的热捧与主流经济学的冷漠之间一直存在着背离，若要进一步提升对数字经济重大意义的探讨，必须要从这个宏观经济议题的本质和核心去解析。因此，本书也力图从理论层面归纳数字经济新时代的核心特征。

目前，数字经济尚处于众说纷纭、莫衷一是的阶段，这是大家最为困惑也最为广泛关注的阶段。国内外的政府、媒体、企事业单位、咨询机构、行业研究机构等都在抢占这一阵地。据不完全统计，仅2015年以来，相关研究报告和书籍数量已经过百，一时之间各种概念和观点的推出，给主管部门和公众带来不少新的理解误区。本书并不准备从人类历史和技术演化的宏伟角度探讨数字经济的当下和未来，也不希望将数字经济框定在过去20年来的技术范围，更不希望在众多的新词堆里“造词”。简而言之，我们希望能为广大读者解惑，而不再继续增加无意义的信息。在这个跨界融合加速和裂变的时代，能够向政府、企业和公众做出诚恳的交代——数字经济到底是什么，到底会不会影响我们的日常生活，数字经济的根本影响是什么？数字经济的表现是什么？未来的前进方向在哪里？我们希望突出数字经济科技和经济的双重属性，凝练出数字经济的特征和状态，回应广大实践者对于数字经济体系化的期待，用具有可读性的文字、较新的和一手的案例和数据展现一幅真实的数字经济图景。

在本书中，我们梳理了自2013年以来在该领域的深入研究成果，在对国家发展和改革委员会、工业和信息化部、中央网络安全和信息化领导小组等国家部委委托的“数字经济”相关课题研究的基础上，结合贵州、浙江、深圳等典型区域数字经济的最新政策设计，在多个课题的调研走访中以及从事中国“互联网+”百佳实践工作时精选出的典型企业实践案例，梳理脉络，总结经验，探究数字经济的重要性和规律性，从而撰写和提供客观、科学、兼具理论价值和实践指导意义的参考书籍。我们努力发挥国家级智库研究的优势，既体现直接参与国家和地方政策制订过程的权威解读能力，又能反映更多调研和征集活动中涌现的最新实践动态。

本书的出版离不开众多单位和个人的无私支持，感谢作者所在单位赛迪工业和信息化研究院的培养和支持，感谢国家发展和改革委员会高技术司、工业和信息化部电子信息司等部门所给予的参与政策制订和重大课题研究的宝贵机会，感谢人民邮电出版社的信任和期待，感谢朋友们在书稿撰写和修订过程中给予的帮助。由于时间紧迫，书稿写作仍显仓促，一定存在不足，期待同行意见和社会各界的批评指教。

作 者

2017年4月10日 于北京

目　录

Chapter 1

第1章

数字经济：从日常谈资到核心议题

如今，数字经济正在历经“核聚变”，逐渐脱离大家所熟识或自以为熟识的既有概念。一时间，数字经济引起了各界人士的广泛关注：科技界人士说，数字经济是当前新一代信息技术甚至于新一轮科技革命的集大成者，将对这个经济和社会产生翻天覆地的影响；未来学家说，数字经济是强化和泛化机器的存在，探讨生物与机器本质与演化趋势是否归一，未来的世界又将由谁主宰。然而，有专家说，数字经济不过就是信息化或信息化的升级版；也有专家说，数字经济就是大数据及其应用……

更为重要的是，数字经济不知不觉已经成为大众口中的日常谈资。也许有人认为自己的职业和日常生活并没有太多“数字经济”的痕迹，但数字经济其实从未远离。近年来，云计算、大数据、物联网、人工智能等新技术密集涌现，移动智能终端、智能无人系统、个人智能助理等新产品层出不穷，“互联网 +”、信息经济、网络经济等新概念应接不暇……某时某刻，你会突然发现，如许丰富的数字经济内容与体验已经围绕在你身边、融入你的生活，甚至已经悄然改变了你的生活形态、生活习惯和生活态度。

从追新求异的日常谈资到直指战略高点和巨大价值的核心议题，数字经济的表现、本质与动向已成为产业界、经济界、科技界、投资界等重点关注的对象，相关话题、观点和思想碰撞越来越多。面对纷纭众说，若冷静思考、回溯本源，那么数字经济到底是什么？我们高估还是低估了数字经济的能量与价值？本章将以数字经济的概念内涵为中心，解析相关概念的边界和异同点，梳理数字经济存续的历史脉络，并结合近年来数字经济相关的国际国内大事件，解答当前为何

会成为数字经济扬帆起航的新时代。

1.1 数字经济相关概念：花开万朵，不离其宗

一个新的概念往往让人有虽似曾相识，却又难以言状的困扰，“数字经济”就是这样的典型。从 0-1 二进制的出现将各类符号数字化起，就开启了关于数字经济的讨论，并且这些讨论一直持续，仍未结束。正如哲学家尼采所说：“独创性并不是首次观察某种新事物，而是把旧的、很早就是已知的，或者人人都视而不见的事物当新事物观察，这才证明是有真正的独创头脑。”因此，我们要做的工作不是要否认前人的辛勤和成果，而是要在巨人的肩膀上博采众家之长，从而形成自己的认知，并努力使这个认知相对准确、可拓展、与时俱进。

“数字经济”之所以令人困惑，很大程度上是因为其概念有一个广泛的相似概念“家族”。维基百科（Wikipedia）提出，数字经济时常与互联网经济（Internet Economy）、新经济（New Economy）、网络经济（Web Economy）等概念表达相似或相同的观念。根据相似度和相关性由近及远（如图 1-1 所示），这些概念家族成员从内而外可以分为三层：第一层是核心成员，也是相似度最高的概念群，包括信息经济（Information Economy）、信息技术经济学、互联网经济、网络经济等；第二层是宏观经济意义的新概念，包括虚拟经济（Fictitious Economy）、新经济等；第三层是相关的边缘概念，还包括第二经济、知识经济、赛博经济、“互联网 +”、信息化等。

1.1.1 核心家族成员

数字经济概念家族的核心成员是相似度最高的概念群，包括信息经济、信息技术经济学、互联网经济、网络经济、赛博经济等。这些概念是不同时期和不同学科背景下的产物，并没有明确的是非之分，甚至于在数字经

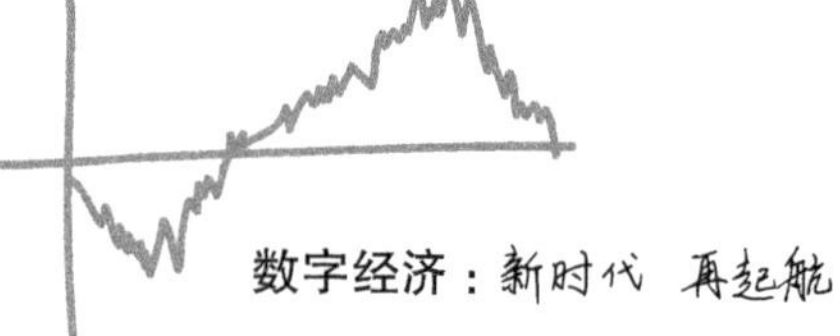

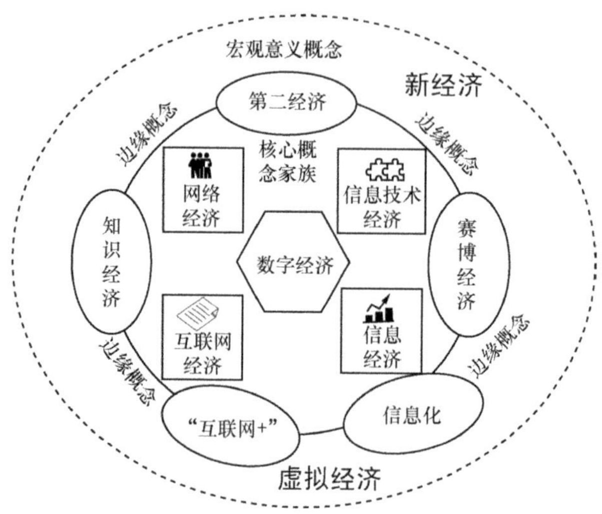

图 1-1　数字经济相关概念“家族”图谱

济发展的过程中，这些概念与数字经济的内涵外延并没有太多的区别。在很多情况下，数字经济与这些概念是可以通用的。因此，我们在研究中也将充分吸收其他学者对这些概念的长期研究成果，佐之提升对数字经济的认识。

（1）信息经济

信息经济是与“数字经济”最相似的概念，也是引起最广泛研究的概念之一。维基百科认为，信息经济是这样一种经济，它日益强调信息活动和信息产业的重要性。按照两位信息经济理论开创者马克卢普[1]和波拉特[2]的说法，信息经济则是指以生产、获取、处理和应用信息为主的经济。可以说，这种定义涵盖了以信息为核心产生的一切经济活动，具有较好的扩展性。也正是由于这一概念的理论性，进而催生出了“信息经济学”和“信息经济论”的名称。“信息”无疑是信息经济的核心，对“信息”的内涵和作用的不同理解，构成了信息经济不同内涵和外延的核心。具体来说，“信息”可能扮演着 4 种不同维度的角色。①“信息”是日常经济活动产生的知识产物。在主流经济中，有一个分支为博弈论与信息经济学，其开创者之一的诺贝尔经济学奖获得者肯尼思·阿罗[3]认为，由于对分析不确定性下经济行为的工具的运用，信息的经济作用就

变得十分重要了。这里所指的信息就是人类社会活动的信息活动要素的集合。在信息对称和信息不对称的情况下，信息对不同经济主体之间的行动、策略及最终的收益和均衡将产生关键的影响。②将“信息”视为一种生产要素，也称为“信息资源”，类似于土地、劳动力、资本等生产要素，由此引发的是对信息作为一种生产要素参与生产和分配的关注和理解。③将“信息”看作一种商品，进行商品定价、产品市场结构等分析。④从产业层面理解“信息”。在国际上信息产业又称为信息通信技术产业（ICT，Information Communications Technology），在我国也称为电子信息产业，主要包括电子信息制造业、软件和信息技术服务业和通信业（或电信业）三部分，并运用多种统计方法对信息技术带动的产业进行规模统计、结构分析及展望测算。

（2）信息技术经济学

有学者[4]将信息技术经济学作为技术经济的分支进行专题研究，重点强调由信息技术带来的经济活动演变。信息技术的变革性已受到广泛认可，近年来提出的第三次工业革命[5]或第四次工业革命[6]等科技革命概念，都将电子计算机、互联网、通信等信息技术作为支柱或核心，因此信息技术经济学更加强调技术或科技革命带来的广泛影响。

（3）互联网经济

互联网经济是信息网络化时代产生的一种崭新的经济现象。从广义上可以理解为基于互联网所产生的经济活动的总和。从当今发展阶段看，主要包括电子商务、即时通信、搜索引擎、网络游戏等形态。在互联网经济时代，经济主体的生产、交换、分配、消费等经济活动，以及金融机构和政府职能部门等主体的经济行为，都越来越多地依赖信息网络，不仅要从网络上获取大量经济信息，依靠网络进行预测和决策，而且许多交易行为也直接在信息网络上进行。

（4）网络经济

网络经济是目前学术界较为公认的术语，甚至有了“网络经济学”的

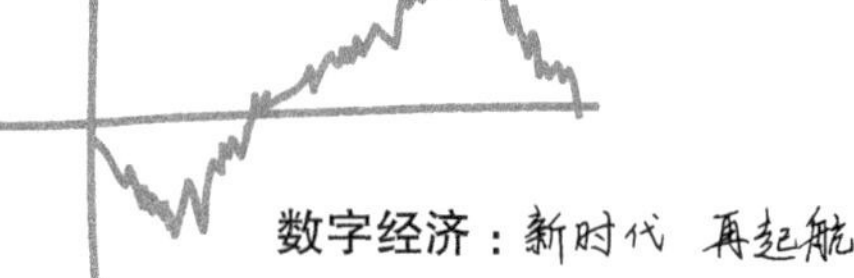

分支学科。这一学科在商科或管理学科中更受认可，被国内外电子商务专业作为专业课，却并不是很正规的经济学概念。有学者[7]认为，网络经济研究的是当社会的生产方式与交换方式以网络形式组织起来后，人与人的经济关系所发生的变化。由于网络形态的变化，当前的网络经济较20世纪末的网络经济从内涵到外延已经发生了相当大的变化。

（5）赛博经济（Cyber Economy）

采用源于控制论的“赛博”（为“cyber”的音译）一词，意为对物理网络及其承载的数据及基于这些数据所做出的分析决策控制。有学者[8]指出，赛博经济系统是以信息和知识为主导资源、以信息与网络产业为主导产业的经济形态，是以计算机信息技术为基础、依托计算机网络平台所进行的各种经济活动及其在此基础上所形成的各种经济关系的总和。“赛博经济”的概念有其创新性，突出了网络发展带来的物理空间和经济活动拓展，但相较于之前的几个概念，目前其普及性有限。

1.1.2 宏观经济新概念

数字经济概念家族的第二层是宏观经济意义的新概念，包括新经济、虚拟经济等。这些概念突出了宏观经济的变革和演化，但未能突出信息技术、数字化等特征，往往夸大了数字经济的外延，未能更明确地概括数字经济带来的实质性影响。

（1）新经济

新经济可以理解为各种层面、各种形态的具有创新性的经济活动的总和，这一概念在学术层面、实践层面和政策层面都有广泛的应用，但往往没有明确的内涵。例如，1999年美国发展政策学会对“新经济”的理解是，经济的结构、运作方式和规则所产生的一系列从量到质的转变，强调基于知识和观念的经济，关注将创新观念和技术融入提供的服务和制造的产品中，及其提供的新的工作机会和高标准的生活质量。2000年，美国总统克林顿的《总统经济报告》指出，当时美国处于经济快速扩张、就业充分

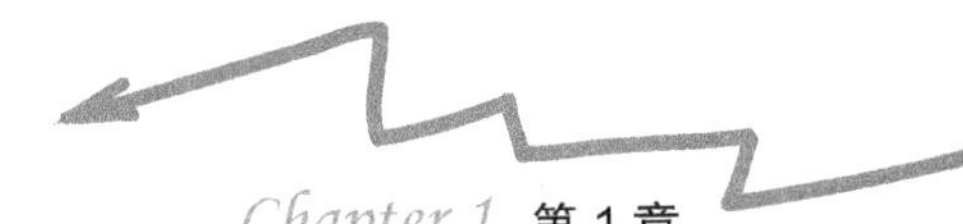

增长，并未出现通货膨胀的持续高速发展中，这突破了传统宏观经济学中对经济增长与通货膨胀等此消彼长的桎梏，这种现象一度被称为“新经济”。在学术界，对“新经济”的定义更是多种多样，技术创新、组织变革、贸易全球化等带来的宏观经济模式变化，以及低碳、环保、绿色等发展理念孕育出的经济发展模式的创新，都可被理解为“新经济”。近年来，在经济增速放缓和转型加速的背景下，我国多次提出加速培育“新经济”的理念，这里的“新经济”涉及一、二、三产业，不仅是指三产中的“互联网 +”、物联网、云计算、电子商务等新兴产业和业态，也包括工业制造中的智能制造、大规模的定制化生产等，还涉及一产中有利于推进适度规模经营的家庭农场、股份合作制，农村一、二、三产融合发展等[9]。可见，“新经济”的覆盖面和内涵很广泛，它不仅是信息技术和数字化等带来的变革，因此其范围远远大于数字经济的范围。

（2）虚拟经济

虚拟经济最早出现于经济学概念中，针对“实体经济”的概念而存在，如果说实体经济表现为物质层面的产品和看得见的服务，那么虚拟经济则更广泛地存在于资本等金融产业中，存在较大的波动性，并且具有较为独特的定价方式和价格体系。广义的虚拟经济包括金融业、房地产业以及体育经济、博彩业、收藏业等。近年来，在研究新的数字经济形态的过程中，有学者将这种看不见的“数字”塑造的产业和经济形态理解为虚拟经济。总体而言，这一概念具有较大的歧义，不具有清晰的内涵外延。

1.1.3 相关边缘概念

数字经济概念家族的第 3 层是相关的边缘概念，还包括知识经济、第二经济（The Second Economy）、“互联网 +”（The Internet Plus）、信息化等。这些概念往往体现了数字经济的某一方面特点，或者描述了数字经济的过程，或只能代表数字经济在某一特定经济环境下的表现形态，因而不能作为数字经济的同义词，但可以补充对数字经济的认识。

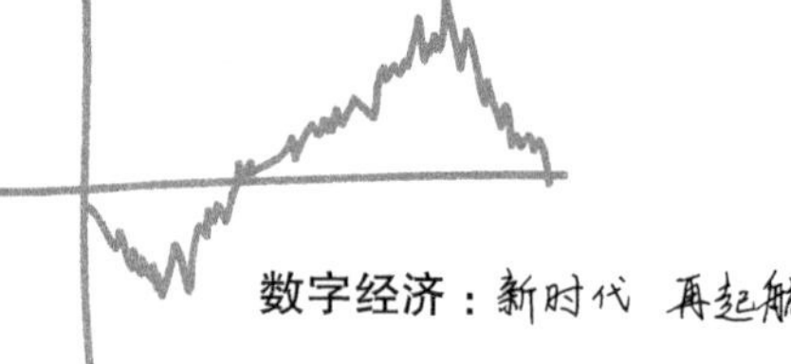

（1）知识经济

20 世纪以来，知识经济与数字经济都引起了人们的广泛关注，并且在相当长时间内被认为有替代性。1996 年，经济合作与发展组织（OECD，Organization for Economic Co-operation and Development）发表《以知识为基础的经济》的报告，将知识经济定义为建立在知识的生产、分配和使用（消费）之上的经济。其所述内容包括人类迄今为止所创造的一切知识，最重要的部分是科学技术、管理及行为科学知识。知识经济打破了传统物质形态经济下的边际效益递减规律，这一性质与数字经济有类似之处。但知识经济不仅关注于信息技术和数字化，其关键是知识生产率，即创新能力，更突出人的大脑和人的智能。

（2）第二经济

第二经济是一种快捷的、自主的、隐形（虚拟）的数字化经济形态[10]，是自工业革命后最大的社会变革，正在创造快速、互联和极具生产力的新经济世界。例如，白杨的根系和神经系统的反馈一样，这种数字化的经济有着快速的发展速度和即时反馈的神经网络，能在短时间内完成“实体经济 - 数字经济 - 实体经济”的转变，预计其规模将在 20 年内与实体经济体量相等。

（3）“互联网 +”

2015 年“两会”期间由李克强总理在政府工作报告中首次提出，于 2015 年 8 月正式出台文件[11]，其释义为把互联网的创新成果与经济社会各领域深度融合，推动技术进步、效率提升和组织变革，提升实体经济创新力和生产力，形成更广泛的以互联网为基础设施和创新要素的经济社会发展新形态。我国出台的“互联网 +”指导意见中涵盖的 11 个具体行动内容如图 1-2 所示。“互联网 +”作为当前中国新经济的代表，也是中国经济转型发展的重要战略，可以理解为数字经济当下在中国的形态和表现。

（4）信息化

信息化是一个演进的概念，也是一个实践的概念，是计算机与互联网

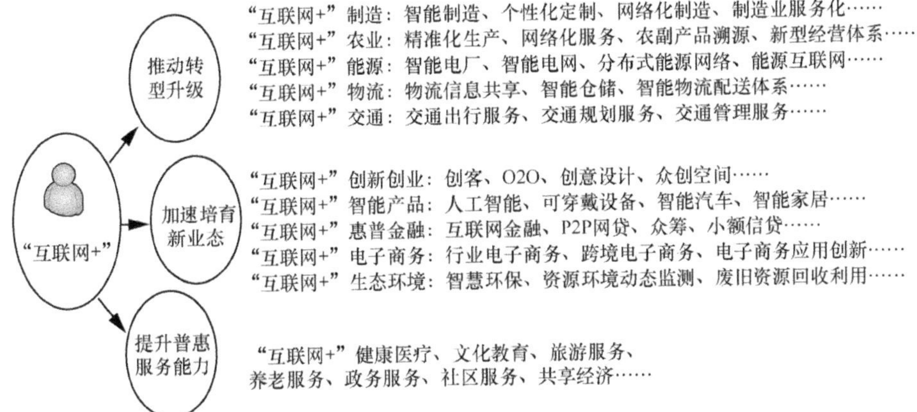

图 1-2 "互联网 +" 概念和行动内容

的革命所引起的工业经济转向信息经济的一种社会经济过程[12]。从 1993 年起，随着金卡、金桥、金关等信息化工程的开展，以及国家信息化工作领导小组的成立，我国全面开启了国家信息化工程。从"九五"规划到当前的"十三五"规划，《国家信息化规划》一直被列为五年计划中的重点专项规划，可以说信息化一直是国家的重要战略。一方面，信息化的概念本身就在不断演进，1997 年我国第一次全国信息化工作会议指出，信息化是指培育、发展以智能化工具为代表的新的生产力并使之造福于社会的历史过程，而当前"信息化"表现出数字化、网络化、智能化等特征[13]，更有学者提出信息化 2.0 或信息化 3.0 等概念，以区别之前的信息化；另一方面，"化"突出了"信息化"概念的阶段性，因此信息化可以是数字经济的过程，但不能代表数字经济本身。

1.1.4 界定概念的原则

数字经济的技术创新如此迅速、业态形式如此多样、经济影响如此广泛，以至于有太多不同的名词来概括它，各种交叉使用也不计其数。《连线》杂志主编凯文·凯利是创造和传播新词的高手，曾经撰写过《新经济，新规则》[14]一书，其中既用了"新经济"也用了"网络经济"；而除了以上常见的概念“家族”成员，还存在着“新信息经济”“新数字经济”“数字信息经济”等新的名称，并且仍然不断有新的名称出现。

可见，掌握“数字经济”的关键确实不在概念名称，而在于内涵和外延。因此，本书在界定数字经济的概念时，将遵循“内涵至上”的原则，继续引用关于数字经济概念“家族”的相关研究成果，以丰富对数字经济的认识和理解。

1.2 数字经济研究大军：一杆大旗，多路人马

从我们关注数字经济开始，就发现已经有很多的研究机构对此展开了广泛的和不同角度的研究，如图 1-3 所示。其中著名的参与者既包括了马克卢普、波拉特、范里安等一批学者，也包括了美国商务部等官方机构，还有 G20、OECD 等国际组织，同时也有麦肯锡（McKinsey）、埃森哲（Accenture）等国际咨询机构的身影，更不乏高德纳（Gartner）之类的信息技术研究机构的参与。近年来，国内的阿里、腾讯等大型信息技术企业也开始跻身

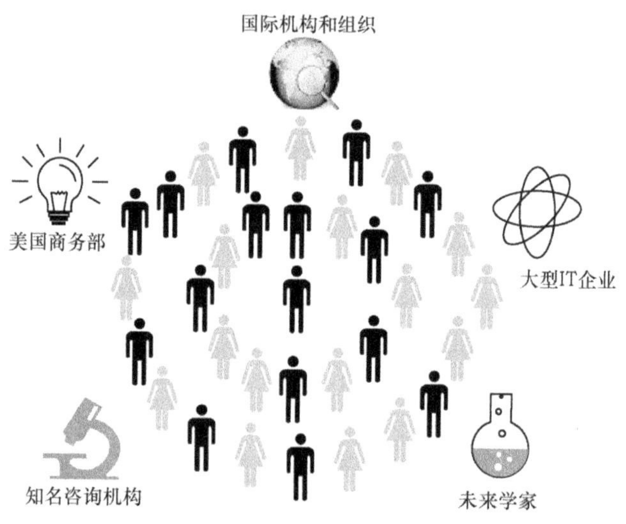

图 1-3 数字经济研究者图谱

这一队伍。

国内主要从 20 世纪 90 年代开始兴起对数字经济的研究，既有专家学者，也有研究机构参与。2010 年以来，我国移动通信和互联网信息服务取得了重要进展，“数字经济”的概念内涵再次演进和丰富，再次引发了人们对其研究的热潮。

要对一个概念进行全面的理解，就不能忘记这个领域的拓荒者和继任者。我们将在众多研究的巨人肩膀上，形成对数字经济的界定。赛迪智库（中国电子信息产业发展研究院）作为国内信息产业领域的重要智库，近年来在“数字经济”领域开展了一系列跟踪研究，参与了国家发展和改革委员会“信息经济”课题研究，并获得国家发展改革研究成果奖；参与了工业和信息化部“数字经济”相关课题研究，参与了中国信息化百人会的国内首份“信息经济”报告撰写，并在所承担的国家发展和改革委员会有关“互联网 +”行动工作中一直跟踪我国数字经济最新实践，在数字经济研究中积累了广泛经验，相信本书对数字经济的定义将具有客观性和科学性。

1.2.1 国际机构和组织

经济合作与发展组织[注1]。其囊括了欧美主要经济体，同时也吸收了日本、韩国、澳大利亚等亚洲、大洋洲国家，是全球经济组织中最具代表性的组织之一，常年关注全球化带来的经济、社会和政府治理问题，对全球经济社会发展具有广泛影响力。OECD 持续跟踪数字经济的最新进展，将其设置为常态化议题。2011 年，OECD 对数字经济进行测算[15]，从互联网普及率、宽带（移动宽带）、（移动）应用活跃度、云计算、大数据价值、电子商务、信息产业贡献率和创新性、创业企业、风险投资、就业、隐私、数据安全等方面进行调研和数据统计，以此评判 OECD 国家

注 1：OECD，成立于 1961 年，不断壮大，现今由 35 个市场经济体组成，其成员国包括：澳大利亚、奥地利、比利时、加拿大、智利、捷克、丹麦、爱沙尼亚、芬兰、法国、德国、希腊、匈牙利、冰岛、爱尔兰、以色列、意大利、日本、韩国、拉脱维亚、卢森堡、墨西哥、荷兰、新西兰、挪威、波兰、葡萄牙、斯洛伐克、斯洛文尼亚、西班牙、瑞典、瑞士、土耳其、英国、美国。

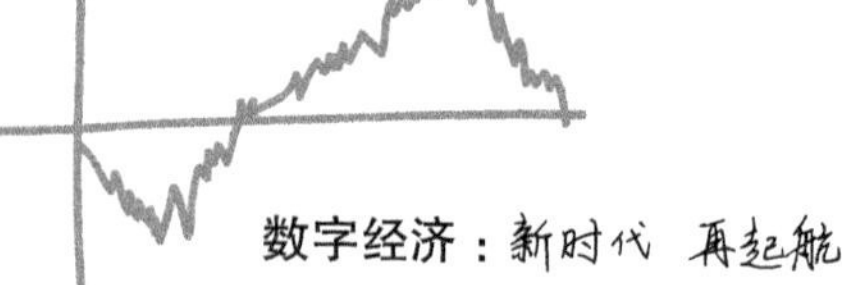

的数字经济发展水平。2015 年，OECD 对数字经济进行了最新展望[16]，认为数字经济的发展仍然具有相当大的潜力，明确指出其在固定和移动网络基础设施、移动通信的无线频谱资源、企业的信息技术和网络应用、基于合作的新商业模式、数字经济在消费者中的普及等 5 个方面存在发展空间。

G20[注2] 作为一个国际经济合作论坛，关注对全球经济合作和发展具有重要意义的议题，十分关注数字经济的最新进展。2016 年召开的 G20 杭州峰会对数字经济进行了新的界定，认为数字经济是以使用数字化的知识和信息作为关键生产要素、以现代信息网络作为重要载体、以信息通信技术的有效使用作为效率提升和经济结构优化的重要推动力的一系列经济活动。

联合国（UN，United Nations）高度关注数字经济的发展，从 2005 年开始连续发布“信息经济系列”（Information Economy Series）报告，每期分别以不同的主题开展数字经济 / 信息经济最新发展的讨论，其主题涵盖电子商务、科技发展、ICT 企业与贫困、ICT 与私人部门发展、国家软件系统和云计算等领域，探讨了数字经济的形态及其所带来的广泛的经济社会影响。联合国“信息经济系列”报告内容梳理见表 1-1。

表 1-1　联合国信息经济系列报告梳理

时间	报告名称	主要内容
2005 年 10 月	2005 年信息经济报告《电子商务与发展》	1. 概述信通技术的获取和使用情况（尤其是发展中国家企业） 2. 发展中国家互联网服务供应商与国际互联网骨干网供应商相互连接条件的商业安排问题 3. 探讨了发展中国家由缺乏详尽的信贷报告体制导致的借贷双方信息严重不对称的问题 4. 电子旅游业的前景与机会 5. 保障信息安全的风险管理与政府政策 6. 研究网络犯罪现象与相关司法改革

注 2：在 1995 年 8 国集团（G8）基础上发展而成，G20 成员包括中国、阿根廷、澳大利亚、巴西、加拿大、法国、德国、印度、印度尼西亚、意大利、日本、韩国、墨西哥、俄罗斯、沙特阿拉伯、南非、土耳其、英国、美国、欧盟。G20 成员 GDP 占全球经济 90%，贸易额占全球 80%，成为全球经济合作的主要论坛。

（续表）

时间	报告名称	主要内容
2006 年 11 月	2006 年信息经济报告《从发展角度做出的观察》	1. 评审了当今全球信息经济中发展中国家作为积极参与者的程度 2. 为发展中国家介绍了一种信通技术政策审查框架样版，用以作为评估本国信通技术战略和规划的国际指南 3. 探讨信通技术作为通用技术对增强大多数经济活动领域效率的前景 4. 通过探讨调节支配技术与实施这些技术的发展中国家的经济、法律和社会环境之间互动关系的原理和能动性来研究信通技术和电子商务领域中的有效决策问题
2008 年 2 月	2007~2008 年信息经济报告《科学和技术促进发展：信通技术新的范式》	1. 信通技术在发展中国家的传播情况 2. 信通技术部门对南南贸易的影响 3. 信通技术对生产效率的计量问题 4. 信通技术在金融、制造业、营销和分销活动中对企业创新的影响以及相应的政策支持 5. 电子银行和电子支付对发展中国家和转型经济体的影响 6. 移动电话在低收入人群中的扩散与影响 7. 电信中心对通信技术推广到贫困地区的作用 8. 东盟启动协调成员国电子商务立法框架情况
2009 年 10 月	2009 年信息经济报告《经济动荡中信通技术发展趋势与前瞻》	1. 信通技术（如移动通信、网络和宽带）在全球以及各个地区的推广和发展情况 2.2003~2008 年在信通连接发展方面最活跃的经济体的排名 3. 数字鸿沟的监管问题 4. 国家统计局对信通技术在商业部门应用情况的调查——通信技术产品交易模式的变化 5. 对发展中国家就如何从信通技术中获得更大收益提出政策建议
2010 年 10 月	2010 年信息经济报告《信通技术，企业和消除贫困》	1. 全球和各地区低收入国家对信通技术推广和可负担能力的情况 2. 企业如何通过信通技术帮助解决贫困问题 3. 商业信通技术的相关应用如何满足低收入国家城乡地区的小微型企业信息与通信的需要 4. 移动支付、移动小额保险、社会化外包和从事信通技术的小微企业的发展对社会的影响 5. 政府如何引导和影响企业的信通技术来更好地解决贫困问题 6. 有关于信通技术商品和服务的贸易情况，信通部门的重要性，各行各业对信通技术使用程度的国际数据
2012 年 3 月	2011 年信息经济报告《信通技术助企业发展》	1. 分析了信通技术对企业发展产生重大影响的 4 个方面，并基于此提出政策建议 2. 移动支付系统对企业发展的影响 3. 信通技术对女性创业的促进作用

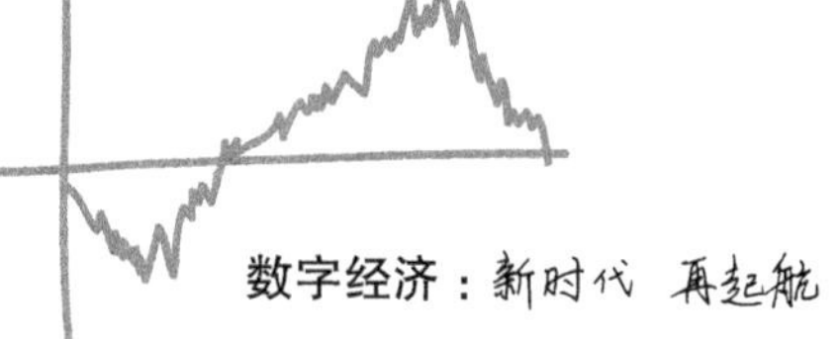

（续表）

时间	报告名称	主要内容
2012 年 11 月	2012 年信息经济报告《软件与发展中国家》	1. 着重探讨了软件在发展中国家的作用 2. 全球及各个地区软件行业制造、消费、贸易、投资、风投、就业的趋势 3. 推出了国家软件体系的概念 4. 共享和开放源码软件的发展趋势 5. 信通技术的发展对软件制造的影响 6. 分析了发展中国家以市场为导向的软件制造情况 7. 对建设软件能力和软件产业提出政策建议
2013 年 12 月	2013 年信息经济报告《云经济与发展中国家》	1. 存储、处理和传输能力为云经济的发展奠定基础 2. 如何评估发展中国家政府、企业和其他组织将数据和活动牵至云端带来的潜在优势与风险 3. 发展中国家采用云对云经济的供应端和用户端造成的影响 4. 基础设施方面的不足对发展中国家采用云计算的阻碍作用 5. 云计算引发法律和监管难题（特别是在数据保护和隐私保护方面） 6. 政府在发展云经济和采用云服务时应考虑的问题——发展伙伴与政府合作应对云经济
2015 年 3 月	2015 年信息经济报告《释放电子商务潜力 造福发展中国家》	1. 研究发展中国家想要从事电子商务的企业所面临的机遇和挑战 2. 提出新的贸发会议 B2C 电子商务指数来评估各国对电子商务的准备情况 3. 勘察了在互联网立法规的 4 个关键领域中国家立法的完备情况：电子交易、网上消费者保护、数据保护及隐私、网络犯罪 4. 国家战略和国际政策对电子商务的促进作用及需要注意的问题

资料来源：联合国贸易和发展会议，作者整理

以上重要国际组织和机构的行为实践代表了全球对数字经济发展的关注度。实际上，各个国家对数字经济也是高度关注，在推动数字经济发展方面纷纷做出了表率，第 3 章将从国别层面详细分析主要国家和地区的数字经济发展情况。

1.2.2 美国商务部

美国商务部对数字经济的发展起到极其关键的作用，因此，本书将对其进行单独的描述。这是基于美国商务部对数字经济理论和实践的推动层

面，将独立于第 3 章中对于国别的数字经济研究。早在 20 世纪中叶，美国商务部就开始关注数字经济（或信息经济）的发展，资助了波拉特等学者的研究，并从一开始就关注数字经济理论的政策含义，这是十分重要和关键的。实际上，不论数字经济在理论上是否已经获得真知，但在过去的半个多世纪中，它确实已经让全人类感受到了它的存在，并对经济社会决策发生了深远的影响。美国总统府听从波拉特的建议，新设了电气通信政策局，后虽撤销，但仍然在美国商务部设置了相应机构，与美国联邦通信委员会（FCC，Federal Communications Commission）等共同形成早期的数字经济政策决策机构。

20 世纪 90 年代末期，商务部逐渐将研究主题从“信息经济”转移到“数字经济”。美国商务部在 1998~2003 年连续 5 年发布“数字经济”报告，2010 年起发布 3 期“数字国家”报告，2012 年发布“数字政府”报告。1998 年美国首次将数字经济概念从学术层面带入政策领域。美国商务部自 1998 年开始连续 3 年，公布了 3 份关于数字经济的研究报告 (1998 年的《浮现中的数字经济》、1999 年的《新兴的数字经济》、2000 年的《数字经济 2000》)，对信息技术产业的经济表现进行说明，就信息技术产业对经济增长、通货膨胀、就业及劳动市场的影响进行分析，对正在浮现中的电子商务进行专门的描述。

1.2.3 知名咨询机构

（1）麦肯锡

麦肯锡为数字经济构建了衡量指标体系，建立了行业数字化指数，即麦肯锡全球研究院（MGI，McKinsey Global Institute）产业化数字指数，包括数字资产、用法和劳动力 3 个方面。该指数反映企业的不同部门在数字能力方面的投资或开支情况、对数字技术的部署、内部流程的自动化、建设数字技术的劳动队伍以及工作自身的数字化，为数字欧洲提供衡量标准。麦肯锡对中国的 6 个重要行业的数字化进行了分析 [17]，认为消费电子、

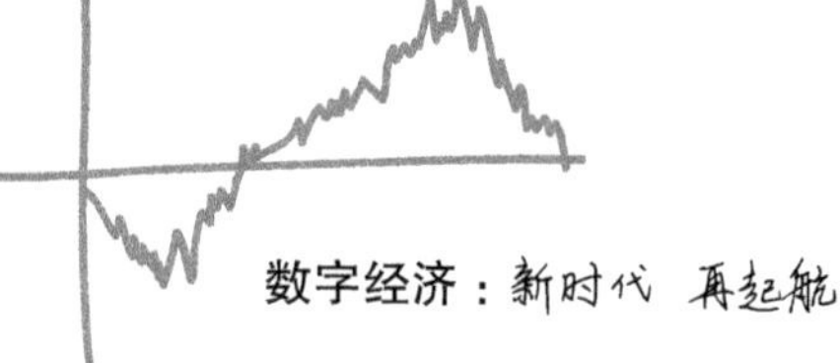

汽车、化工、金融服务、房地产、医疗卫生这6个行业中互联网的经济贡献率将于2025年分别达到14%~38%、10%~29%、3%~21%、10%~25%、-3%~6%、2%~13%，如图1-4所示。总的来说，互联网对中国经济的贡献率将从2013年的7%上升至22%，提升GDP增长率0.3~1.0个百分点。

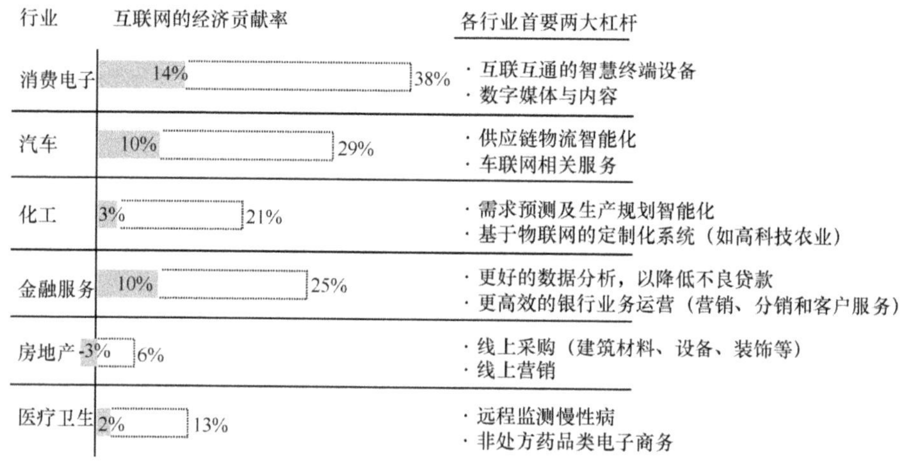

资料来源：麦肯锡，《中国的数字化转型》

图1-4 中国主要行业数字化贡献预测

（2）埃森哲

埃森哲认为，数字经济是指各类数字化投入带来的全部经济产出，即涉及数字技能和数字化资本的经济活动。根据埃森哲自创的数据统计模型，数字经济在世界经济的占比将达到22.5%，成熟经济体的数字技术将贡献28%。其中，美国比例为33%，位居第一，随后是英国、澳大利亚、法国、德国、荷兰、巴西、西班牙、日本、意大利。据埃森哲统计及预测，2015年，数字经济在中国GDP的占比为10.5%，到了2020年，这一比例将会达到13.3%。在11个样本国中，中国排名最后。

（3）高德纳（Gartner）

高德纳作为IT领域的全球知名咨询机构，对信息技术和信息产业进行着持续深入的研究。Gartner提出了新信息经济学（Infonomics）理论[18]，认为信息是企业的资产，具有可量化的潜在价值和实现价值，应当作为资

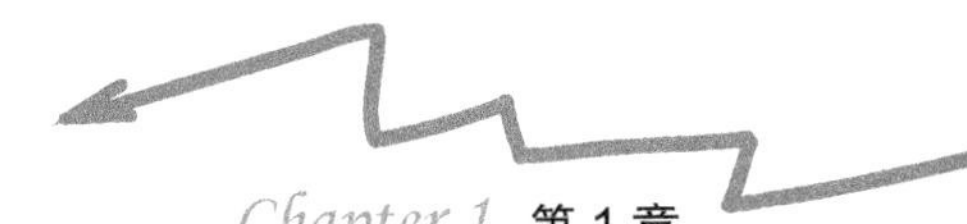

产计入到企业账目中，因此，企业的目标应当将信息价值最大化，使用信息安排 IT 预算和业务计划，而信息本身也应当遵循资产的管理办法。简言之，Infonomics 关注于信息的资产属性，提出对信息的核算和管理所应当遵循和其他企业资产相同的规章制度。

1.2.4 大型信息技术企业

我国针对数字经济的研究机构起步较晚，因为我国的信息技术发展本就晚于欧美几十年。从 20 世纪 50~60 年代欧美日处于“二战”后的“黄金时代”起，直至 20 世纪 70~80 年代电子计算机的爆发式发展带动半导体的崛起，硅谷等信息技术创新地应势兴起，而中国彼时仍然经历着传统的计划经济，未曾建立技术驱动型的半导体行业，发展较为缓慢。然而，近年来我国互联网的加速发展，促使我国大型 IT 企业也跻身到对“数字经济”这一新兴形态的研究课题中，以下以阿里巴巴和腾讯两家企业作为代表分析。

（1）阿里巴巴

阿里巴巴作为我国和全球最大的电子商务巨头，自从开始业务转型以来，高度关注云计算、大数据等新兴技术的发展以及信息技术带来的经济形态变化，其研究机构阿里研究院对数字经济、信息经济、新经济、“互联网 +”[19~21] 等新概念都有过系统的研究，并佐以阿里巴巴掌握的中国“新零售”和互联网金融等数据进行分析，有助于提升对中国数字经济发展现状的认识和理解。

（2）腾讯

从 2015 年开始，腾讯紧抓“互联网 +”行动的概念和理念，加强对数字经济的关注和研究。马化腾作为全国人大代表近年来也多次提出相关议案[22]，呼吁对数字经济发展引起重视。相较于阿里巴巴，腾讯对数字经济的关注更偏重于社交媒体和社会变革。2016 年，腾讯[23] 通过结合自身以及京东、滴滴、携程、新美大的数据，对我国 351 个城市的“互联网 +”

进行了指标分析，针对互联网在技术和市场基础、产业、创新创业、智慧城市等领域的融合发展进行了量化分析，绘制了当前我国区域（城市）级数字经济发展的图谱。

以阿里和腾讯为代表的战略研究的优势在于充分结合企业的数字资源。这些数字的所有权虽然仍然存在争议，但是可以为收集和处理这些数字的企业所用。此外，这些研究反映了较为真实和鲜活的现实，并且持续更新，为研究中国数字经济积累了重要资料。但作为国际化的“数字经济”议题，不仅需要站在超越企业的立场上，甚至需要客观的第三方立场，作为“运动员”的企业们在这些问题上往往具有敏感度。由于企业研究必须首先要服务于企业的战略要求，研究成果往往会受到企业中期或短期战略的影响，不论是在技术趋势研判、业务类型或数字经济的社会影响评估等方面，都会不自觉地体现出一定的倾向性。

1.2.5 未来学家

数字经济是如此新鲜和生动，引起了背景各异的研究者的广泛关注。由于数字经济的未知性和跨界性，这些学者中不仅有数字技术或信息产业的从业者和研究者，还包括了范里安（Hal Varian）、夏皮罗（Carl Shapiro）[24,25] 等知名经济学家，也有丹尼尔・贝尔（Daniel Bell）[26] 之类的社会学家，但最为突出的是一批被称为“数字未来学家”（Digital Futurist）的研究者，在这个信息数字化和信息爆炸的时代，他们以其快速的信息获取、信息整合能力和丰富的想象力以及创造力著称。

数字未来学家具有敏锐的嗅觉，对数字经济所带来的变化进行描述和总结，深信数字经济对当前经济社会乃至人类心理、生物等方面具有革命性影响。从 20 世纪 90 年代开始，未来学者就开始预测数字经济所带来的未来世界，未来学者中最为知名的当属凯文・凯利 [27~29]，其《失控》一书将科幻和现实连接起来，将演化生物学、计算机、经济学、组织理论、文学和艺术等不同学科不可思议地结合了起来，旁征博引地描绘未来世

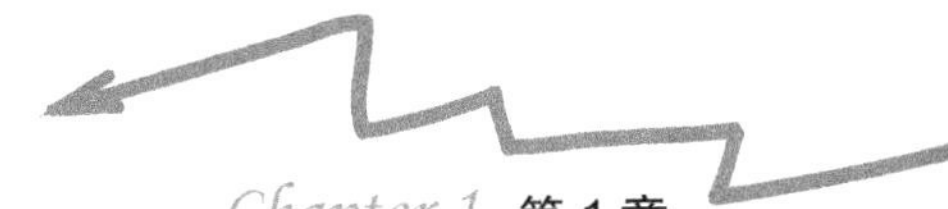

界的迹象，并对未来的人类生物形态、经济形态、组织形态等进行了大胆预测。这本书虽然在内涵和范围上远超过数字经济的范围，但是构建了至今最广泛和科幻的数字世界，它与凯文·凯利其他思想一起，突出了信息技术等科技对人类经济和社会的改造，并且这种改造是不可控和必然的。

另一个广受赞誉的未来学家是唐·泰普斯科特（Don Tapscott）。几乎与凯文·凯利同一时期，泰普斯科特开始关注数字经济，并发表了一系列著作[30~33]，创立了“新范式”（New Paradigm）智库，诠释了数字经济对商业、企业、政府带来的变革性影响，特别是对数字经济的新特性进行了概括，它们是知识（性）、数字化、虚拟化、分子化、一体化、去中间化、聚合（性）、创新（性）、产销合一、即时性、全球化、非协调性，这在20多年前无疑十分具有创见性。

1.3 数字经济沿革：历经六十载，引三轮浪潮

数字经济的发展与数字技术或信息技术的发展历程息息相关。从20世纪90年代至今，信息技术引领新一轮科技革命不断推动技术演进并创造出新的产品，不论是电子计算机的划时代发明，还是互联网诞生和普及带来的广泛联接性，又或是近年来兴起的大数据等新兴技术所预示和导向的智能化前景，都推进着数字经济的演化和发展。

技术与产业、创新与资本、渗透与融合互相推进，不断迸发出新的活力，推动着数字经济历经了三轮层层递进的发展阶段。随着电子计算机的发明和几波产品形态的演变，“0-1”数字化的出现引发了数字经济的第一轮浪潮，人互联网、移动互联网的发展普及引发了数字经济的第二轮浪潮，而近年来全球范围内数字技术的深度跨界融合正在引发数字经济的新一轮浪潮。

1.3.1 电子计算机开启的“0–1”世界

如图 1-5 所示，自从 1946 年世界上第一台电子计算机埃尼阿克（ENIAC，Electronic Numerical Integrator and Computer）问世以来，通过存储器记载虚拟的信息成为可能，信息的普遍数字化成为趋势，人类进入了“0-1”的世界。20 世纪 60~70 年代，大规模集成电路（LSI，Large-Scale Integration）的发展为计算机的发展和普及提供了硬件上的可能性，电子计算机发展进入大型机和小型机时代。IBM 公司是计算机时代的霸主，被称为“蓝色巨人”，第二次世界大战之后，IBM 由军用技术转向民用技术，也将市场从政界、军界、学界逐渐拓展至广大的民用市场，分别于 20 世纪 60 年代和七八十年代开发了经典的 IBM 360/370 系列和 IBM 4300 系列[34]。此时 IBM 不论是在技术上还是市场上都是现代电子计算机世界的巨人，开启了商业计算机的时代，而此时的“0-1”世界范围还是十分有限的，并且传播也受限。

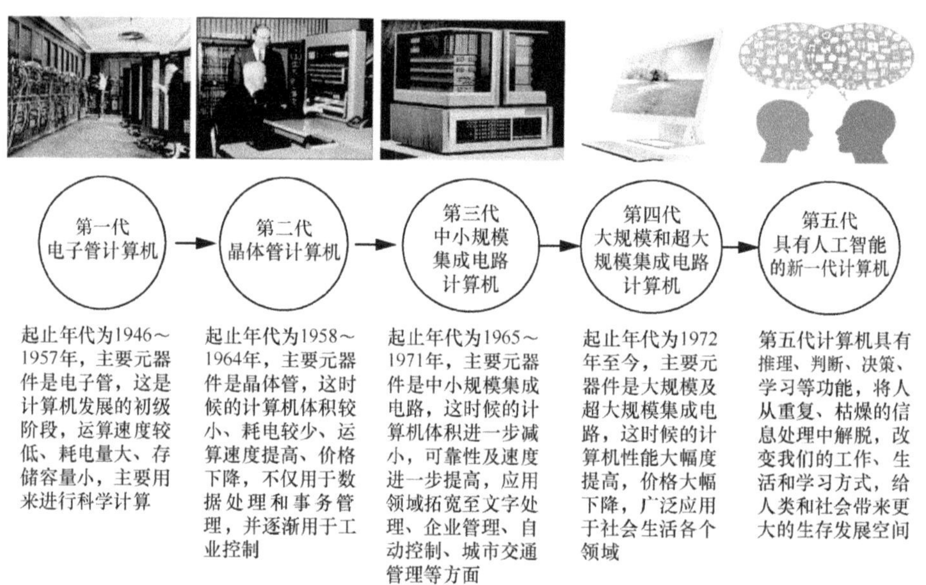

图 1-5 计算机演进史

但此时的计算机仍然是笨重、庞大且昂贵的，而且 IBM 的计算机售价都在百万美元以上，不可能进入寻常百姓家。1976 年，史蒂夫・乔布斯（Steve Jobs）和斯蒂芬・沃兹尼克（Steve Wozniak）、韦恩（Wayne）白手起家开发出了 Apple-I，这台被认为世界上第一台通用的和可商业化的个人电脑的问世对 IBM 和微软的产品都起到了重要的催化作用。20 世纪 80 年代，IBM 组织独立的开发团队采用英特尔芯片和第三方软件开发出 IBM PC 5150，微软为其配套开发的 DoS 操作系统也开始崭露头角，个人电脑时代真正开启。随着微软的 Windows 操作系统和英特尔 80286、80386、80486 等芯片的问世，个人电脑市场逐渐成熟，并从台式计算机向笔记本电脑演变，微软英特尔组合的 Wintel 帝国成为个人电脑特别是笔记本电脑时代的新霸主。到了 20 世纪 90 年代末期，全球个人电脑普及率已经达到 7.06%，是 1990 年普及率的近 3 倍，其中发达国家和地区的普及率更是高达 20%~45%[35]。

数字经济发展的起步阶段必然是信息的数字化，早期的数字化就是从口头或纸质媒介记载的信息变为存储器计算的“0-1”语言，这种指令化语言更便于对数据和信息的加工和处理，具备可复制、格式化、跨越空间和时间等特点，提高了信息的快速传播和准确处理，并且将人类从一部分重复计算的脑力劳动中解放出来，得以进一步加强对知识和创新的关注。

1.3.2 互联网开启的虚拟世界

如果说电子计算机的出现实现了信息存储和处理方式的变革，那么互联网的出现则完全开启了一个新的时代，人类的经济社会活动似乎有了一个虚拟化“映射”，从现实世界投影到了一个虚拟的世界，这个虚拟世界不仅改变了现实世界的信息形态，并且通过大量的软件和信息服务创造了多种多样的语言和图形等信息表达形式，不断丰富和完善着数字经济的世界。

20 世纪的最后 10 年，互联网的普及成为改变一切的源头。因特网（Internet）异军兴起，没有人预测 ARPA（阿帕网）能够在不到 30 年的时间内实现从军事领域、4 所高等学府[注3]推广到普通公众的桌面上，如图 1-6 和图 1-7 所示。这既得益于 TCP/IP 对网络上数据传输的标准化，推动实现了网络设备（交换机、路由器等）、各种类型的连接链路、服务器和不同的计算机等终端之间的连接，使因特网的商业用户在 1991 年第一次超过了学术界用户。同时也得益于新颖的检索方式和商业模式，20 世纪 90 年代出现了便捷的网页浏览器和搜索引擎，方便了公众搜索信息，随后出现的大量商业化软件，更是将公众的信息处理需求显化，互联网信息服务不断丰富，至此，桌面互联网连接的数字世界形成。2000 年，全球互联网用户数达到 3.66 亿，并保持近 50% 的年增长率。

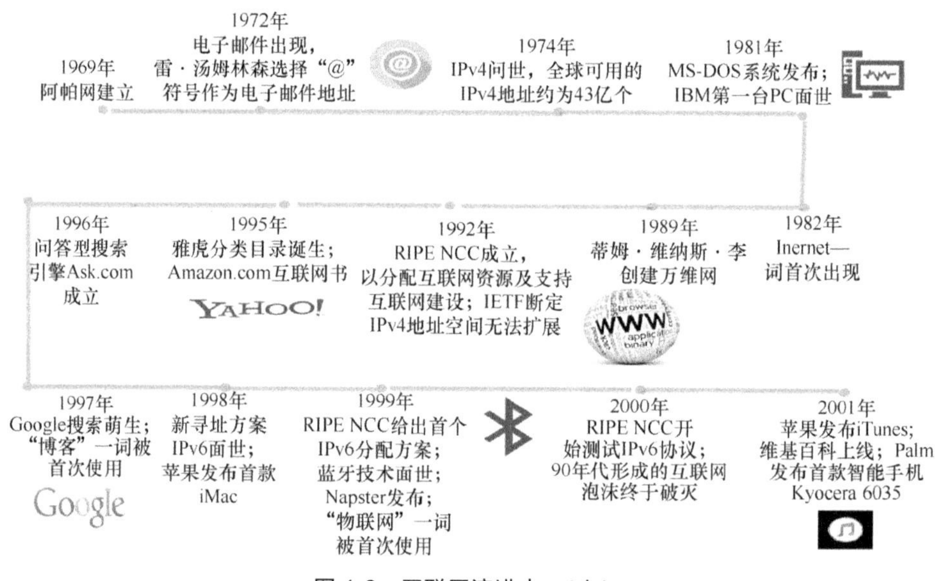

图 1-6　互联网演进史　（上）

注 3：因特网始于 1969 年，是美军在美国国防部研究计划署制定的协定，首先用于军事连接，后将美国西南部的加利福尼亚大学洛杉矶分校、斯坦福大学研究学院、加利福尼亚大学（UC.University of California）和犹他州大学的 4 台主要的计算机连接起来。

2005年
YouTube发布

2004年
RIPE NCC在核心服务中支持IPv6协议；Facebook发布；Firefox发布；Flickr发布

2003年
Myspace发布

2002年
原生IPv6加入到RIPE；NCC的DNS服务

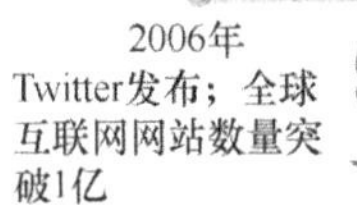

2006年
Twitter发布；全球互联网网站数量突破1亿

2007年
苹果发布iPhone

2008年
Android系统推出；全球互联网用户超过15亿

2009年
RIPE NCC针对IPv6的综合网站www.Ipv6ac-tnow.org上线

2010年
RIPE NCC的IPv6就绪评级计划RIPEness发布

2011年
IANA的IPv4可用地址池耗尽；Google+发布；世界IPv6日举办

2012年
IPv6正式启动

2016年
网络连接数量、互联网用户数量、固定宽带下载速度等指标实现飞速发展

资料来源：《中国经济和信息化》，2012.7.10

图 1-7　互联网演进史（下）

进入 21 世纪以来，随着移动通信技术的迅猛发展、移动通信设备的推陈出新和移动智能终端的快速普及，移动互联网在全球实现了突破性的发展。全球移动互联网的增长速度远远高于桌面互联网的增长速度，从笔记本电脑到手机、智能手机、可穿戴设备、智能家居乃至未来的智能（无人驾驶）汽车等，智能设备和产品都处于持续加速增长中，运营商、移动终端制造商、互联网企业和内容提供商们纷纷推出各自的移动互联网战略，抢占移动互联的巨大市场。至此，互联网和移动互联网不仅突破了时间和空间的界限，还创新了信息搜集来源和方式，创造了移动互联的数字世界。

与互联网的迅猛发展相匹配的是人们对数字经济理解、认识的再升华。20 世纪 90 年代末，美国引领全球再次开启对数字经济的研究，美国商务部关注数字经济的经济影响和政策意义，经济界和未来学家之间对数字经济是否颠覆了新古典经济学为主流的经济学框架产生了分歧，此时中国、韩国、新加坡等的经济赶超也正在改变世界互联网发展格局，越来越多的国家和地区参与到数字经济的发展事业中。

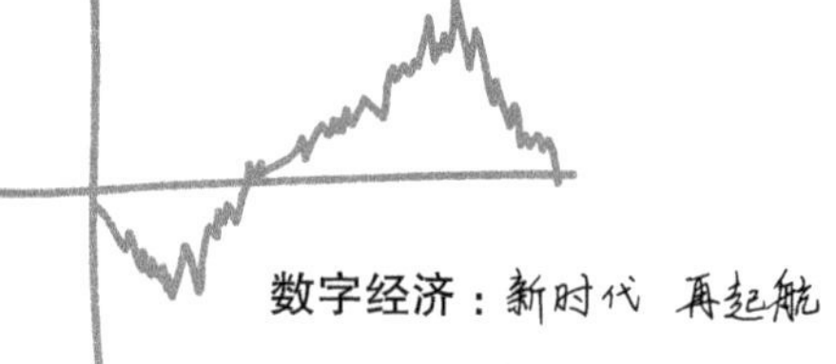

1.3.3 大数据开启的智能世界

“大数据”概念的快速流行印证了数字经济的新阶段。至少在10年前，地球上99.9%的人没有听说过“大数据”，直到2008年《自然》杂志为其开辟封面专栏也没有引起普通大众的关注。彼时“大数据”对政策的影响就更是微乎其微，5年前我国在规划“十二五”时期的发展时，没有任何文件对大数据这一概念有所体现。然而仅几年时间，“大数据”却成为了全球最流行的词汇，美国、英国、法国、德国、日本、澳大利亚、加拿大、新西兰、新加坡等国家都纷纷制定出台大数据国家战略，我国也确立了国家大数据战略[36]，发布了《促进大数据发展行动纲要》，明确要将大数据作为国家级战略进行部署、推进。

当前较为公认的“大数据”概念是指一种规模大到在获取、存储、管理、分析方面大大超出了传统数据库软件工具能力范围的数据集合[37]，而维克托·迈尔－舍恩伯格等总结了其“4V”（Volume，Velocity，Variety，Value）特征[38]，即海量的数据规模、快速的数据流转、多样的数据类型和价值密度低四大特征。如图1-8所示，据专业机构预测，2020年全球数据量将爆发式增长至40 ZB，其中，中国产生的数据将占据全球数据量的22%。

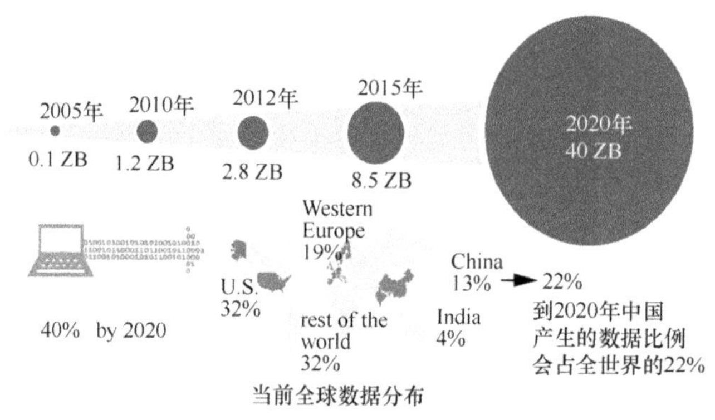

图1-8 大数据爆炸

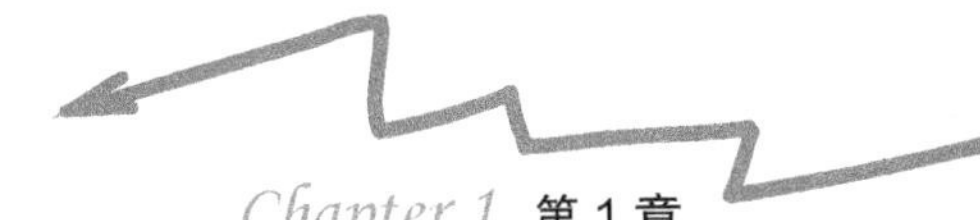

“大数据”的迅速蹿红主要源于技术的快速商业化和数据爆炸时代人们的需求渴望。从 Gartner 技术成熟度曲线[39]可以看出，在众多新兴技术中，大数据的发展已经进入应用发展阶段，正在成为新一代信息技术产业的新兴增长点和支撑点。目前，技术创新和商业模式创新推动大数据的行业应用领域不断增加，大数据产业化的范围和深度持续拓展。2015 年，全球大数据市场规模预计达到 421 亿美元，已连续三年保持 50% 左右的增长率。预计到 2020 年，全球大数据市场规模将达到 1 263.21 亿美元，年均增速达 24.6%。

大数据直指向数字经济新时代的核心——海量、多样的数据产生的价值。如果说计算机打开了数字化的世界，互联网开启了虚拟的世界，那么大数据将可能与云计算、人工智能以及众多新兴技术一起，打开通向未知的智能世界的大门。大数据强调浩大信息量的价值提取，超越了传统的统计与计量方法，可能带来人类对经济、社会认识方法论的改变。对于这个新时代的数字经济，我们最确信的就是不确定性。

1.4 新时代的数字经济：新倡议、新窗口、新主题

2016 年下半年以来，“数字经济”无疑是中外政经高层聚焦的热词之一。从全球影响力来看，G20 和 OECD 等国际机构发表重要倡议，全球主要经济体积极响应，纷纷加入到推动消灭数字鸿沟和分享数字红利的全球化事业中去；从国际经贸合作看，中国和美国两大巨头正在以“数字经济”为关注点，奠定两国经济贸易合作发展的新基石，探讨和开启数字经济时代全球商贸的新模式；从我国战略部署看，我国最高领导机构中共中央政治局以“数字经济”为主题开展了一场别开生面的学习，表明数字经济已经进入了我国最高层领导的决策视野。

相信这些事件发生的时间如此贴近，并不是巧合，在新一轮科技革命

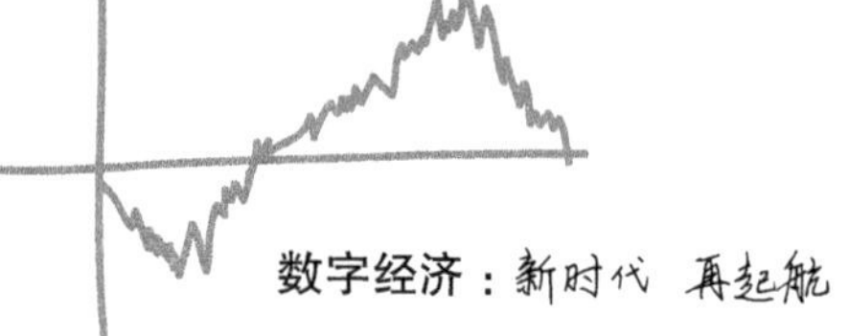

持续发酵和全球经济社会形态持续演变的今天，全球如何对待和调动数字经济的能量，我国又如何在“十三五”开局做好数字经济的前瞻性部署，将对我国和全球经济和社会带来深远影响。

1.4.1 G20 新倡议

2016 年 9 月，G20 领导人峰会在中国杭州举行，又称为 G20 杭州峰会，这是中国加入 G20 以来首次主办的领导人会议，引起全球的广泛关注。诞生于金融危机的 G20，首要任务就是通过全球主要经济体领导人的沟通和会晤，避免人类历史大危机上的单兵作战，甚至“以邻为壑”的经济决策，通力合作，共同推动全球经济的持续健康发展。

在金融危机过去的第 8 年，全球经济并没有进入稳健长远的运行通道，反之，自 2011 年以来，不论是欧洲债务危机的出现，还是美国量化宽松货币（QE，Quantitative Easing）政策的争议，不确定性仍然在蔓延，甚至这种不确定性正从经济领域向政治领域蔓延，2016 年可以说是载入史册的“黑天鹅”之年，不论是英国脱离欧盟公投、意大利修宪公投，还是特朗普当选美国总统等政坛更迭，这些小概率事件都在同一年发生，因此，未来全球经济和政治正面临着更严峻的挑战。

在此形势下，G20 杭州峰会认为当前的政策难以支撑世界经济的中长期增长，因而应当转变思路，采取更大胆、更有效的政策推动经济增长方式的创新。G20 首次提出全球性的《二十国集团数字经济发展与合作倡议》（后简称《数字经济倡议》），认为数字经济将提供新角度和新思维，通过推动新工业革命的技术、要素和组织变革，提高全要素生产率和潜在增长率，提升中长期增长潜力，开启世界经济增长前景的全新评价和发展模式。

《数字经济倡议》开启中国与主要国家地区对话新窗口，坚信数字经济将持续发挥在经济发展中的引领和主导作用。G20 强调通过营造开放、安全的政策环境，关注宽带接入、ICT 投资、创业和数字化转型、电子商务合作、数字包容性、中小微企业发展等数字经济发展与合作等关键领域的

数字经济发展潜力。同样在 2016 年，OECD 也召开了部长级会议，其关注点在于开放的互联网、数字鸿沟、数字技能普及、研发创新、商业新机遇等方面。这些都表明发展数字经济已成为全球共识。

1.4.2 中美商贸新窗口

2016 年 11 月，第 27 届中美商贸联委会在美国召开。此届中美经贸对话之所以引起广泛关注：一是正值美国大选年，中美都高度关注即将上任的特朗普总统的新政策主张带来的政治经济影响，中美商贸联委会将更加有效地发挥双边经贸磋商和贸易摩擦“灭火器”的作用；二是中美经贸的重点不再仅是传统的农业和相关经贸政策，而是应美国要求正式提出的“数字经济”这一议题，由中国副总理和美国商务部部长、贸易代表领衔来自政界、学界和企业界的 100 余名中美代表共同商讨数字经济的未来。

赛迪智库作为国内数字经济领域的专业研究机构，有幸参与该项经贸磋商的前期决策咨询。我们认为，在数字经济的发展过程中，存在着数据本地化存储、数据所有权、隐私与安全等未解决的问题，但这是普遍存在的，就数字经济领域而言，中美之间的合作大于竞争。仅从中美信息领域的经贸合作看，美国是我国电子信息贸易的第二大出口国家和地区，也是我国电子信息贸易的第五大进口国家和地区。2016 年，中美间信息产业进出口总额约 1 581.6 亿美元，其中出口占绝对优势，出口额为 1 374.2 亿美元，占 80% 以上；进口额 207.4 亿美元，进出口总额占比不足 20%。我国对美的电子产品进出口总额占据全部贸易的比例维持在 13% 左右，出口和进口分别占 19.1% 和 4.1% 左右。在主要工业产业中，信息产业是我国对美贸易顺差第一大行业。从数字经济的未来发展来看，中美双方可以开展网络空间治理合作、基础软硬件合作、智能终端产业合作、互联网服务合作以及云计算、物联网、大数据、网络安全等一系列合作，鼓励类似中美数字经济合作协会等组织建立民间合作新机制，通过合作创新推动全球数字经济的蓬勃发展。

在中美企业家数字经济研讨会上，中国表现出了开放包容的大国风范。一方面，中国肯定了数字经济对于全球经济发展的驱动力作用，倡议加快建立数字经济相关议题的国际规则，并明确表示中国一直致力于搭建国际互联网共享共治平台等国际合作规则的工作，并将始终是全球数字经济合作的重要参与者；另一方面，中美之间应当通力合作，不要盯着数字经济利益蛋糕的分配问题，而要共同将数字经济的利益蛋糕做大，推动形成开放、包容的数字经济发展环境，才能真正使两国企业和人民受益。

1.4.3 政治局新主题

2016 年 10 月，中共中央政治局就实施网络强国战略进行第三十六次集体学习[40]。作为中国决策机构的最高"讲堂"，集体学习的参会人员包括中共中央政治局常委和各位同志，其主题预示了我国最高领导决策机构的关注方向和政策动向。

在这次会议上，中共中央总书记习近平同志要求，要加快数字经济对经济发展的推动，做大做强数字经济，拓展经济发展新空间。这是我国最高领导人首次明确提出"数字经济"。

当前，"数字经济"已经成为我国"十三五"经济社会发展的重要战略议题。"十三五"规划纲要[41]提出实施网络强国战略和大数据战略，加快建设数字中国，拓展网络经济空间。"十三五"期间，我国将大力实施网络强国战略、国家大数据战略、"互联网 +"行动等一系列重大战略和行动，促进数字经济进一步创新发展。

1.4.4 我们的理解

2016 年下半年以来，G20 的《数字经济倡议》开启了中国与主要国家及地区对话新窗口，中美战略对话"数字经济"再度明确数字经济的全球价值，政治局集体学习确立了我国数字经济议题的新高度，这些标志性事件的结合提示我们，是时候重新审视和丰富"数字经济"的内涵，增强

对数字经济的理解。

我们认为，数字经济是以数字资源为核心要素，以信息技术（数字技术）为主要驱动力，通过信息网络（通信网、互联网、移动互联网、内联网等）连接进行的生产、分配、交换、消费等全部经济活动的总和。数字经济不仅指以知识为核心的信息技术产业的兴起和快速发展，也包括由信息技术推动的传统产业、传统经济部门的深刻革命和飞跃性发展。数字经济并非独立于传统经济之外的"虚拟"经济，而是在传统经济基础上产生的，经过现代信息技术提升的高级经济发展形态。同时，互联网、移动互联网、大数据、电子商务等产业和正在涌现的未知的新兴业态，也都是数字经济的组成部分。

新时代，再起航。数字经济已不再单纯地指向互联网经济和电子商务，这不仅是数字化技术的表现，也不仅是信息产业的产值贡献，而是包含所有辅助和影响经济决策的数字化、智能化的经济活动。数字经济所涉及的是一个产业群，既包括信息网络技术产业，也包括与数字资源、数字技术紧密相关的其他产业。数字经济涉及多类经济活动，既包括生产活动，也包括消费活动。

我们将在第 2~4 章针对数字经济的理论价值、政策含义和经济影响抛出最新的实践理解，第 5~7 章将分别从决策影响、组织形态和创新方式三个方面剖析数字经济的本质，第 8 章将面向未来展望数字经济的九大核心议题，第 9 章中我们将完成研究的政策含义解读。

参考文献：

[1] 弗里茨・马克卢普．美国的知识生产与分配 [M]. 北京：中国人民大学出版社，2007.

[2] 马克・波拉特．信息经济论 [M]. 长沙：湖南人民出版社，1987.

[3] 肯尼斯・阿罗．信息经济学 [M]. 北京：北京经济学院出版社，1989.
[4] 张才明．信息技术经济学 [M]. 北京：商务印书馆，2012.
[5] 杰里米・里夫金．第三次工业革命：新经济模式如何改变世界 [M]. 北京：中信出版社，2012.
[6] 克劳斯・施瓦布．第四次工业革命：转型的力量 [M]. 北京：中信出版社，2016.
[7] 平新乔．“新经济”的经济学——从《信息规则》谈起 [J]. 国际经济评论，2000(4)：19-24.
[8] 徐恪，王勇，李沁．赛博新经济——“互联网 +”的新经济时代 [M]. 北京：清华大学出版社，2016.
[9] 周慧．李克强详解“新经济”内涵 [N].21 世纪经济报道，2016-3-16.
[10] ARTHUR B. The second economy[J]. McKinsey Quaterly，2011(10).
[11] 国务院关于积极推进“互联网 +”行动的指导意见（国发 2015[40 号]）[N]. 光明日报，2015-7-5.
[12] 辜胜阻．论国家信息化战略 [J]. 中国软科学，2001(12).
[13] 国家信息化发展战略纲要 [M]. 北京：人民出版社，2016.
[14] 凯文・凯利．新经济 新规则 [M]. 北京：电子工业出版社，2014.
[15] OECD. Measuring innovation：a new perspective[M]. OECD Publishing，2011.
[16] OECD. OECD Digital Economy Outlook 2015[M]. OECD Publishing，2015.
[17] 麦肯锡全球研究院．中国的数字化转型：互联网对生产力与增长的影响 [R].2014.
[18] 高德纳（Gartner）. Infonomics 的诞生——新信息经济学 [R].2012.
[19] 阿里研究院．涌现与扩展：电子商务 20 年——信息经济前景研究报告 [R]. 2015.
[20] 阿里研究院．“互联网 +”研究报告 [R].
[21] 阿里研究院．新经济框架：从行业分工到平台共享 [R].2016.
[22] 贺骏．马化腾提出 7 项建议指出“互联网 +”是手段 数字经济是结果 [N]. 证券日报，2017-03-06.
[23] 腾讯研究院．中国互联网 + 指数（2016）报告 [R].2016.
[24] 卡尔・夏皮罗，哈尔・瓦里安．信息规则：网络经济的策略指导 [M]. 北京：中国人民大学出版社，2000.

[25] 哈尔·范里安，约瑟夫·法雷尔，卡尔·夏皮罗．信息技术经济学导论 [M]. 北京：中国人民大学出版社，2013.
[26] 丹尼尔·贝尔．后工业社会的来临 [M]. 北京：新华出版社，1997.
[27] 凯文·凯利．失控：全人类的最终命运和结局 [M]. 北京：新星出版社，2010.
[28] 凯文·凯利．科技想要什么 [M]. 北京：中信出版社，2011.
[29] 凯文·凯利．必然 [M]. 北京：电子工业出版社，2015.
[30] 唐·泰普斯科特．数据时代的经济学 [M]. 北京：机械工业出版社，2016.
[31] 唐·泰普斯科特．数字化成长：网络时代的崛起 [M]. 大连：东北财经大学出版社，1999.
[32] 唐·泰普斯科特，亚历克斯·洛伊，戴维·泰科尔，等．数字经济蓝图：电子商务的勃兴 [M]. 大连：东北财经大学出版社，1999.
[33] 唐·泰普斯科特，阿特·卡斯顿等．范式的转变：信息技术的前景 [M]. 大连：东北财经大学出版社，1999.
[34] 吴军．浪潮之巅 [M]. 北京：人民邮电出版社，2016.
[35] 2000 年国际统计年鉴 [M]. 北京：中国统计出版社，2000.
[36] 促进大数据发展行动纲要 [M]. 北京：人民出版社，2015.
[37] 麦肯锡全球研究院．大数据：下一个创新、竞争和生产力的前沿 [R].2011.
[38] 维克多·迈尔·舍恩伯格，肯尼斯·库克耶．大数据时代：生活，工作与思维的大变革 [M]. 杭州：浙江人民出版社，2013.
[39] Gartner.Gartner 2016 年度新兴技术成熟度曲线 [R]. 2016.
[40] 中共中央政治局就实施网络强国战略进行第三十六次集体学习 [N]. 人民日报，2016-10-10.
[41] 中华人民共和国国民经济和社会发展第十三个五年规划纲要 [M]. 北京：人民出版社，2016.

Chapter 2

第 2 章

数字经济的新世界：从理论到实践的重构 从政府到企业和公众的重塑

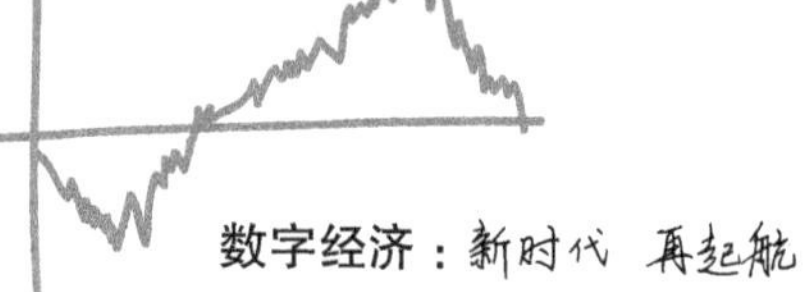

数字经济革命被广泛认为是继农业革命、工业革命之后的经济社会革命。当前数字经济正蓬勃发展，持续融合创新，推动着新一轮的产业革命，数字经济正在融入和引领真实世界的核心变化，对相关理论和实践均提出了新的议题。

在理论层面，数字经济直指对真实经济世界的价值重构，包括对价值生产形态、投入产出法则、价值分配机制和宏观管理等方面理论的重构。我们从生产力、生产关系和生产方式等层面总结了数字经济的五大特征和三重本质属性。

在实践层面，数字经济从理论向现实世界的发酵和延伸，迅速吸引了政府、企业、公众的眼光。政府作为信息产业的主管者和宏观经济的调控者探寻着数字经济，企业作为实际参与者推动着数字经济的最新实践，公众作为数字信息爆炸的受益者和迷茫者仍然以极大的热情关注着数字经济变化的一举一动。

“新”是数字经济的标志。本章将着重数字经济对理论和实践的重构，关注政府、企业、公众身边的数字经济，描述和理解数字经济塑造的这个新世界。

2.1 理论重构：新形态、新融合和新机制

2.1.1 价值形态从有形物质资产走向无形数字资产

20 世纪以来，电子化的信息存储改变了人们认识和获取信息的方式[1]，

这些无形的数字化信息（后简称为数字）逐渐成为人们工作和生活的重要组成部分，数字化信息本身也成为资产的重要形式（即数字资产），由此，价值的生产形态逐渐从有形的“物质”生产走向无形的“精神”生产。

首先，数字资产源于信息更广泛的生产、传播与应用，因此与信息有着千丝万缕的关联。各界对于信息的定义至今仍是众说纷纭，据不完全统计，有关“信息”的定义有 100 多种。我们认为，信息是一切比特化的事物，是与物质、能量相并列的基本生产要素之一。由于信息的不断在线化、数据化，信息的传播范围不断拓展，信息的经济价值不断显现。在企业中，这种价值集中体现为信息作为资产的力量，使企业的资产结构产生了较大变化，从而对企业生产经营和持续发展产生深远影响。《英国信息安全管理体系规范》（BS7799 标准）明确提出：“信息是一种资产，像其他重要的业务资产一样，对组织具有价值，因此需要妥善保护”[2]。

其次，数字资产是一种资产，需要从“资产”的定义出发确定其内涵。资产是会计学中最基本的概念之一，也是最基本的会计要素。美国财务会计准则委员会（FASB，US Financial Accounting Standard Board）[3] 对资产做了如下定义，“某一特定主体由于过去的交易或事项而获得或控制的可以预期的未来经济利益。”国际会计准则委员会（IASC，International Accounting Standards Board）认为，“资产是作为以往事项的结果而由企业控制的，可望向企业流入未来经济利益的资源。”[4] 我国的《企业会计准则》指出：资产是指企业过去的交易或者事项形成的、由企业拥有或者控制的、预期会给企业带来经济利益的资源[5]。因此，我们可以将其理解为：资产是一种组织在过去的运作中获得或控制、在未来可以为企业带来经济利益且可以通过货币进行计量的资源。数字资产具有以下特征。

（1）共享性。数字资产的共享性来自信息本身的非独占性。在信息的传递过程中，传递者和接受者都将获得同样的信息含量，不会因为传递的过程而减少拥有量。由于数字资产基本不被消耗的特性，信息的传递者和接受者都乐于将有用的信息进行共享，这样无数个传递者和接受者，便构

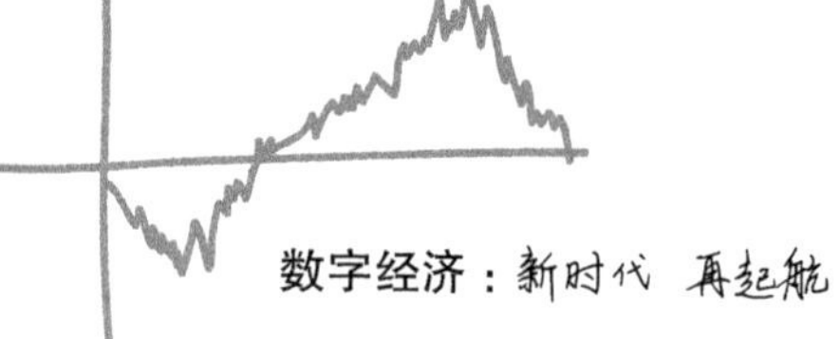

成了无数的共享者集合。并且这些共享者之间真正实现了信息的共享性，或经济学所称的非排他性。

（2）专用性。最早的资产专用性概念来源于马歇尔[6]，他认为：一些企业领导人对自己企业的人和事具备特殊的了解，这种了解是他们所专门拥有、与企业共依存、不可分离的资产，这类企业领导人对企业来说就是一种专用性人才资本。迈克尔·波兰尼[7]等的进一步研究指出，那些身怀绝技、经验丰富的工人实际上也是企业不可多得的专门财富，拥有这类专门资产的人将会与企业建立起更加固定的关系。这也是对资产专用性与合同方式选择关系问题最早的研究。虽然资产专用性这个概念经常被经济学家使用，但是长久以来没有人给它下过一个精确的定义，直到 1985 年才由威廉姆森[8]指出，资产专用性是指在不牺牲生产价值的条件下，资产可用于不同用途和由不同使用者利用的程度。资产的专用性程度越高，其被重新配置于其他替代用途或是被替代使用者重新调配使用时，他的价值损失越大，当在投资退出的情况下，就会发生沉没成本。沉没成本是影响投资行为的根本经济因素。与实物资产和金融资产类似，数字资产也具有专用性。产业的实质就是由不同比例的实物资产、金融资产和知识资产所构成的资产体系。从制造企业的服务化转型来看，在同类产业有形资产的同质化带来产品同质化的同时，企业寻求产品异质化的动力不断加强，而产品异质化的来源在于企业资源的组合及资产的专用性，其在一定程度上决定了制造企业转型的动力和条件。

（3）规模经济特征。“规模经济”（Economies of Scale）是指在既定的（不变的）技术条件下，生产一个单位单一的或复合产品的成本，如果在某一区间生产的平均成本递减（或递增），就可以说具有规模经济（或规模不经济）[9]。新古典经济学研究的核心领域是在价格机制引导下的资源配置，由于规模经济包括内在规模经济和外在规模经济两种情况，而外在经济是与报酬递增联系在一起的，但是新古典经济学的均衡静态分析无法解释报酬递增的动态增长。因此，新古典经济学的规模经济理论就仅研究

企业的内部规模经济。一般来说，内部规模经济也有两种情况：一是固定成本（生产设备）不变，生产能力不变情况下的产量变化引起的规模经济；二是生产能力变化时的生产批量变化。在以物质资产为主的企业中，物质生产的设备和物质生产能力的特性决定了企业是否具有规模经济，然而由物质资本、金融资本和信息资本共同组成的企业成本曲线，则表现出不同的特征。

（4）快速更迭性。摩尔定律是信息技术发展中遵循的基本规律，指出了信息技术快速更迭和信息量指数化增长的趋势。1965年，时任仙童半导体公司工程师的戈登·摩尔（Gordon Moore）预言，半导体芯片上集成的晶体管和电阻数量将每年增加一倍，1975年在IEEE国际电子元件大会上修正为“每两年增加一倍”[10]。遵循着摩尔定律，摩尔带领着全球半导体芯片顶级制造商英特尔（Intel）创造了半个世纪的辉煌。从技术角度看，摩尔定律指示了集成电路上可容纳的元器件的数目约每隔18~24个月便会增加一倍，性能也将提升一倍。而从价格角度看，每一美元所能买到的电脑性能，将每隔18~24个月翻一倍以上。这一定律揭示了信息技术进步的速度。直至今天，微处理器芯片、半导体存储器和系统软件的发展都验证了这一神奇的规律。

（5）创新驱动特征。数字资产不同于物质资产和金融资产，由于信息技术的快速更迭和颠覆性，数字资产本身具有极强的创新驱动属性。蒸汽机开启了工业革命，这一进程催生了工厂和大规模生产，铁路和大规模运输时代到来了，工业革命引领了人类第一次机器革命——社会发展进程第一次主要由技术创新驱动，这一次机器革命堪称是整个世界最深刻的社会大转折[11]。第二次机器革命时代正在来临，类似蒸汽机及其他后来的技术发展克服并延展了肌肉力量一样，计算机和其他数字技术提升了人类用大脑理解和塑造环境的能力，可能进一步加速产业的发展和对社会的深刻影响。可以确定的是，依靠信息技术创新带来的效益实现集约的增长方式将逐渐占据主导，技术变革将带来全要素生产率的快速提升。

从数字资产的组成来看，物质资产中技术集中度不断提升，应用新材

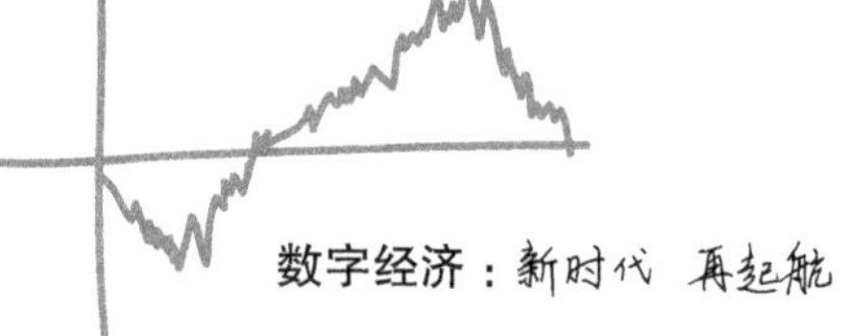

料、新技术制造的设备和元器件比例不断上升，而中间品和最终产出物已经逐渐呈现出越来越显著的智能化倾向。同样重要的是，物质生产过程已经愈发智能化，智能工厂和智能制造逐渐普遍。金融资产一直是提升企业效率的重要支撑，在数字经济时代，互联网金融以及一系列金融产品和服务的加速研发和应用，将从广泛的程度提升企业运营生产的效率，推动企业创新。人力资源是创新的主体，随着知识的积累和传播，知识环境的形成对个人创新具有极大的促进作用，高技术人才或顶尖人才之间的交流更将推动知识的交换与创新。

2.1.2 投入产出从单部门成本核算走向多部门融合渗透

随着对数字经济内涵外延理解的不断深化，我们逐渐认识到数字经济的特性在于持续创新、融合扩散、引领转型的过程，因此，数字经济的投入产出打破了克拉克之前的三部门分法。从 1962 年马克卢普提出“知识产业”（Knowledge Industry），到 1977 年波拉特提出“信息经济”（Information Economy）；再从 1996 年 OECD 提出“以知识为基础的经济”（Knowledge Based Economy），到世纪之交“数字经济”的正式提出和普遍流行，人们逐渐完成了对数字技术产业作为单一部门和作为融合型部门的思维转变。

马克卢普[12]首先将“知识产业”引入数字经济的理论中，20 世纪 60 年代，计算机刚问世不久且尚未普及，数字化信息的存储还十分罕见，更毋论人与人的数字化互联和应用服务的广泛存在。但马克卢普的分类首先明确了克拉克的三大部类分法无法安放属性不同的知识产业，同时首次将知识产业的内涵外延明确，认为知识产业包括教育、研究开发、通信媒介、信息设备、信息服务等内容，如图 2-1 所示。虽然教育等领域与当前对数字经济范畴的认识有较大的出入，但能在 50 年前将信息产业的主要组成部分归类为知识产业，已经相当具有前瞻性，也奠定了后来对数字经济相关研究的方向和路径。

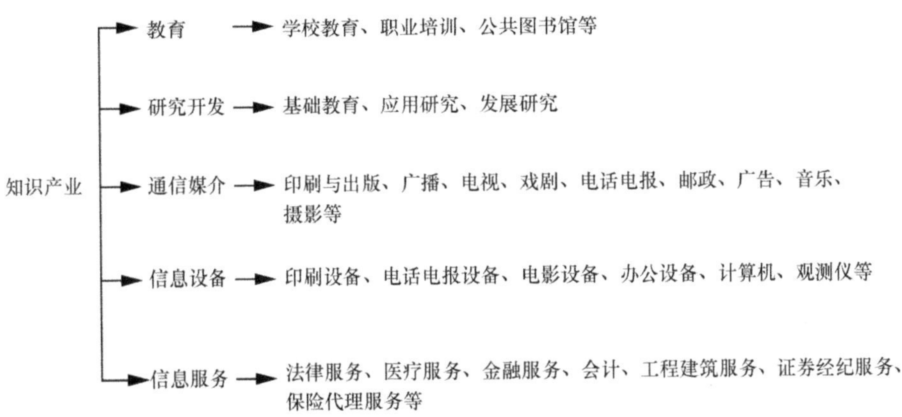

资料来源：弗里茨·马克卢普《美国的知识生产与分配》

图 2-1　马克卢普的知识产业分类

波拉特[13]以是否存在信息生产和流通作为标准，将经济划分为信息部门、非信息部门以及家计经济部门，进而分为 6 个子部门（如图 2-2 所示）。其中，信息部门细分为第一信息部门、第二信息部门和管理部门。知识生

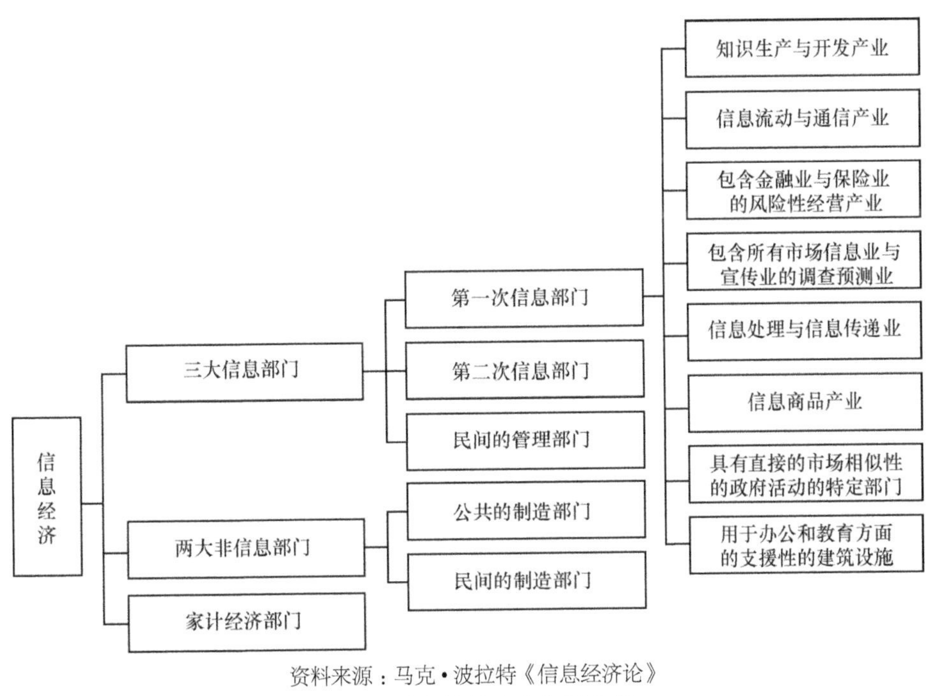

资料来源：马克•波拉特《信息经济论》

图 2-2　波拉特的六大部门分类

产与开发产业、信息流动与通信产业、金融和保险等风险性经营产业、调查预测业、信息处理和传递、信息商品产业等被归为与信息关系最为密切的第一信息部门。波拉特的研究不仅打破了传统产业部门的分类，而且进行了初步的计量，对跨部门计量成本收益具有深远意义。

但我们遗憾地发现，经过多年的发展，在全球的统计目录中仍没有单独的“信息经济”门类存在。虽然有“信息产业”的门类，但更多体现的是信息技术产业，范畴远小于信息经济。究其原因，可以说数字经济或信息经济的渗透性和融合性远远超过了想象。以我国统计范畴中的信息产业为例，20 世纪 80~90 年代，彩电作为我国居民生活中的重要电子产品，应计入信息产业的规模，后来的台式计算机、笔记本电脑、手机和智能手机都几乎可以将所有产值计入信息产业。但如今，特斯拉作为汽车业巨头也承认其产品 70% 的价值来源于电子产品，诸如此类信息技术在汽车等制造部门和金融等服务部门中的广泛应用，使数字经济已经跨过了单一部门的投入产出法则，全面理解和科学量化跨部门的经济价值成为重要课题。

2.1.3 分配机制从以要素为主走向以创新为重

大数据的发展推动数字经济的进阶，进一步加速制度变革，重构企业组织和产业结构，降低交易成本，新的制度安排推动分配制度从要素为主向创新为重转变。

一方面，数字经济贡献更主要来自于创新，创新也将成为分配的核心元素。数字经济的诞生和发展，使生产关系发生了变革，数字信息、数字技术、数字产业、信息技术服务等创新产品和业态在经济中的比重不断增加，技术创新、模式创新、应用创新、投资创新还在持续。可以预期，未来创新对经济的贡献率仍将提升。生产关系的革命性变革必然带来分配关系的变革，正如马克思所指出“消费资料的任何一种分配，都不过是生产条件本身分配的结果。而生产条件的分配，则表现生产方式本身的性

质”[14]。创新开始逐渐融入传统要素中，创新驱动成为经济发展的核心动力，创新正在改变着劳动力、资本、土地等传统要素，如人力资本的出现和风险投资的盛行，可以说，创新在打破要素的界限，突出对价值分配的主导作用。

另一方面，数字经济改变了消费者效用预期，“需求创造”参与产品和服务价值分配。以 iPhone 和 iPod 为代表的新兴智能产品是数字经济的重要产物，这些产品和服务为消费者带来了非凡享受，而这些产品的革命性和颠覆性不断加剧，使新产品、新服务的更新周期缩短，消费者的效用预期不断改变，产品和服务的价值在新兴技术和产品出现后发生了聚变，产品价值实现充满了不确定性。因此，企业不仅要做好产品，更需要引导和增强市场培育，同时通过网络增加产品设计环节消费者的直接参与，“需求创造”逐渐成为价值分配的重要准则。

2.1.4 宏观调控从有限手段走向运用更丰富管理思维和工具

通过对数字经济等带来的影响因素进行归类，范里安等[15]认为这种影响主要体现在差别化的定价、知识产权管理、锁定与转移成本、网络外部性等方面，对此也建议政府在差别定价、竞争政策、政府直接干预等方面的管理方式和手段相应地发生变化，如图 2-3 所示。

政府与市场之间的界限更加不明晰。互联网等门槛效应明显的产业更易具有自然垄断和寡头垄断属性，这种对于不利于鼓励竞争的市场结构更需要政府“有形之手”的干预，20 世纪末，美国政府对微软的反垄断调查以及近年来我国对高通进行的反垄断都是针对数字经济这种垄断属性进行的宏观管理。

数字经济同时还丰富了政府管理的工具和方式。以定价为例，价格是资源优化配置的指示牌，政府可以通过对结构化信息的分析处理和非结构化信息的管理，丰富对市场经济的导向性，为调节资源稀缺性、精准对接供需、提升公共服务水平提供了全新的思维和工具。

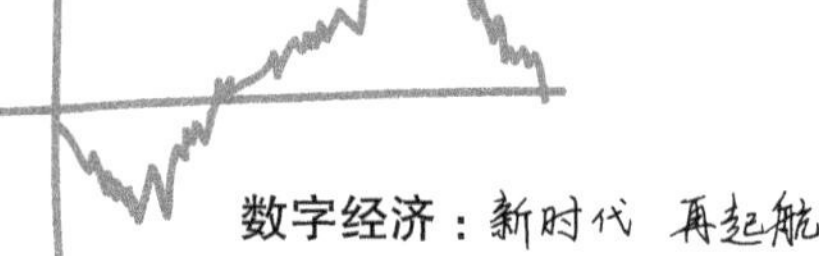

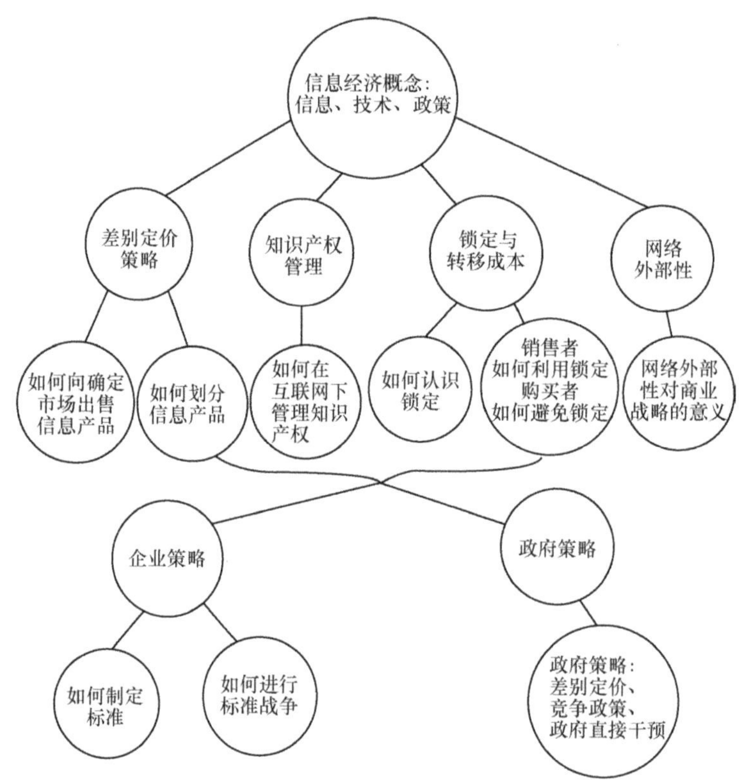

资料来源：卡尔·夏皮罗，哈尔·瓦里安.《信息规则：网络经济的策略指导》，作者整理

图 2-3 数字经济的影响因素和管理策略

2.2 本质探索：新特征和新属性

2.2.1 数字经济的五大特征

（1）数字技术是数字经济发展的主要驱动力。传统经济中，信息技术只是作为经济发展的辅助手段，通过信息化的方式，简化业务流程。因此，信息技术迟迟未能进入核心业务决策，也未能成为经济发展的驱动力。数字经济中，经济发展由“信息技术 + 数字资源”驱动，在数字技术的催化作用下，制造领域、管理领域和流通领域以数字化形式表现出一种全新的

形态。在数字技术广泛应用的推动下，产品和市场的数字化使信息的可获得性提高、市场规模不断扩大，企业数字化促成企业组织经营模式的变革。未来，所有公司都将成为数字化的公司，数字化进入企业战略决策层面。

（2）数字资源是数字经济发展的基本要素。传统经济中，经济发展依赖于劳动力、土地、资本和自然资源要素，国内的经济增长取决于生产要素的投入量和相互作用及产出比，国际贸易发展则取决于各国生产要素的比较优势。数字经济中，信息和知识以数字化形式产生、保存、传播和利用，技术创新的门槛不断降低，技术进步带来的产出增长比例不断提升，数字资源成为经济发展的基本要素。

（3）与传统经济融合发展是数字经济的内在要求。传统经济中，经济发展集中于农业、工业、服务业等传统领域，3次产业间的融合逐步加深，现代农业的机械化，工业制造领域的服务化，以及服务业向各个领域的渗透，都在表明产业融合是经济发展的重要趋势；数字经济中，融合依然是经济发展的主题。通过互联网、移动互联网、电子商务、云计算等方式，数字技术不断渗入农业、工业、服务业生产的各个环节，发展领域从传统领域延展至信息技术领域，再到信息技术产业与传统产业融合领域。智能机器（人工智能）、3D打印、互联网金融等有望引领新一轮产业革命。

（4）网络经济决策是数字经济的基本标志。传统经济中，个人根据偏好和价格作出理性的消费决策，企业根据生产成本和收益作出利润最大化的生产决策，无数的消费决策、生产决策以及政策影响共同构成市场经济；数字经济中，以数字技术为核心的新的经济形态具有网络特征，个人和企业作为单个个体的决策机制被打破，每个用户从使用某产品中得到的效用与用户的总量有关。数字经济将人、物、空间、时间等数字化，提升了不同节点之间的互联性，构建出新的产业生态系统。

（5）生态系统（平台）战略竞争是数字经济的根本目标。传统经济中，产业竞争力由生产要素、需求因素、相关和支持产业、企业的战略和组织结构、政府、相关机会6个要素决定；数字经济中，数字技术改变了企业决策模式，产业竞争逐渐进入大规模、大范围的平台战略竞争，产业生态系统的构建变成产业竞争力的核心内容。

综上，数字经济的五大特征如图 2-4 所示。

图 2-4　数字经济的五大特征

2.2.2　数字经济的三重本质属性

在生产力层面，数字具有易得性、便捷化、通用性等特点，可以通过降低交易成本、规模经济效应和持续不断的技术创新，改变经济增长路径。（1）数字经济解放了社会生产力。计算机、通信技术在生产中广泛应用，生产设备也在数字技术的改造下向智能化发展，提高了生产效率、节约资源，使人们从繁琐的手工劳作中解放出来，得以从事更高级别的智力劳动。（2）数字经济改变了知识积累方式。知识的积累速度加快、存储和处理能力增强、共享的范围不断扩大、增值性和叠加性提高，更利于知识这一重要生产资料的使用和创新。

在生产方式层面，数字经济改变了经济主体使用生产资料的方式。由个人、企业、政府等主体形成了庞大规模的数据，通过对数据的收集、整合、分析挖掘与使用，改变了既有商业模式（如电子商务、免费模式），形成了以生态系统（平台）竞争战略为核心的竞争态势，最终对整个经济发展模式产生了根本性的变革。

在生产关系层面，数字经济重构了经济活动中的各种（社会）关系。微信等工具的普及使人与人之间的关系建立更加便捷，人际关系越来越数字化；物联网的应用使人与物、物与物的关联日益加深。(1) 数字经济有助于经济体制改革。数字政府更多地体现政府的服务功能，能彻底改变政府部门、企事业单位的机构设置和管理权限划分及相应关系，有利于发挥市场在资源配置中的决定性作用。(2) 数字经济带来商业模式的变革。经营方面，企业利用互联网建立电子商务交易模式，扩大了交易范围、减少交易成本、加快交易流程，引发企业流程再造的管理革命；管理方面，企业组织结构由传统的金字塔模式向扁平化、网络化模式发展，企业联盟的作用大大加强。

综上，数字经济的三重本质属性如图 2-5 所示。

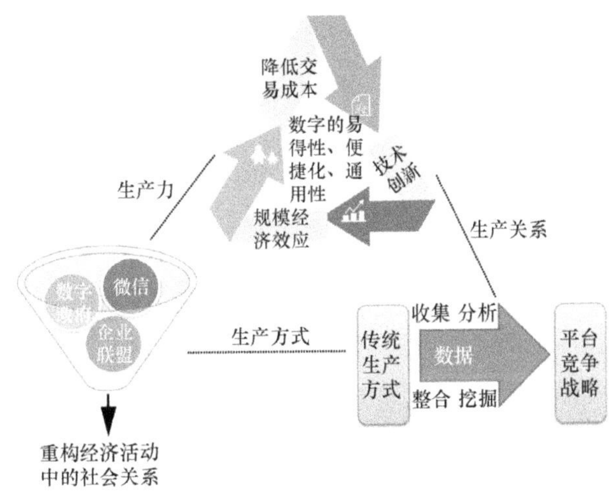

图 2-5 数字经济的三重本质属性

2.3 实践重构：新信息、新产业和新经济

2.3.1 信息形态和传导方式的变革

由于信息的两个重要特点，数字化信息具有几乎免费的边际使用成本，

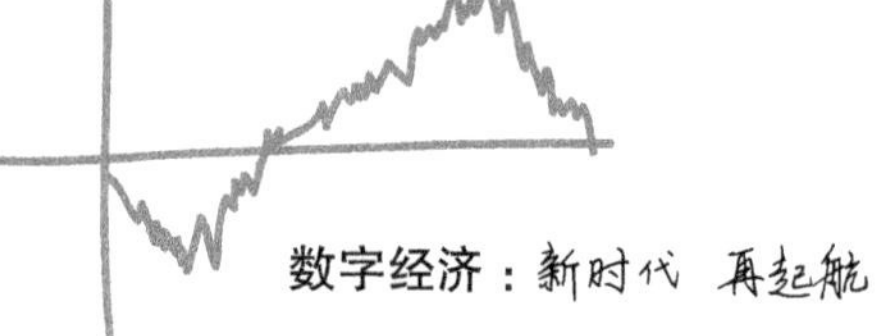

因而也符合规模经济的定义。首先，信息生产成本与信息使用规模无关，而信息使用规模及由此而形成的预期收益又是确定信息价格的主要尺度。其次，信息的期望收益很高，具有很大的风险性。根据价值规律，市场供求双方力量对价格的形成起决定性作用。在数字资产定价中，使用者和消费市场越大，信息供给方对信息持续产生的后续价值更加关注，数字资产的边际使用成本不断下降，接近于零。由于具备近乎零边际成本的特性，数字化信息将传统信息形态从“看得见”变得“看不见”，拓展了文字信息、语言信息、图形信息等形态，更重要的是，信息传递和消费的零边际成本属性增强了数字的经济意义。

当前，数字化信息的共享性特征愈发明显，杰里米·里夫金具体描绘了互联网时代经济发展的宏伟蓝图[16]，并进一步深入阐述了第三次工业革命的理念和模式，认为信息革命打造了一个协同共享的社会[17]。爱德华·格莱泽（Edward Glaeser）[18]从城市经济发展的角度诠释了知识或信息的共享性。由于人类最重要的能力就是相互学习的能力，城市提供了使观察、倾听和学习更便捷的可能，尤其是共同创造作为人类最为重要的知识。由于这些知识和信息的共享，城市变得更加具有吸引力。

正是由于摩尔定律所指示的规律，性能的成倍提升或价格的成倍下降，使数字化信息比其他任何资产更加具有时效性。例如，与市场信息相关的数字化信息，如果不能在最恰当的时机加以开发利用，信息就将减少或丧失其效用。即使在科技类数字化信息领域，虽然备受知识产权保护，但一旦过了保护期限，数字化信息不再受到保护而充分显示其共享性的特征，更重要的是，随着在线教育和即时通信工具的广泛使用，技术的更新换代也越来越频繁，即生命周期越来越短。

2.3.2 产业链条和产业生态的重构

数字经济正在重构传统产业竞争力。从产业发展角度看，数字化对产业发展产生了两大重要影响：一是数字化使行业产生了新的分类。类似之

前的分类，我们将以数字化比例较高的行业称为知识产业或创新产业，与之相对应的其他行业称之为传统行业；二是数字化使产业竞争形态发生变化，通过构筑信息分析利用能力，知识创新行业与传统行业不断交织，产业发展与竞争出现跨界融合和加速转型的趋势。

数字化的广泛应用使创新成为行业发展的核心竞争力。由于数字资产存量、信息量等级方面的差异，创新行业比传统工业行业具有更强的竞争力和盈利能力，且具有隐蔽性。传统行业意识到在数字化方面的不足，正加速内部传统生产制造环节与知识创新环节的分离，并努力推进全行业知识创新能力的提升。

在数字经济时代，信息技术作为通用目的技术的特性不断凸显，行业之间的技术差别和市场准入门槛不再成为主要障碍，跨界融合发展成为行业发展的主要趋势。在制造业领域，生产装备、设计工具、供应链、第三方应用、客户等智能制造系统各种要素资源的精准配置与调动不断增强，跨平台操作系统、基于芯片的解决方案、网络解决方案的构建能力不断凸显，跨界发展要求制造行业提升生态系统体系构建能力。在服务业领域，电子商务的发展极大地改变了我国零售业的发展格局，形成了全球规模最大的网络零售业市场和龙头企业，并带动物流业、金融业等一系列服务行业的在线化、实时化和规范化。随着信息技术在更多行业领域的应用，数字经济对媒体、医疗健康、教育、交通、家居、生活服务、广告等行业将产生更深入的转型与改造作用。

2.3.3 无孔不入的新型经济形态

数字经济在众多层面实现了对传统经济生产方式的变革。数字资源替代传统生产要素，将改变经济增长的目标和模式；数字技术所实现的近“零成本”信息传递，对传统的企业生产提出了变革需求；数字技术与传统产业的结合，将实现传统产业的现代化，并将诞生无数新兴业态；更有甚者，数字经济内生具有的创新性，不论是个性化定制，还是遵循摩尔定律的产业创新速度，都将推动经济生产方式的全面革新，成为我国经济社会提质增效转型的根本。

第一，数字经济由信息及其应用能力决定竞争力强弱的发展新模式。传统经济模式下，劳动力、资本、土地等要素的掌握能力决定着国家、地区、企业或个人竞争力的强弱，信息及其应用仅被用作统合、优化的手段。数字经济模式下，数字化信息资源成为基本生产要素和重要战略资源，信息技术成为直接促进经济社会发展的通用性技术，在宏观经济决策制定、生产经营决策和个人消费决策中的应用日益广泛深入。

第二，产业跨界融合与竞争成为常态的发展新模式。传统经济模式下，农业的个性化分散化生产模式与工业的大规模标准化生产模式迥然不同，产业界限清晰而难以僭越。数字经济模式下，无形资源与物质资源的融合日益紧密，并对部分物质资源形成替代，使工业、农业等产业越来越“无形化”，进而逐渐打破产业边界，实现传统产业的价值提升。随着数字经济向更广、更深、更新领域延伸，产业界限将更快实现“破”与“立”，跨界深度融合的产业发展新模式更加清晰。

第三，从企业创新向万众创业创新拓展的发展新模式。传统经济构建了以科研院所、企业为主体的创新体系，实验室和研发部门是科技创新的主要阵地。数字经济则实现了创新资源的开放共享和创新平台的建立优化，众包、创客等新模式将所有个人、企业和组织都纳入到创新主体范围中，打破了既有的创新思维和创新方式，激励企业加速从封闭式创新转为开放式创新。

第四，迈向低能源需求、低资源消耗的发展新模式。传统经济以木材、煤炭、石油三次能源革命为驱动，却也受到不可再生能源的严重桎梏，以及劳动力、土地等资源成本不断增加，发展面临极大的阻碍。数字经济的核心要素是信息与信息技术，具有能源需求少、资源消耗少等优势，有利于推动建立绿色节能可持续发展的新模式。基于互联网构建起的能源互联网，通过运用云计算平台实现的企业、组织办公系统等应用的数字化和云

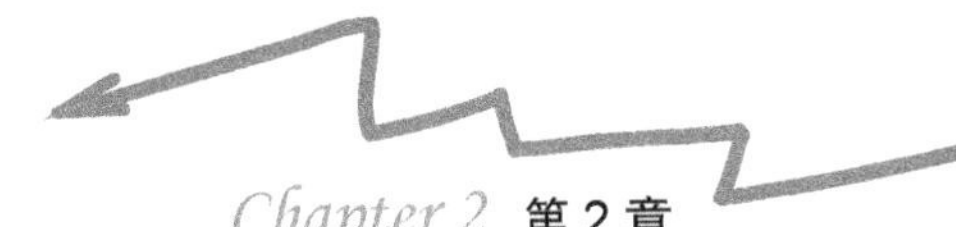

化，提高人、车、路的协调配合能力的智能交通系统，都提供了低碳、绿色发展的新模式。

第五，数字化推动经济增长方式和商业模式。数字经济通过改变经济增长模型，颠覆了宏观经济发展的传统规律，创造了宏观经济新增长点。从数字化对生产力增长的作用和贡献来看，数字化对经济增长的影响体现在价值的构成和增值两个层面。在价值的构成层面，数字化成为数字经济形态下价值构成的技术工具，并由此形成产业基础。数字化通过直接作用于劳动，使劳动发展为脑力劳动、智力劳动的形式，劳动和知识的结合形成人力资本；在价值的增值层面，创造价值的人力资本由于数字化的存在与以往典型的经济增长发生了质的变化，由数字化驱动的物化资本创造了新的价值。

2.4 身边的数字经济：新政府、新企业和新公众

全球数字经济进入新的发展阶段。随着互联网的普及，特别是移动互联网的快速革新，全球经济和社会都将进入数字经济新世界。如图 2-6 所示，截至目前，全球共有近 37 亿网络使用人口，其中亚洲以 18.56 亿人占据榜首，互联网已经普及接近一半的人口。如图 2-7 所示，以网络渗透率来看，北美洲以 88.1% 占据榜首，欧洲、澳大利亚、拉丁美洲、中东等地区皆超过 50%。

移动互联网正在更加快速地普及。2015 年初，全球接入互联网的移动设备总数超过 70 亿台，平均人手一台。移动互联网价值不断显现，据 Digi-Capital 预测，到 2017 年，移动互联网产业年营收将达到 7 000 亿美元（约 4.3 万亿元人民币），移动商务、移动广告、应用内购物、应用即服务模式等成为重要增长点[19]。

数字经济对经济社会的影响力不断提升，更加广泛深入地参与经济活

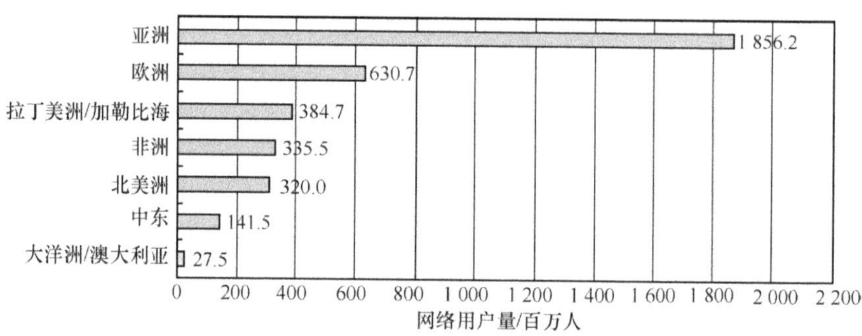

资料来源：互联网数据统计机构 Internet World Stats 官方网站，作者翻译

图 2-6　全球不同区域网络用户量（截至 2016 年 6 月）

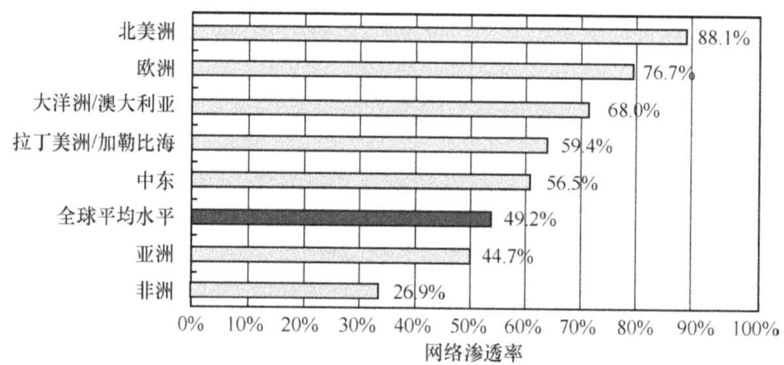

资料来源：互联网数据统计机构 Internet World Stats 官方网站，作者翻译

图 2-7　全球不同区域网络渗透率（至 2016 年 12 月）

动，推动着政府向服务型转变，企业向数字化运转，公众向网络公民转型，一系列新的思维和现象正在展开。

2.4.1　政府身边的数字经济：新管理、新服务、新安全

（1）新管理

数字化升级带来公共管理的创新与升级，特别在全球经济发展进入新常态，需求结构、生产结构、企业组织结构、产品结构、商业模式都在进行较大幅度调整的形势下，数字经济有利于解决供给和需求的不平衡，加强精准对接，科学分析比较优势，为经济转型提供新的突破口。各国政府纷纷积极拥抱数字经济，不断创新调控方式和工具，实现更精准的调控效果。

（2）新服务

数字经济时代既为政府提供了实现便捷高效服务的工具，又通过快速的信息传递挑战着政府的权威性，促使各国政府真正从威权式和管理式政府向服务型政府转型。如图2-8所示（数值越大表示满意度越高），巴西、德国、印度、英国、美国、沙特阿拉伯、韩国、阿联酋、挪威、新加坡等国政府积极推出各种互联网政务服务，并增强民众的交互体验，打造“五维政府”[21]，真正搭建和完善以民众为中心的服务模式。

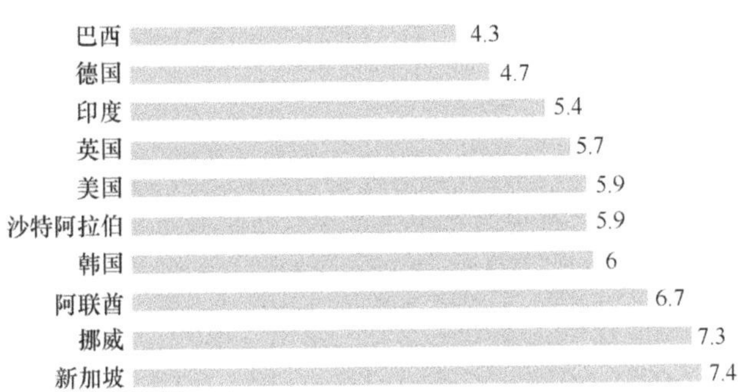

资料来源：埃森哲《十国数字政府战略比拼报告》[20]

图2-8　埃森哲十国数字政府满意度排名

（3）新安全

数字经济发展面临潜在隐患，各国高度重视信息安全，但信息安全态势仍不容乐观。以中国为例，据中国互联网络信息中心统计，我国有4.38亿网民遭遇信息安全事件，占总人数的74.1%[22]。在数字化、信息化、网络化不断推进的过程中，一方面，对传统产业和领域的重构会形成安全漏洞，造成短时间内的信息安全威胁；另一方面，根据梅特卡夫定律，网络的价值与用户数量的平方相关，因此，随着数字经济的推动，数字化对经济的拉动效应将呈几何级数体现，这也构成了恶意攻击数字经济的动机。

2.4.2　企业感受的数字经济：新决策、新智能、新组织

（1）新决策

数字化管理成为企业核心业务。据统计，已经有大量核心的企业生产

经营活动受到数字化决策的主导性影响 [23]，有一半以上的被调研者认为数字化对客户的认知能力、企业战略决策的制定、行业的认知能力、工作事务的实时反馈、经营绩效的深入分析、新客户开发以及工作失误的降低等方面的影响已经十分重要。如图 2-9 所示，数字化对企业有着广泛和深远的影响，包括加深客户认知、制定战略决策、加深行业认知、实时反馈业务、开发新客户、减少工作失误、优化供应链管理和激励企业创新等方面。数字化决策正在成为全球企业运营的中心议题，本书将在第 5 章中展开分析，数字经济如何推动着企业生产方式的变革和服务形态的改变。

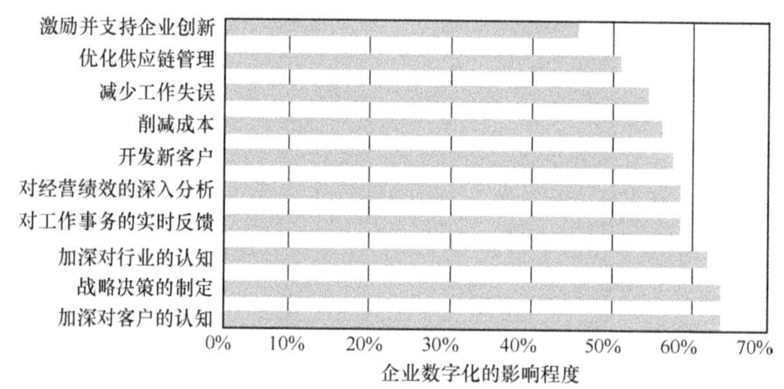

图 2-9　企业数字化对各类业务的影响调研结果

（2）新智能

数字化、智能化的制造和服务正在成为核心竞争力。如图 2-10 所示，IBM 商业价值研究院的研究结果认为，技术因素也取代市场因素、宏观经济因素、人员技能、法规因素、社会经济因素等成为企业决策的核心因素。

据 IBM 研究院和牛津大学 [24] 联合对涉及全球 11 个国家和地区的 500 位高管的调查，物联网、移动技术、协作与社交、云计算、认知分析、机器人、可穿戴设备和无人机等数字化的技术成为企业投资的方向，并且领先企业比一般企业的投资热情大约高出 5~10 个百分点，具体数据参考如图 2-11 所示。

（3）新组织

企业的扁平化和平台化挑战企业组织“黑箱”。一方面，企业内部为了

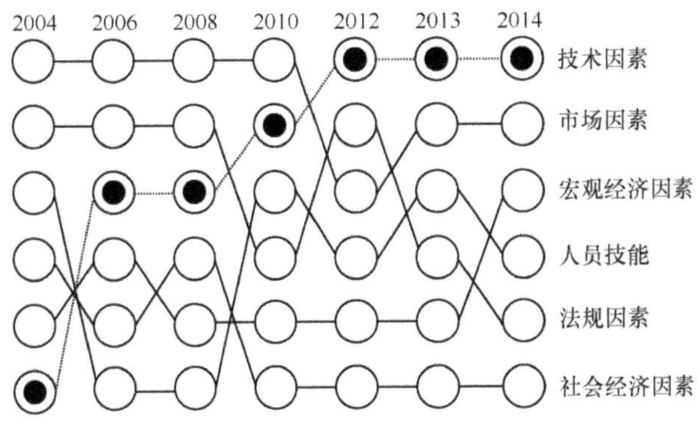

资料来源：IBM 商业价值研究院

图 2-10　技术因素成为企业决策的核心因素

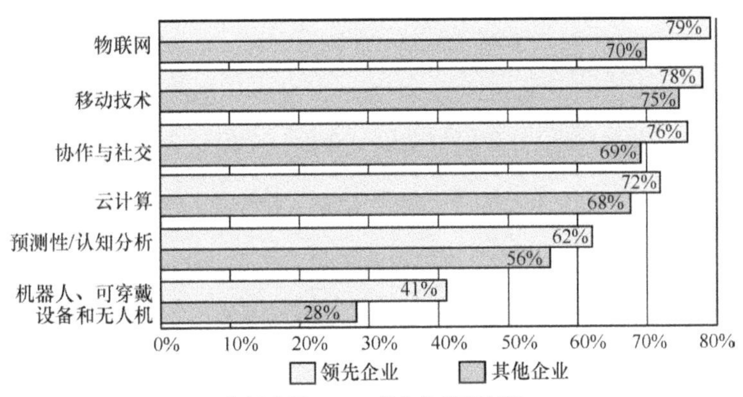

资料来源：IBM 商业价值研究院

图 2-11　企业对数字技术投资的重视程度

创新，简化上下级流程，有些公司还建立了母公司投资基金制度，加强对创业团队的支持，类似华为和腾讯公司设立了竞争的团队制度，维持内部创新的不竭动力；另一方面，越来越多的平台成为企业的资源集结地，跨领域、跨行业、跨界的平台搭建，也对企业的组织和管理提出了新的要求和挑战。

2.4.3　公众眼中的数字经济：新渠道、新身份、新能量

（1）新渠道

数字媒体的拓展不仅实现了信息的快速传播，而且开拓了信息传

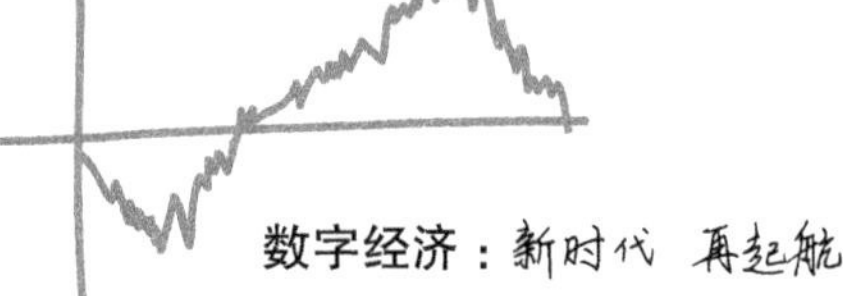

递和交流“双向”渠道。Facebook、QQ、微信、Whatsapp、Line、Instagram 等桌面和移动社交媒体加速全球化普及，以微信为例，截至 2016 年底，微信日登录用户近 7.7 亿，50% 用户使用微信超过 90 min，其中 65% 为月活跃用户，80% 是日发送消息活跃者，并且消息发送次数仍在以近 70% 的速率增长[25]。移动社交应用为公众提供了随时随地传达意见和交流的新工具，也使公众掌握了更快速的信息反馈渠道，对政府和企业的决策起到至关重要的作用。

（2）新身份

以与互联网的天然关联深浅来分，有人认为“90 后”才能称之为“网络原住民”，也有人将喜爱看动漫的群体称之为“二次元”。“网红”作为互联网上拥有大量粉丝或高关注度的群体也是一类典型代表，他们通过线上营销、广告代言等形式实现经营性创收，创造了“网红经济”的新经济模式，图 2-12 总结了“网红”和“网络经济”的特征。随着数字经济的发展，网民的新身份还将不断更新。

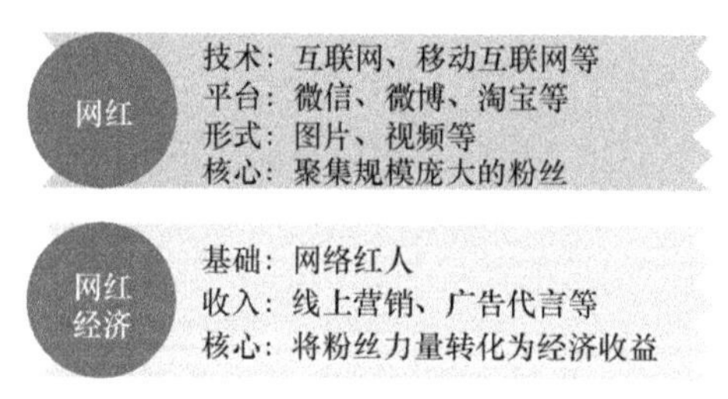

图 2-12 “网红”和“网红经济”的特点

（3）新能量

在数字经济的时代，每个公民都是网络公民，网络上的言行也构成了网络社会，由于网络舆论的极快速传播力量，看似微小的一言一行，往往能在短短数小时内传遍全世界，影响着人们的世界观和价值观。数字经济时代赋予公民的新能量是把“双刃剑”，既可能传播正能量，也可能无意中成为负面的“意见领袖”，每个网络公民都应严格规范自己在这个虚拟世界的举止行为。

参考文献：

[1] 詹姆斯·格雷克 . 信息简史 [M]. 北京：人民邮电出版社，2013.

[2] 英国标准协会 . 英国信息安全管理体系规范 [M].1999.

[3] 美国财务会计准则委员会 . 美国财务会计准则 [M]. 北京：经济管理出版社，2007.

[4] 中国会计准则委员会 . 国际会计准则 [M]. 北京：中国财政经济出版社，2016.

[5] 中华人民共和国财政部 . 企业会计准则 [M]. 上海：立信会计出版社，2015.

[6] 马歇尔 . 经济学原理 [M]. 长沙：湖南文艺出版社，2012.

[7] 迈克尔·波兰尼 . 个人知识——迈向后现代哲学 [M]. 贵阳：贵州人民出版社，2000.

[8] 威廉姆森 . 生产的纵向一体化：市场失灵的考察 [M]// 交易费用经济学：契约关系的规制 . 1996.

[9] 纽曼，米尔盖特，伊特韦尔 . 新帕尔格雷夫货币金融大辞典 [M]. 北京：经济科学出版社，2000.

[10] 戈登·摩尔 . 让集成电路填满更多的元件 [J]. 电子学，1998.

[11] 埃里克·布莱恩约弗森，安德鲁·麦卡菲 . 第二次机器革命：数字化技术将如何改变我们的经济与社会 [M]. 北京：中信出版社，2014.

[12] 弗里茨·马克卢普 . 美国的知识生产与分配 [M]. 北京：中国人民大学出版社，2007.

[13] 马克·波拉特 . 信息经济论 [M]. 长沙：湖南人民出版社，1987.

[14] 马克思，恩格斯 . 马克思恩格斯全集（第 19 卷）[M]. 北京：人民出版社，1995.

[15] 卡尔·夏皮罗，哈尔·瓦里安，夏皮罗 . 信息规则：网络经济的策略指导 [M]. 北京：中国人民大学出版社，2000.

[16] 杰里米·里夫金 . 第三次工业革命：新经济模式如何改变世界 [M]. 北京：中信出版社，2012.

[17] 杰里米·里夫金 . 零边际成本社会 [M]. 北京：中信出版社，2014.

[18] 爱德华·格莱泽 . 城市的胜利 [M]. 上海：海社会科学院出版社，2012.

[19] Digi-Capital. 移动营销中的高效消费者互动 [J]. MediaPost，2014.

[20] 埃森哲 . 十国数字政府战略比拼报告 [R].2014.
[21] 阿里研究院 . 阿里巴巴报告：大数据时代的“五维政府”[R].2015.
[22] 中国互联网络信息中心 . 中国新兴媒体融合发展报告（2013-2014）[R]. 2014.
[23] Economics, Oxford. The new digital economy: how it will transform business[J]. Cisco, Citi, PwC & SAP, 2011.
[24] SAUL J, LEONELLI N , MARSHALL A. 数字化变革：为截然不同的未来做好准备 [R].2013.
[25] 腾讯微信团队 . 2016 微信数据报告 [R].2016.

Chapter 3

第 3 章

国外数字经济发展景象：群雄纷起　各有侧重

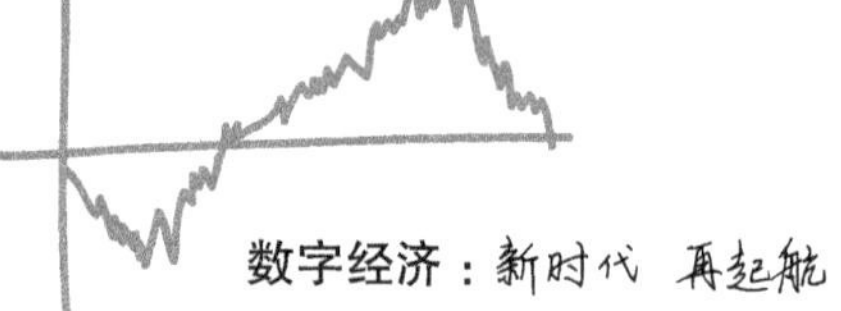

全球瞩目、全球参与，是数字经济繁荣发展的景象之一。近年来，美国、欧盟、德国、英国、澳大利亚、日本、新加坡、韩国等国家和地区一直高度关注数字经济的发展，纷纷推出数字经济相关的国家战略，显示出要在数字经济领域抢占全球发展新高地的决心。若要投身数字经济发展大潮之中，首先就须以全球化的视角视野，全面探究和理解其发展经验与推进法则。

本章将聚焦全球主要经济体和国际经济组织，剖析其数字经济发展战略，研究各主要国家（联盟）和地区数字经济的发展重点与发展举措，分析数字经济发展的有效路径和有益经验，展望未来发展趋势，为我国数字经济的发展和战略的制定提供借鉴。

3.1 美国的数字经济：若隐若现的数字经济

3.1.1 颠覆性的数字经济系列报告

1998~2003 年，美国连续 5 年发布“数字经济”报告。1998 年美国首次将数字经济概念从学术层面带入政策领域。美国商务部自 1998 年开始连续 3 年，公布了 3 个关于数字经济的研究报告（分别为 1998 年《浮现中的数字经济》、1999 年《新兴的数字经济》和 2000 年《数字经济 2000》[1~3]），对信息技术产业的经济表现进行说明，就信息技术产业对经济增长、通货膨胀、就业及劳动市场的影响进行分析，对正在浮现中的电

子商务进行专门的描述。

美国“数字经济”系列报告可以称之为颠覆性的研究报告，是全球首个由政府部门发布的“数字经济”相关报告，对全球数字经济的研究和蓬勃发展起到了重要的启示作用，特别是1998~2000年三期报告从理论和实践层面全面梳理了数字经济这一新兴经济形态的特征，对经济理论的演进方向也有重要启发。报告认为，美国人正在跨越一个新的经济和社会发展的时期，这些都是建立在数字技术革新的基础上的。在这个新的时期，产生了新的工作方式、新的联络方式、新产品和服务以及新的社团模式。

数字经济的巨大活力来自信息技术产业、互联网和电子商务。信息技术公司提供经济生活中支持信息技术商业运作的产品和服务。20世纪90年代中期以来，正是由于这些产业的蓬勃发展，才出现了经济的快速和持续增长、通货膨胀率的降低以及无数的技术革新。

3.1.2 对数字革命的基本评价

美国政府对空前的数字革命从5个方面给出了基本评价。

（1）美国经济正在经历一场深刻的变革。这场变革最明显的外在标志，也是它的根本起因之一，是革命性的技术进步。它包括功能强大的个人电脑、高速电子通信以及互联网。在过去的15年中，信息技术创新、资本市场创新、商业模式创新、信息技术产品和服务的价格不断下降、对这个行业的投资不断增加，是美国多年来经济持续高增长、低通胀、高就业的一个主要原因。

（2）互联网在美国进入了爆炸式增长阶段。以互联网为标志的信息基础设施的大规模建设，电子商务的惊人增长，正在改变企业的经营方式、收购兼并方式和客户服务方式，以及企业与供应商关系的管理，正在使人们的信息获取渠道、交流方式、购物和娱乐发生着一场前所未有的革命。

（3）信息革命正在使人类社会产生“数字分化”和“数字鸿沟”。像200年前英国成为工业革命的领头羊一样，美国正在成为21世纪信息革命的领头羊，并开始进入一个经济繁荣的新时代。而发达国家的一部分穷人、大多数发展中国家将有可能处在这场数字变革之外。

（4）新的组织形式、新的体制结构同新技术一样，都是新经济的重要组成部分。同从前一样，经济的核心根植于人类的本质，而不是任何新的技术进步。正如前美联邦储备系统主席格林斯潘所说，“我们衡量资产的方法，以及资产的变化影响我们经济的方法，都和控制我们祖先行为的方法没有什么不同”。但是，格林斯潘和其他经济学家都同意有一些游戏的基本规则正在变化，从组织生产的方式，到贸易的方式，以及公司向消费者灌输价值观念的方式等。

（5）正在蓬勃发展的、新兴的电子商务已经成为一种前景广阔的经济模式。信息技术的快速发展、美国生产率的实质性增长，以及与信息技术变革相关的增长，将长久地持续下去。

驱动美国数字经济持续增长的主要动力之一是信息技术的快速发展以及它所导致的生产与服务成本的下降和产品经济向服务经济的转型。信息技术对数字经济的驱动，可以用“摩尔法则”“梅特卡夫法则”和“雅虎法则”等法则进行简单解释。

3.1.3 21世纪的数字经济展望

美国从2010年开始提出“数字国家”概念，发布了3期“数字国家”报告，主要围绕互联网、移动互联网、基础设施等数字化情况进行统计和分析。2012年，美国开始实施“数字政府”战略，发布了多期“数字政府”报告，这些报告与1998~2003年期间的“数字经济”系列报告一齐，构成了美国数字经济报告体系。美国数字经济相关报告内容梳理如表3-1所示。

表 3-1 美国数字经济相关报告的主要内容

时间	报告名称	主要内容
1998 年 5 月	新兴的数字经济Ⅰ	第一次全面阐释了新经济的信息内涵，从而第一次在知识经济的意义上提供了新经济的基础理论。初步揭示了以互联网为标志的信息现象对整个经济的决定性作用，把经济学的中心从货币现象转向了信息现象，使信息成为经济学核心的内生变量，从而宣告了一代经济学的新旧交替 [4]。
1999 年 6 月	新兴的数字经济Ⅱ	电子贸易和信息产业正在飞速增长，从根本上改变了美国生产、消费、交流和娱乐的方式。报告从数字经济时代的电子商务、信息技术产业的变化和对人均 GDP 的贡献，以及劳动力市场在数字经济时代的变化和问题来阐述数字经济对美国社会带来的影响
2000 年 6 月	数字经济	美国经济已经跨进一个新的、更高的、持续增长的经济和生产力发展时期。这是因为所有美国产业迅速的技术创新、明显的信息技术价格下降和上升的对信息技术产品和服务的投资，三者强有力地结合在一起。特别是对计算机和通信产业分析后发现，技术创新的速度和迅速下降的价格将会继续下去
2002 年 2 月	数字经济	分析了 IT 投资减少但新经济仍持续的形势，在线环境的改善，新经济中的信息技术产业，信息技术应用在生产率和通胀方面产业水平的效果，新经济中的工作，信息技术产品和服务的国际销售以及 IT 对教育的影响等 [5]
2003 年 12 月	数字经济	报告指出在两年的蛰伏之后，IT 产业重现 1996~2000 年间的活力。IT 领域的就业情况自 2001~2002 年的急剧下滑后开始缓慢上升。尽管面临诸多挑战，IT 产业依然在经济和社会生活中扮演重要的角色
2010 年 2 月	数字国家：21 世纪美国在普及宽带网的进展	报告指出在 21 世纪的一个 10 年结束的关头，还有许多美国人使用着速度缓慢的窄带来连接网络，甚至无法连接网络。报告着重强调了政府的政策目标对实现人人都能享受宽带互联的重要性，同时指出了互联网接入方面存在的缺口和人们对互联网资源弃而不用的原因
2010 年 11 月	数字国家：家庭宽带在美国的使用	报告对宽带网络的“使用率差别”（Adoption Gaps）有新的分析和思考，例如，在控制了人口和区域两个变量之后，家庭宽带使用率在不同人群中的变化。报告主要对美国总体宽带网络接口的普及情况，家用互联网宽带使用的决定性因素，弃用家用宽带的原因和宽带网长期发展趋势有详尽的研究和讨论。

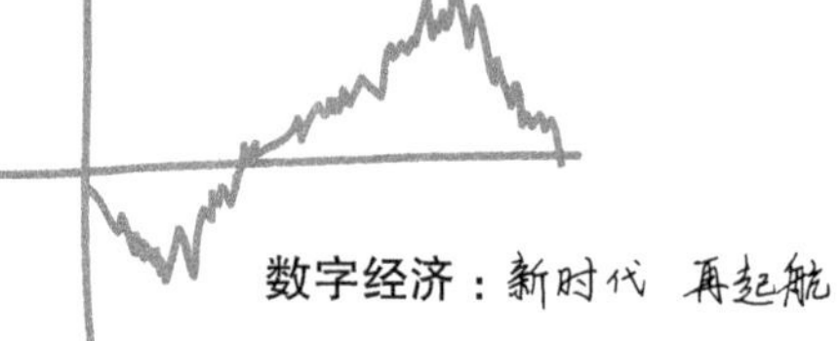

（续表）

时间	报告名称	主要内容
2011 年 11 月	探索数字国家：家用电脑和网络	报告在人口统计局人口入学和网络使用现状调查的基础上，对美国人电脑和互联网使用情况的数据进行了更新，增加了诸如用回归分析来解释互联网宽带的使用在不同人群和地区的差别。尽管数据表明家庭宽带用户的数量有所增加，但是不同人群和地区使用网络的差别显示了横亘其中的数字鸿沟。报告指出，没有解决鸿沟的万全之策，需要全社会的共同努力提升宽带的使用和发展
2013 年 6 月	数字国家：美国新兴的线上活动	该系列报告第一次在更新电脑和互联网使用的基础上，调查了美国人线上活动情况。从 53 000 个美国家庭的数据中整理出美国人线上娱乐、网络社交、网上求职培训、健康医疗等各种活动的数据。互联网为整个社会带来了许多实惠，移动设备进一步提升了互联网的优势，使其成为越来越多美国人的生活必需品
2014 年 10 月	探索数字国家：拥抱移动网络	移动设备和高速的无线网对社会的交流沟通运作方式产生了极大的影响。本报告着重调查了美国人使用移动互联网的相关情况。此外，本报告分析不同人群使用家庭互联网的特征和不使用互联网的原因，更为之后对提高宽带的普及率和使用率的调查和政策提供帮助

资料来源：美国商务部，作者整理

美国数字政府战略有 3 个目标：（1）使美国人民和日益增多的移动工作者能随时、随地、使用任何设备获得高品质的数字政府信息和服务；（2）确保在新的数字经济环境下，能抓住机遇以智能、安全和可承受的方式来采购并管理设备、应用程序和数据；（3）开放政府数据，以促进国家的创新，提高为美国人民服务的质量。

为实现这些目标，美国政府提出了相应的规划方案。一是在信息化中心方面，美国政府开放数据、内容和网络应用接口作为新的默认方式，可以通过 Web API 获取现有的高价值的数据和内容。二是在共享平台方面，美国政府建立一个数字化服务创新中心和顾问团队，建立一个跨部门治理机制以改进数字化服务的提供方式，统一政府部门的资产管理和采购工作。三是在客户中心方面，美国政府使用现代化的工具和技术来提供更好的数字化服务，为移动用户提供面向客户服务的优先权，并测量绩效和客户满意度以改善服务。四是在安全和隐私方面，提升新技术应用的安全性，评估和精简安全和隐私流程。美国数字经济相关战略之间的关系总结可参考图 3-1。

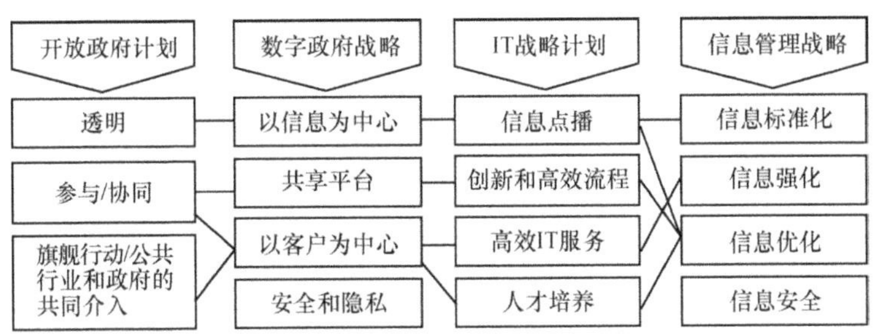

资料来源：埃森哲咨询公司，十国数字政府战略比拼[6]

图 3-1　美国数字经济相关战略关系

3.2　欧盟的数字经济：始终如一推进数字化

3.2.1　欧洲数字计划

2010 年 5 月 19 日，欧盟委员会正式公布了“欧洲数字计划”[7] 作为旨在取得稳定、持续和全面经济增长的“欧洲 2020 年战略”的重要组成部分。该计划为欧盟推进数字经济和建立信息社会提出了七大优先目标。

（1）建立一个统一的数字市场，以实现数字时代的便利和好处。欧盟提出通过简化版权审理程序来让更多的用户获得合法的网上内容，打破欧盟网络市场因多种内部障碍而各自为政的状态，让公民能跨越国界享受商业服务和文化娱乐。（2）建立更好的信息化标准，提高网络互用性。（3）增强网络安全和人们对网络的信任。加强对网络袭击者的惩治和完善个人信息的保护措施，并要求网络经营商需向用户及时通报网络安全方面的信息。（4）提高互联网接入速度。目标是到 2020 年让所有欧盟公民都能用上网速 30 Mbit/s 的网络，其中有一半公民能用上网速 100 Mbit/s 的网络。(5)增加在信息通信领域研究与开发的投资。欧盟将通过欧洲地区基金和增加研究基金等方式，来鼓励私营部门增加在信息通信领域研究与开发的投资。(6)提高人们的数字技能和让更多的人学会使用网络。(7)充分发挥信息通信技术的潜力，让全社会受益。欧盟希望通过借助信息通信技术来应对当前所面临的诸如气候变化、人口老龄化等问题。欧盟提出，到 2015 年，让欧盟公民能够随时通过网络获得自己的病历档案。

3.2.2 欧盟单一数字化市场战略

2015 年 5 月，欧盟委员会公布了数字化单一市场(Digital Single Market)战略[8]，明确了建立单一市场的三大支柱：为消费者和企业提供更好的欧盟跨境数字商品和服务准入，为数字网络和服务的蓬勃发展创造合适的环境，以及使欧洲数字经济的增长潜力最大化。

波士顿咨询针对数字化单一市场的重点进行了深入研究[9]，聚焦如何创造适合于数字网络和服务发展的环境，提出了统一数字化服务的标准，建立实现数字化单一市场战略目标的市场支撑体系，调整零售市场法规，调整频谱政策、填补频谱需求缺口，为新兴专业服务提供高质量的网络共 5 个重点任务，如图 3-2 所示。

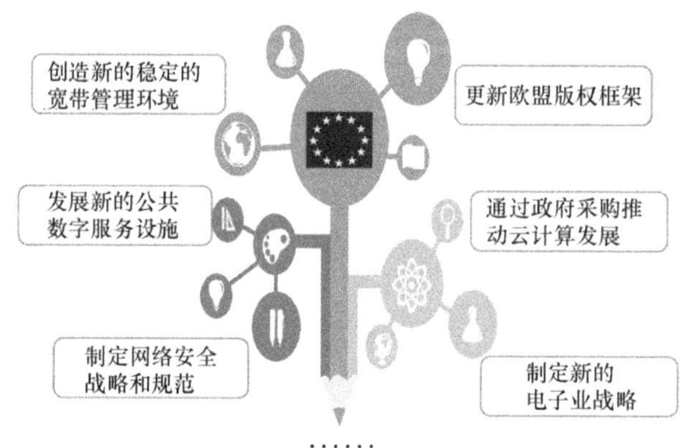

图 3-2　2013~2014 年欧盟数字经济优先发展计划

3.2.3 数字德国

德国一直是欧盟最支持数字化的国家之一，除了“工业 4.0”等战略外，还在数字德国建设方面提出一系列具体措施，并通过《数字德国》[10] 规划了德国的数字经济战略。

数字德国对德国的主要行业和企业的数字化水平进行了评估。德国将数字化成熟度和数字化未来影响力作为主要指标，分析和定位了德国当前主要行业的数字化发展水平，研究了数字化对企业 4 个方面的影响，同时对德国零售和消费品、汽车制造、医疗保健和药品等七大行业的数字化情况进行了分析，各个行业数字化成熟度和数字化的未来影响力如图 3-3 所示。

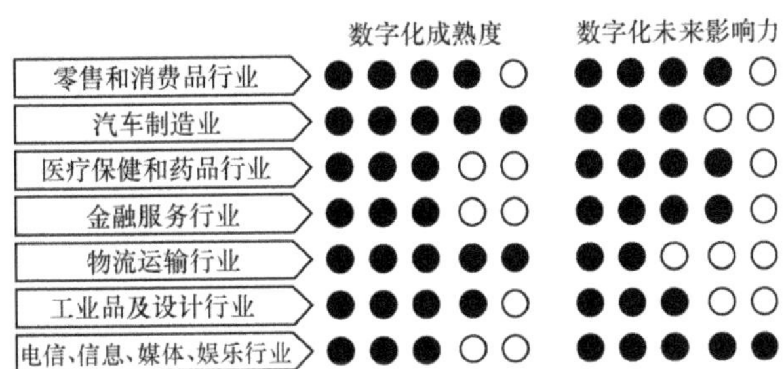

图 3-3 德国七大行业的数字化程度

《数字德国》报告认为，德国的数字化程度整体较高，但是灵活性较为缺失，在数字基础设施、投资、创新、数据应用的心理障碍等方面都存在着挑战，需要做出相应的引导和政策部署。

3.3 英国的数字经济：创新英国发展的重要驱动力

3.3.1 开启数字经济战略

2009 年，英国政府推出了“数字大不列颠”行动计划，并于 2010 年

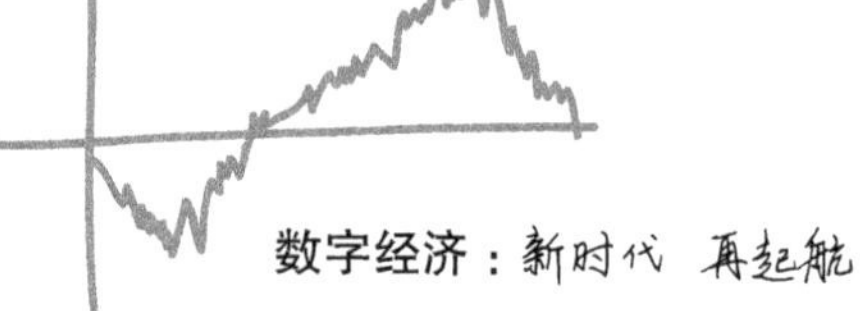

4 月颁布实施了《数字经济法案》[11]。主要包括以下 3 个方面的内容。（1）加强政府对数字经济的监管。要求通信管理机构定期向国务大臣报告英国电子通信网络基础设施和业务发展、互联网域名注册使用、媒体内容发展情况。英国政府的监管范围扩展到互联网、付费点播等新领域，将数字经济视为经济发展的重要组成部分，并纳入日常管理范围。（2）加强对音乐、媒体、游戏等著作权的保护和管理监督工作。明确对音乐、媒体、游戏等数字内容著作权保护的程序，对互联网提供商的初始通知和报告义务、政府采取技术手段救济和处罚等做了细致规定。防止网络盗版行为，为数字经济发展创造良好的环境。（3）对电视广播、无线电通信、游戏分级、公共借阅权收费等方面做出了详细规定，进一步完善了对数字经济相关产业的保障体系，有效推进数字经济的发展。随着数字经济的发展，英国将出台新的《数字经济法案》，旨在推动英国的数字化发展，利用技术持续推动经济、社会及政府的转型与变革。

3.3.2 创建数字经济与创新中心

英国技术研究理事会于 2012 年 1 月宣布建立数字经济技术与创新中心。该中心将致力于促进数字经济领域的创新和增长，通过汇聚有关技术人才，为英国发展世界领先水平的数字产业提供技术开发、测试和应用。如图 3-4 所示，数字经济中心重点关注的领域包括：（1）数字媒体和内容的交易与使用，主要瞄准创造丰厚回报的服务和帮助促进企业合作；（2）提高数字服务的普适性，提高云计算和身份管理等新技术和系统的影响，使企业和产业更加数字化；（3）数字与物理世界的融合，探索设备、服装、汽车和其他消费形式如何更好地连接，提高现实生活质量。此外，该中心还将通过从媒体和创意产业等进行技术转移，进而帮助更大范围内的英国企业利用数字技术并开发新的商业模式。

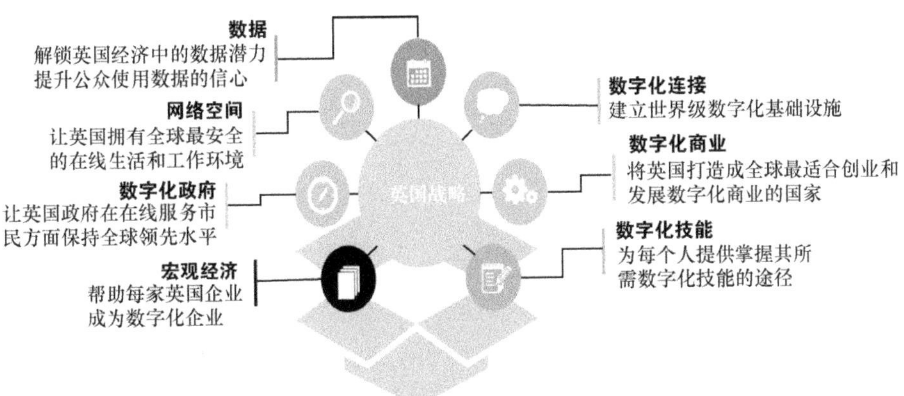

资料来源：《数字英国战略》（UK Digital Strategy）

图 3-4 英国数字经济相关战略

3.3.3 新时期数字经济战略再升级

2017 年 3 月，英国政府发布《英国数字战略》[12]，对将来打造世界领先的数字经济和全面推进数字转型做出了全面而周密的部署，英国脱欧后再次明确数字经济战略，体现了英国政府对数字经济寄予的厚望。英国提出，到 2025 年将数字经济对英国经济的贡献值从 2015 年的 1 180 亿英镑提高到 2 000 亿英镑，表明了英国发展数字经济的巨大期待和决心。

英国的数字战略包括 7 个部分战略内容，每个“子战略”之下又包含一揽子举措和推进方案。（1）连接战略：致力于打造世界级的数字基础设施，将宽带接入变成一项公民权利，加快推进网络全覆盖和全光纤、5G 建设。（2）数字技能与包容性战略：大力推进全民数字素养和数字技能培训，为数字经济的发展培育数字技能人才。（3）数字经济战略：投入资金和政策，支持创新和数字创业，跟随技术发展探索、调整技术友好型的监管制度。（4）数字转型战略：英国政府将通过多种形式帮助、支持每一个英国企业实现数字转型，提高生产效率。（5）网络空间战略：增强网络安全能力，投资和鼓励网络安全行业及人才培养输出，关注儿童网络安全。(6)数字政府战略：深入推进政府数字转型，打造平台型政府，更好地为民众提供公共服务和政务。(7)数据经济战略：多种举措释放数据在英国经济中的潜力，同时加强数据保护和数据开放共享[13]。

3.4 全球其他地区：遍地开花的数字经济战略部署

3.4.1 澳大利亚

澳大利亚正力争成为世界领先的数字经济实践者。澳大利亚政府于2011年5月31日正式发布《2020澳大利亚数字经济战略》[14]，包括家庭网络、企业网络（电子商务）、环境和基础设施的智能管理、医疗和老年护理、网络教育、电子办公、政府网上服务、关键基础设施支撑实施等8项战略目标。

为实现上述8项目标，政府、产业和社会需共同努力、相互协作，推进实现澳大利亚数字经济的全面发展。一是政府加大包括宽带网络、数字电视、无线电通信在内的数字经济基础设施的投资力度；二是为创新提供便利，包括为数字经济发展开放公共部门信息、构建“E—政府”，促进建立有利于数字创新商业化的文化氛围；三是设置有力的监管框架，构筑版权“安全港”的数字经济平台，建立有利于聚合的环境；四是要展示商业数字化信息并构筑数字化能力，采用智能技术促进可持续发展，展示数字经济信息并接受数字媒体文化，体验、包容、参与到数字化活动中。

3.4.2 日本

日本政府于2009年7月6日制定了《2015年i-Japan战略》[15]，主要是为了建立安全且充满活力的数字化社会，实现信息技术的方便使用，突破数字技术使用的各种壁垒，确保信息安全，通过数字技术和信息在社会中的渗透扩散打造全新的日本。如图 3-5 所示，该战略主要从电子政务、医疗保健和教育及人力资源建设 3 个领域优先发展数字经济，并指出要大力发展数字化基础设施建设。

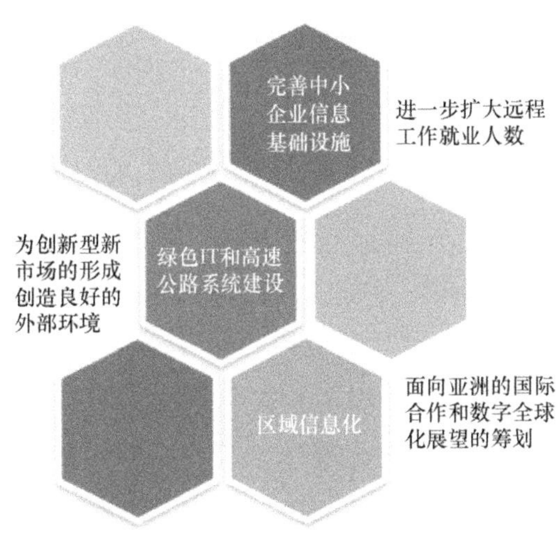

资料来源：日本《i-Japan 战略 2015》

图 3-5 日本产业、 地区信息化战略

在电子政务方面，通过明确数字经济发展评价标准、推广“国民个人电子信箱”、政府首席信息官等途径，推进政府管理体制改革，建立更加便利、标准、高效、简洁、透明的政府；在医疗保健方面，通过加大医疗机构数字基础设施建设力度，促进远程诊疗技术、电子健康记录、医疗处方和配药信息的电子化等来提高医护人员的知识技能，提升医疗服务的水平和质量；在教育和人力资源领域，加大信息教育和数字技术设施的投入，加快远程教育发展，提高学生专业能力和利用信息的能力。培养拥有较高数字能力的专业人才，为日本数字经济发展做好人才储备。

该战略还提出，通过数字技术和信息，到 2015 年实现产业结构转型、社会复兴。推动电子商务和管理以及商业流程再造过程中的创新，整合数

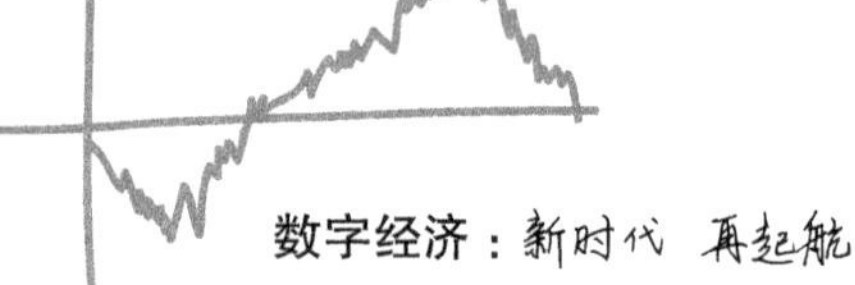

字化技术，促进生产服务领域高附加值产业的发展；通过整合通信技术和数字无线电、广播，推动媒体产业的发展；通过数字技术的发展，带动当地社会经济发展，提高居民生活质量；通过全球开发与合作，提高日本数字产业的国际竞争力。通过建设宽带基础设施、推广采用易用设备，构建信息安全措施，发展便于传播和利用数字信息的基础设施，推动数字基础技术的发展，实现到 2015 年数字技术在各领域的普及使用。

3.4.3 新加坡

新加坡政府早在 2006 年 6 月就正式宣布启动数字经济 2015（iN2015）计划。计划包括六大目标，即信息通信技术为经济和社会创造的价值增值居全球第一位、信息通信业实现的价值增值增长两倍达 260 亿新元、信息通信业出口额增长 3 倍达 600 亿新元、新增工作岗位 80 000 个、家庭宽带渗透率达 90%、电脑在拥有学龄儿童的家庭中的渗透率达 100%。

为了实现上述目标，新加坡政府制订了 4 项关键战略。（1）通过对信息技术更加成熟和创新的应用，率先实现关键经济领域、政府和社会的转变。（2）建设一套超高速的、普遍深入的、智能的和可靠的信息通信基础设施。（3）发展具有全球竞争力的信息通信产业。（4）培养信息通信方面的精英劳动力和具有全球竞争力的信息通信劳动力。

3.4.4 印度

印度作为“世界办公室”，依靠领先的软件技术能力为全球提供远程服务。印度总理纳伦德拉·莫迪上台后，对印度制造能力的提升寄予厚望，新时期印度将一边维持软件和信息服务的先进技术能力，一边抓电子产品等制造业能力，努力打造一个数字技术先进、产业体系完善的新兴经济。

2015 年 7 月，印度政府明确提出“数字印度”[16] 倡议。包括数字基础设施为人人所用、电子政务和个性化服务、实现公民数字赋权三大愿景。

这一倡议聚焦于发展电子政务、发展远程医疗和移动医疗服务、加强网络基础设施建设、让印度广大的农村人口也能接入互联网等。

印度的软件信息服务一直是全球领先的领域，并保持快速增长，2015 年印度软件业出口增速达到 19.2%，高于中国软件业 11.5% 的增速。但印度的电子信息产品制造能力薄弱，约 65% 的电子信息产品依赖进口。按目前制造能力预计，2020 年印度电子产品进口额将达到 4 000 亿美元，超出石油进口总额，对高端电子产品制造能力的提升有着迫切需求。

2014 年 9 月，莫迪政府推出“印度制造”计划，要将印度打造为新的“全球制造中心”，并将电子产品列为“印度制造”提升竞争力的重要领域，提出三方面具体措施。(1) 加速提升制造业竞争力。力争让印度成为全球制造中心，把制造业占 GDP 的比例从目前的 17% 提高到 2020 年的 25%。为每年新增的 1 200 万劳动力创造就业机会，促进包括交通等 25 个领域的制造业发展。(2) 加强基础设施建设。借鉴中国经验，印度将大规模投资基础设施建设作为产业培育的重要组成部分，计划在未来 5 年投入 150 亿美元，将 100 座城市改造为交通顺畅、互联网便利的“灵活型城市”。(3) 优化外商投资环境。印度政府致力于改善商业投资环境，如废除复杂的投资手续、统一全国税制、加强政策和税收体制的一致性和透明度，提高外国投资比例，允许外资参与印度城郊公私合作模式的铁路走廊建设、高速铁路系统、铁路电气化、信号系统等项目。

中国是“印度制造”的重要合作伙伴，双方已经在铁路、公路等基础建设领域以及人才培养方面建立了长期伙伴关系。未来中印在数字经济方面有望开展深入合作，且这种合作是双向的。首先，中国应充分利用印度的廉价劳动力优势，短期内率先向印度转移较为成熟的中低端电子产品生产线，通过中低端产品制造培育产业工人，帮助印度培育国内的电子信息制造体系。中国也应充分学习印度在高端软件和信息服务业领域的经验，加快培育信息服务高端人才。信息技术是面临全球外来竞争最激烈的领域，作为全球最有潜力的电子产品消费市场和移动互联网市场，来自美国、韩国、德国、日本

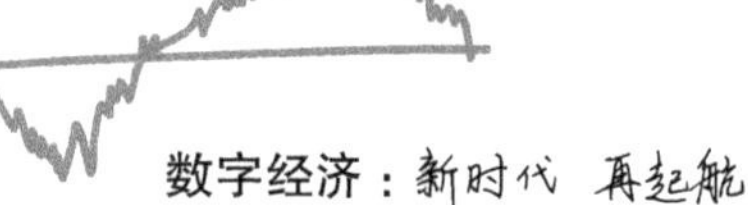

的苹果、三星、博世、日产和松下等企业纷纷将印度作为下一个主攻市场，中印应尽快建立战略合作关系，并通过联合研究、引进输出高端人才、共同打造产业生态等方式，培育中印产业链整合和产业转移路径，建立中印数字经济领域颇有成效的合作机制。

3.5 全球数字经济发展图景：策略先行的战略高地

3.5.1 各国数字经济战略的重点和特色

各国在制定数字经济发展战略的时候，多数还是建立在对数字经济狭义理解的基础上，并根据自己国家当时的经济社会发展需求，规划出具体的发展重点。其中，英国、澳大利亚、新加坡等国的数字经济发展战略涉及领域较窄，主要集中在信息技术和通信技术领域，如互联网、宽带、电子商务、在线服务等。英国的数字经济发展主要是以互联网为核心的音乐、游戏、媒体等领域；澳大利亚的国家数字经济战略也局限于数字广告销售网络、联盟营销、内容管理、搜索引擎、多媒体服务等互联网领域；新加坡则将关注点放在了信息通信业增加值、出口额、新增就业岗位和宽带渗透率等方面。

以日本为代表的一些国家，由于数字技术、数字资源和数字化基础设施建设基础较好，其在制定数字经济发展战略的过程中，更加注重数字经济的外延发展。因此，日本将电子政务、医疗健康和教育及人力资源管理纳入了数字经济发展战略。可见，数字经济战略的制定和发展高度有赖于数字技术、数字资源和数字化基础设施建设的基础条件。

以美国为首的少数国家，是数字经济发展的领头羊，其根据数字经济不断发展的新形势和新要求，动态调整本国的数字经济发展战略。当前，美国已从初期的围绕互联网、电子商务为主的数字经济发展升级为重点支

持互联网、移动互联网发展、基础设施数字化，支持数据资源开放和数字政府信息服务的数字国家战略。

此外，一些国家的数字经济发展战略除了包含重点领域外，还分别提及数字化的工业控制、物流运输等在内的更为广阔的领域和产业。但与此同时，对正在或将要被数字化的领域及产业的关注和重视程度远远不够，这一点有望成为我国发展数字经济的后发优势。

3.5.2　各国数字经济战略的发力方向

数字化基础设施已经成为世界上最大的设施群，数字技术的应用与开发、数字资源的产生与汇聚、数字经济的各类活动都要在基础设施上进行。因此，各国都在加强基础设施建设，提高宽带的速度和渗透率。例如，美国加强基础设施等数字化情况的统计和分析；英国政府要求通信管理机构定期报告通信网络基础设施情况；日本的数字经济战略指出要大力发展数字化基础设施建设；澳大利亚的战略中，基础设施的智能管理和关键基础设施支撑是两项重要的战略目标；新加坡力求建设一套超高速的、普遍深入的、智能的和可靠的信息通信基础设施。

数字经济发展的速度越快，信息安全隐患就会越彰显，一旦信息安全问题成为人们心中的障碍，便会对市场失去信任、对经济发展失去信心。因此，加快构建和完善信息安全体系，提升信息安全保障能力，是每个国家不可回避也不能忽视的要点。例如，美国提出在安全和隐私方面，提升新技术应用的安全性，评估和精简安全和隐私流程；日本建立安全而又充满活力的数字化社会，构建信息安全体系，确保信息安全；欧盟提出增强网络安全和人们对网络的信任，要对网络袭击者进行惩治和加强个人信息的保护，并且要求网络经营商向用户及时通报网络安全方面的信息。

数字经济的发展需要数字技术和数字资源的双轮驱动，而政府所掌管的数据资源尚未得到开发利用，其经济效益和带动效应巨大。所以，很多

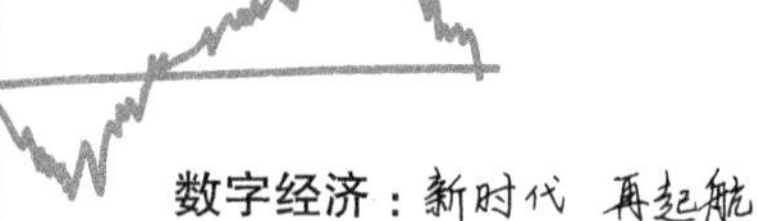

国家都在积极地开放政府数据资源，实现部门和地区的融合。美国政府通过开放数据、内容和网络应用接口等方式，提高数据的使用价值；日本强调推进政府管理体制改革，公开政府数据，提升政府的透明度；欧盟为打破成员国各自为政的状态，鼓励政府和区域间实现数据资源共享；澳大利亚开放公共部门信息，构建“E- 政府”。此外，在鼓励和促进数字技术开发方面，一些国家还通过成立数字经济创新中心和增加研究基金等方式，鼓励和支持数字技术的研究与开发。

3.5.3 我国应加强数字经济顶层设计

通过对世界主要国家和地区数字经济发展情况的总结可以看出，全球的主要经济体已经纷纷将注意力集中到数字经济发展上，并将数字经济视为实现本国和世界经济复苏的重要途径。试图通过数字经济发展，带动相关产业的发展，提升经济发展的水平和质量，进而增强本国的国际竞争力，抢占世界经济发展新的制高点，获得未来发展先机和优势。近年来，俄罗斯、印度等新兴国家也开始关注数字经济的发展，数字经济的全球竞争格局将迎来更多参与者和有力竞争者。

我国需要尽快制定国家级的数字经济战略。数字经济已经成为引领全球经济发展的重要战略部署，各个国家无论从国际竞争的角度，还是从本国经济发展需求的角度出发，都需要在政府层面的高度制定数字经济发展相关战略、行动计划、法律法规等。类似英国的“数字战略”和《数字经济法案》、欧盟的“欧洲数字计划”、澳大利亚的“数字经济战略”、新加坡的“数字经济 2015 计划”，我国也需要尽快构建自身的数字经济发展顶层构架。

参考文献：

[1] 姜奇平 . 浮现中的数字经济 [M]. 北京：中国人民大学出版社，1998.

[2] 美国商务部 . 新兴的数字经济 [M]. 北京 ：中国友谊出版公司，1999.
[3] 美国商务部 . 数字经济 2000[M]. 北京 ：国家行政学院出版社，2000.
[4] 姜奇平 . 唯有美国意识到的数字时代秘密——读《浮现中的数字经济》[J]. 软件工程师，1998(5).
[5] 姜奇平 ."中国特色"的信息化与"美国牌"的新经济—兼评美国商务部《数字经济 2002》年度报告 [J]. 互联网周刊，2002,38:58-60.
[6] 埃森哲 . 十国数字政府战略比拼 [R].2014.
[7] 欧盟委员会 . 欧洲数字计划 [R].2010.
[8] 欧盟委员会 . 欧洲数字化单一市场战略 [R]. 2015.
[9] 波士顿咨询（BCG）. 实现欧洲数字化单一市场的五个重点 [R].2015.
[10] 波士顿咨询（BCG）. 数字德国 [R]. 2015.
[11] 张亚菲 . 英国《数字经济法案》综述 [J]. 网络法律评论，2013(1).
[12] 英国文化、媒体和体育部 . 英国数字化战略（UK Digital Strategy）[R]. 2017-03-01.
[13] 腾讯研究院 . 解读英国数字战略 [R].2017-03-14.
[14] 澳大利亚 2020 年数字经济战略 [J]. 赛迪译丛，2012(35).
[15] 于凤霞 . i-Japan 战略 2015[J]. 中国信息化，2014(13).
[16] 莫迪誓言打造数字印度 [N]. 新华日报，2015-07-03.

Chapter 4

第 4 章

我国数字经济发展现状：精彩图景　华丽展现

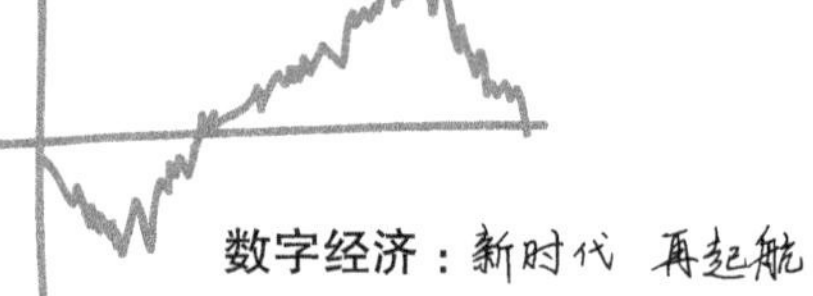

我国是全球数字经济发展的重要实践者和引领者。虽然我国尚未在国家层面推出单独的数字经济战略，但是却一直在践行和推动数字经济的发展。随着信息化水平的持续提升和互联网的快速发展，我国的数字经济已经形成一定的规模，具备了相当的发展实力。

在技术和产业层面，我国已经培育出较为完善的信息制造业体系，拥有了规模最大的互联网及移动互联网用户群体。目前，我国信息技术产业规模高达 16.5 万亿元，连续 8 年保持全球产值第一，是全球最大的彩电、计算机、手机（包括智能手机）生产基地。

在应用层面，依靠全球规模最大的用户群体和积极的互联网应用创新能力，我国更是实现了后来居上、跨越赶超，在互联网应用能力方面已与美国相媲美，在部分领域甚至世界独步。此外，我国在智能终端创新、数字内容服务强化、数字经济跨界融合等方面也都取得了重要进展。

我国数字经济仍然在快速演进中，并在“互联网 +”、大数据等国家战略的引导下更显活力。与此同时，“中国制造 2025”战略强化中国智能制造能力。各行业管理部门也在行动，积极推动各领域的数字经济发展，可以说，我国正在跻身全球数字经济发展活跃度最高的重要区域之一。

4.1 我国数字经济回眸：起步与赶超

数字经济的重要组成与发展源头之一是电子产品制造和信息技术服务发展。我国在这方面的起步明显滞后于全球主要经济体，既与 20 世纪

60~80 年代二战后“黄金时代”的半导体发展时代失之交臂，也几乎与 20 世纪 80 年代个人电脑发展时代错过，但自 20 世纪 90 年代起，我国依靠市场化机制增强电子产品制造能力，大规模引进海外电子产品生产技术和资本，终于建立起当今全球最为完善的电子信息产品制造体系。我国各领域信息化建设的持续推进也对信息技术服务的发展起到重要推动作用。从 2000 年开始，我国信息化建设加快推进，互联网领域加速发展，逐渐在电子商务、移动社交、互联网金融等领域占据全球领先地位。近年来，我国从管理部门到微观主体都认识到数字经济发展的活力，纷纷投身其中或大力支持。这些都为我国数字经济的发展奠定了技术、产业、应用的基础，也为未来我国在数字经济领域实现超越和引领提供了独特优势。

4.1.1 数字技术进步铸成经济飞跃“魔法石”

我国在数字基础设施、云计算等新型应用设施、互联网关键领域的快速发展，为数字经济的飞跃发展夯实了基础。

“宽带中国”加速推进，网络提速成效显著。我国加快推进“宽带中国”战略，实施新一代信息基础设施建设工程，“宽带中国”战略“十二五”建设目标超额完成，“十三五”建设正加紧推进。截至 2016 年 12 月，我国网民规模达 7.31 亿，网络普及率达 53.2%，超过全球平均水平 3.1%；其中手机网民规模 6.95 亿，连续 3 年增长率超过 10%。宽带提速持续推进，20 Mbit/s 以上宽带用户总数逾 2 亿户，占宽带用户总数比重 70% 以上。电信普遍服务机制加快完善，电信普遍服务试点工作推动农村及偏远地区宽带建设，2016 年支持了约 10 万个行政村宽带建设和升级改造。

新型应用基础设施加快构建，重大示范引领良性发展。我国开展了云计算、物联网等应用试点示范，设立国家科技计划（专项、基金等）对数字经济相关领域的前沿技术研究、基础研究、重大共性关键技术等给予支持，搭建了检验检测、标识认证等公共服务平台，新型应用基础设施服务质量和性能显著提升。据统计，2015 年我国云计算产业规模接近 1 500 亿元，

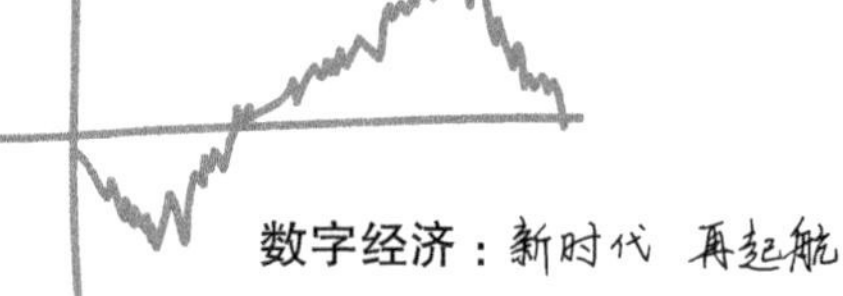

增速超过 30%，北京等 16 个省市积极开展工业云创新服务试点，平台注册用户已超过 1 300 多万，服务企业超过 16 000 家。物联网产业规模达 7 500 亿元，网络设备连接数量超过 1 亿，占全球总量的 31%；通过粮食储运、航空运输、能源供应等国家物联网应用示范工程实施，粮食储运出入库作业、中转效率提高 20% 以上，航空行李分拣工作效率提高 30% 以上，油气安全生产事故发生率降低 25%，电力巡检人身安全隐患事故发生率降低约 80%。以轨道交通物联网为例，我国已有 6 000 多个铁路车站建成列车调度指挥系统，1.7 万台机车和 70.8 万辆货车安装 RFID，并在 7 万多公里的铁路线上安装了地面识别装备。通过对车辆的实时追踪，实现了铁路行车、调度集中指挥和远程自动控制。

互联网关键领域飞跃发展，网络强国建设基础更加坚实。我国已构建起一支规模大、创新力强、全球影响力大的互联网企业梯队，孕育出阿里巴巴、腾讯、百度、京东 4 家全球互联网 10 强企业；在全球 181 家估值超过 10 亿美元的“独角兽“企业中，中国企业数量达 38 家，占全球总数的 1/5 以上。在移动互联网领域，我国拥有应用商店近 500 家，上架移动应用总数超过 760 万款。App Annie 的研究报告显示，2016 年我国 iOS 应用商店收入位居榜首，其中第 4 季度的发行商收入超过 20 亿美元，创造了全球应用商店历史新记录。预计到 2020 年，我国应用市场的绝对收入增长将超过全球其他国家和地区之和。新型跨界创新平台活力焕发，我国正在组织 8 个“互联网 +”国家工程实验室建设，在智能制造、现代农业、高效物流、互联网医疗、互联网教育、深度学习、类脑智能、虚拟现实等领域率先搭建技术创新平台，集聚整合创新资源，助力产学研用跨界融合创新。

4.1.2 数字技术产业体系成全球最全最大

近年来，我国把握新一轮数字技术创新大潮。数字技术产业逐渐成为新经济的重要组成部分，并通过互联网和移动互联网的大力发展，加速催

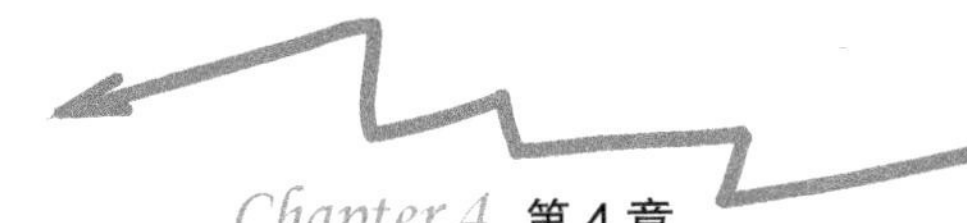

生一系列新技术、新产业、新业态，不断深化数字信息技术产业与传统行业的深度融合，持续推进我国数字经济持续健康发展。

我国数字信息技术产业规模继续壮大。2015 年产业规模达 16.5 万亿元，同比增长 9.1%。其中，电子信息制造业销售产值达 11.3 万亿元，同比增长 8.7%，产业投资稳定增长，新开工项目数量持续增加。从细分行业看，通信设备行业和计算机设备行业的新开工项目数分别增长 30% 和 33.8%。在中央财政资金和地方财政资金的共同支持下，我国在集成电路、平板显示等领域产线布局积极推进，未来仍将有较大规模的投入资金，有望继续拉动产业稳定快速增长；软件和信息技术服务业共完成软件业务收入 4.3 万亿元，同比增长 16.6%，其中信息技术服务保持快速增长，实现收入 22 123 亿元，同比增长 18.4%；电信业务收入 11 251.4 亿元，同比增长 0.8%，移动电话用户普及率达 95.5%，4G 移动电话用户总数达 38 622.5 万户，占比高达 29.6%，8M 以上宽带用户总数占宽带用户总数的比重达 69.9%，分别提高近 30%。我国已在数字技术多个关键领域跻身国际一流水平，华为在 5G 等通信技术和通信设备领域稳居全球第一梯队，本土厂商的云端服务器市场份额超过 50%，虚拟现实、OLED、智能可穿戴、智能汽车等新兴领域蓬勃发展。

近几年我国电子信息制造业、软件和信息服务业、电信业等分类产业的产值或收入增速虽然有所下降，但是我国数字信息技术产业仍多年位居全球第一，且积极培育出云计算、智能硬件等新的优势领域。这些新产业、新业态正带动数字技术产业加速崛起。更重要的是，随着“互联网 +”行动和《中国制造 2025》等一系列国家战略的深入贯彻实施，网络信息技术与经济社会各领域加速融合，数字技术产业的战略性引领作用日益凸显，产业总量超过 19 万亿元，对数字经济的贡献不断提升。

4.1.3　数字经济支撑引领作用不断凸显

数字经济正在引领我国传统产业的转型升级。工业机器人、3D 打印机、

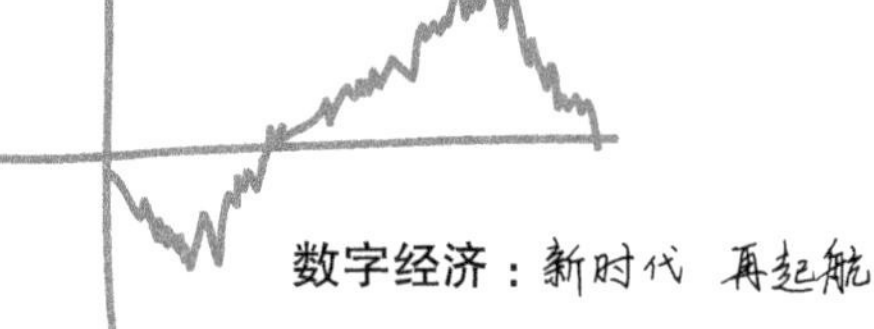

无人机和其他人工智能等新装备、新技术加快应用，大数据、云计算、物联网等应用范围不断扩大。华为、格力等已进入全球产业链的中高端，数字技术开始深度融入传统制造业变革中。数字经济正在引领传统产业转型升级。

数字经济成为消费结构升级、消费需求释放的加速器。2015 年，中国网上零售额达 3.88 万亿元，占全社会消费品零售总额的比重 12.9%。2015 年，共有 1.1 亿网民通过互联网接受在线教育，1.52 亿网民使用网络医疗，9 664 万人使用网络预约出租车。2016 年“双 11”一天，仅阿里巴巴一家电商的总交易额就达 1 207 亿元，当天全网交易总额超过 1 800 亿元。数字经济开始融入城乡居民生活。网络环境的逐步完善和手机上网的迅速普及，使移动互联网应用的需求不断被激发。

数字经济推动结构性改革。数字经济所创造的新业态打破了传统业态中根深蒂固的垄断，成为结构性改革的重要动力。以微信为例，截至 2016 年上半年，微信活跃用户数达 8.06 亿。微信通过技术和组织服务的创新打破了传统电信垄断，明显改善了消费者福利。再如，网约车打破了传统出租车垄断，方便了顾客。新技术的初步实践证明，不能再用“旧制度来管理新经济”，现行监管体制亟需改革。

4.1.4 数字经济创业创新活力蓬勃激发

“四众”创新加速支撑打造数字经济创新业态孵化载体。2015 年 9 月，国务院发布《国务院关于加快构建大众创业万众创新支撑平台的指导意见（国发〔2015〕53 号）》，提出众创、众包、众扶、众筹“四众”支撑平台快速发展。自 2015 年开始，每年 10 月举办全国大众创业万众创新活动周。在首届“双创”活动周上，李克强总理发表了即席讲话，强调要以大众创业、万众创新这一结构性改革激发全社会创造力，打造发展新引擎。“四众”等新型创新支撑平台和孵化形式的出现，进一步加强了对数字经济的支撑。

创客空间成为推进数字经济发展的重要创业创新平台，受到各地的高度

重视。北京中关村目前已经有车库咖啡、3W 咖啡、36 氪、创业家、联想之星、天使汇等多家创业服务机构入驻创业大街。上海、深圳、杭州、南京、武汉、苏州、成都、大连等创新创业氛围较为活跃的地区也迅速出现了一大批各具特色的众创空间，如上海的新车间、深圳的柴火创客空间、杭州的洋葱胶囊、南京创客空间、大连高新区的创业 e 港、成都的创业场和蓉创茶馆等。

创新创业活动空前活跃，"互联网 +"的发展不断优化创新环境和丰富数字经济的创业方式。当前，创新创业热潮正在迅速兴起，大学生毕业和留学归国创业成为主力军，进一步引领我国创新创业向高水平和国际化迈进。据调查，2015 年新毕业大学生创业比例同比增长近一倍，2014 年，近 40 万归国留学人员中，15% 选择了自主创业。智能电动踏板车企业牛电科技，研发了 80 公里和 100 公里续航里程的小牛电动踏板车，在京东众筹上仅 1 小时 5 分钟就突破 2 000 万元的融资规模，实现了从创业团队向科技型企业的转型。从事可折叠人工晶体研发的爱博诺德公司，吸引了国内外博士、硕士组成研发团队，已取得 28 项专利授权，目前研发成果已经开始走进国内医院，成功替代了进口品牌。

4.2　国家层面：加速构建全方位推进体系

我国高度重视数字经济的发展，将数字经济全面发展作为网络强国的重要指标。《中华人民共和国国民经济和社会发展第十三个五年规划纲要》提出实施网络强国战略和大数据战略，加快建设数字中国，拓展网络经济空间。进入"十三五"时期，我国大力实施网络强国战略、国家大数据战略、"互联网 +"行动等一系列重大战略和行动，促进数字经济进一步创新发展。

需要注意的是，作为未来社会的发展大势，互联网与经济社会各领域的融合发展是数字经济发展的重要方向和主要内容。实施"互联网 +"行动是我国主动适应和引领"新常态"的重大战略决策。2015 年 7 月，《国务院关于积极推进“互联网 +”行动的指导意见》(国发〔2015〕40 号)发布实施以来，“互联网 +”行动扎实推进、成效显著，已成为改造提升传统产业、培育经济增长点的重要抓手，对我国经济发展方式逐步实现由“点”到“面”、由“量”到“质”的深刻影响，“互联网 +”已成为释放新需求、创造新供给、促进新平衡的重要驱动和支撑力量，是数字经济在当前阶段发展的重要战略部署。

4.2.1 全方位加快数字经济发展部署

为引导和支持数据经济发展，我国已从行业管理、科技创新、平台资源、资金支持等方面着手，搭建全方位的政策体系。2014 年以来，我国已推出《中国制造 2025》《国务院关于积极推进“互联网 +”行动的指导意见》等重量级国家战略，明确了创新驱动发展的战略部署。如表 4-1 所示，从宏观政策、互联网政策、信息基础设施、新一代信息技术、创新创业五大层面推动了全社会迅速“动”起来的浓厚氛围。

表 4-1 国家层面数字经济相关政策体系

类别	政策名称	主要内容
宏观政策	国家信息化发展战略纲要	以信息化驱动现代化为主线，以建设网络强国为目标，着力增强国家信息化发展能力，着力提高信息化应用水平，着力优化信息化发展环境
	国家创新驱动发展战略纲要	推动产业技术体系创新，强化原始创新，优化区域创新布局，深化军民融合，壮大创新主体，实施重大科技项目和工程，建设高水平人才队伍，推动创新创业
	“十三五”国家信息化规划	部署了构建现代信息技术和产业生态体系等 10 方面任务；确定了新一代信息网络技术超前部署等 12 项优先行动
	“十三五”国家科技创新规划	加强兼顾当前和长远的重大战略布局，培育重要战略创新力量，统筹国内国际两个大局，构建良好创新创业生态，全面深化科技体制改革，加强科普和创新文化建设
	中国制造 2025	提高国家制造业创新能力，推进信息化与工业化深度融合，强化工业基础能力，加强质量品牌建设，全面推行绿色制造，大力推动新一代信息技术产业等重点领域突破发展，深入推进制造业结构调整，积极发展服务型制造和生产性服务业，提高制造业国际化发展水平

（续表）

类别	政策名称	主要内容
互联网政策	国务院关于积极推进“互联网+”行动的指导意见	围绕转型升级任务迫切、融合创新特点明显、人民群众最关心的领域，提出“互联网+”创业创新、协调制造、现代农业、智慧能源、普惠金融、益民服务、高效物流、电子商务、便捷交通、绿色生态、人工智能11项行动
	国务院关于加快推进“互联网+政务服务”工作的指导意见	优化再造政务服务，融合升级政务服务平台渠道，夯实政务服务支撑基础
	国务院关于深化制造业与互联网融合发展的指导意见	打造制造企业互联网“双创”平台，推动互联网企业构建制造业“双创”服务体系，支持制造企业与互联网企业跨界融合，培育制造业与互联网融合新模式，强化融合发展基础支撑，提升融合发展系统解决方案能力，提高工业信息系统安全水平
	国务院办公厅关于促进农村电子商务加快发展的指导意见	培育农村电子商务市场主体，扩大电子商务在农业农村的应用，改善农村电子商务发展环境
	国务院办公厅关于深入实施“互联网+流通”行动计划的意见	加快流通转型升级，推进流通创新发展，加强智慧流通基础设施建设，鼓励拓展智能消费新领域，大力发展绿色流通和消费，深入推进农村电子商务，积极促进电子商务进社区
	国务院办公厅关于推进线上线下互动加快商贸流通创新发展转型升级的意见	鼓励线上线下互动创新，激发实体商业发展活力，健全现代市场体系
信息基础设施	“宽带中国”战略及实施方案	推进区域宽带网络协调发展，加快宽带网络优化升级，提高宽带网络应用水平，促进宽带网络产业链不断完善，增强宽带网络安全保障能力
	国务院办公厅关于加快高速宽带网络建设推进网络提速降费的指导意见	要推动电信企业增强服务能力、提高运营效率，有序开放电信市场、加强电信市场监管、提升公共服务水平
新一代信息技术	促进大数据发展行动纲要	加快政府数据开放共享，推动资源整合，提升治理能力。推动产业创新发展，培育新兴业态，助力经济转型。强化安全保障，提高管理水平，促进健康发展
	国家集成电路产业发展推进纲要	着力发展集成电路设计业，加速发展集成电路制造业，提升先进封装测试业发展水平，突破集成电路关键装备和材料
	国务院关于促进云计算创新发展培育信息产业新业态的意见	增强云计算服务能力，提升云计算自主创新能力，探索电子政务云计算发展新模式，加强大数据开发与利用，统筹布局云计算基础设施，提升安全保障能力
	国务院关于推进物联网有序发展的指导意见	加快技术研发，推动应用示范，改善社会管理，突出区域特色，加强总体设计，壮大核心产业，创新商业模式，加强防护管理，强化资源整合

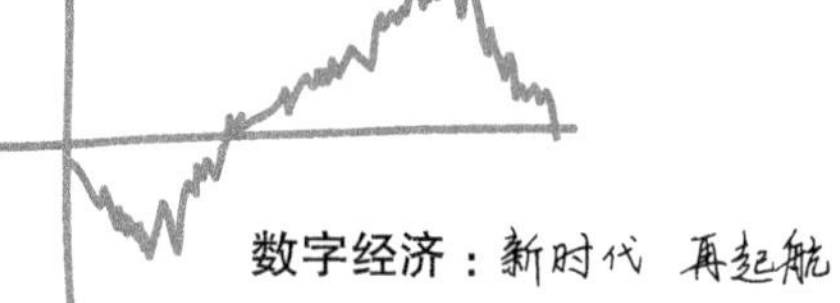

（续表）

类别	政策名称	主要内容
创新创业	国务院关于大力推进大众创业万众创新若干政策措施的意见	创新体制机制，优化财税政策，搞活金融市场，扩大创业投资，发展创业服务，建设创业创新平台，激发创造活力，拓展城乡创业渠道，加强统筹协调
	国务院办公厅关于建设大众创业万众创新示范基地的实施意见	区域示范基地以创业创新资源集聚区域为重点和抓手，高校和科研院所示范基地充分挖掘人力和技术资源，企业示范基地发挥创新能力突出、创业氛围浓厚、资源整合能力强的领军企业核心作用
	国务院关于加快构建大众创业万众创新支撑平台的指导意见	推进放管结合，完善市场环境，强化内部治理，优化政策扶持
	国务院办公厅关于发展众创空间推进大众创新创业的指导意见	构建一批低成本、便利化、全要素、开放式的众创空间。降低创新创业门槛。鼓励科技人员和大学生创业。支持创新创业公共服务。加强财政资金引导。完善创业投融资机制。丰富创新创业活动。营造创新创业文化氛围
	国务院办公厅关于加快众创空间发展服务实体经济转型升级的指导意见	重点在电子信息、生物技术、现代农业、高端装备制造、新能源、新材料、节能环保、医药卫生、文化创意和现代服务业等产业领域加快建设一批众创空间

具体来看，宏观政策侧重于大环境的营造；互联网政策重点在于大力促进互联网与农业、能源、金融、公共服务、健康医疗、物流、电子商务、交通、生态、人工智能等行业领域的融合发展，并不断规范互联网的新业态新模式，利用大数据等新技术进行监管；信息基础设施政策重在实施宽带中国战略，扩大宽带网络服务覆盖范围，提高网络传输和接入能力，降低网络资费，提升应用服务水平；新一代信息技术政策强调把握信息技术密集创新趋势，促进软件、集成电路、光伏、锂离子电池、新型显示、云计算、智能硬件等领域发展；创新创业政策则大力支持促进互联网领域的创业创新，充分发挥互联网对各行业领域创业创新的重要作用。例如，国务院牵头发布 8 个“互联网 +”相关指导性文件，极大地促进了“互联网 +”政务、普惠金融、商贸流通等领域的创新发展。再如，国家层面涉及“大数据”的政策文件数量已近 100 份，有力地推动了大数据的发

展与应用。

4.2.2 以“互联网 +”为代表的跨部门政策体系初步构建

国家各部门、各地方积极部署和推进数字经济各相关领域的发展，出台了数量众多的政策文件。

“互联网 +”方面,《国务院关于积极推进“互联网 +”行动的指导意见》发布之后，截至 2016 年底，国家发展和改革委员会同 32 个部委制定了“互联网 +”11 个方向的实施意见（如图 4-1 所示），细化了制造、农业、林业、旅游、电子商务、绿色生态、智慧能源、人工智能等细分领域“互联网 +”的推进重点和路径（见表 4-2）。

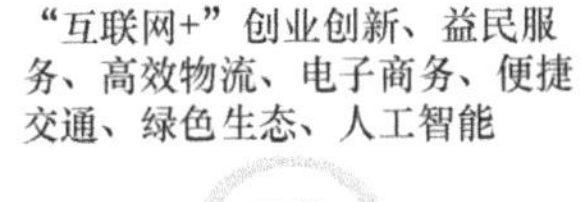

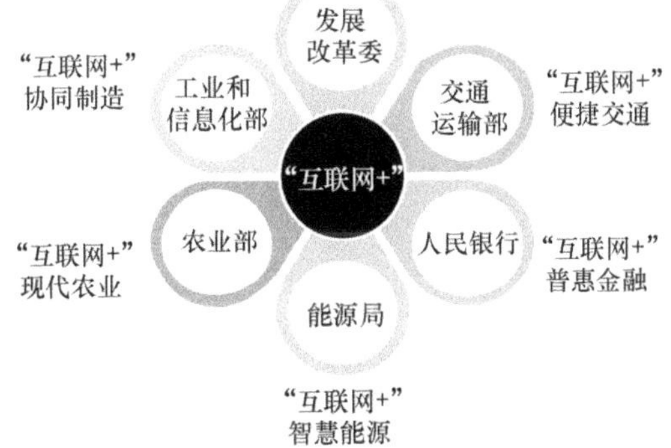

统筹协调机构：“互联网 +”部级联席会议
发展改革委（牵头负责）、网信办、工业和信息化部、科技部、教育部、商务部、农业部、民政部、交通运输部、人力资源和社会保障部、卫生计生委、环境保护部、外交部、公安部、财政部、税务总局、海关总署、国资委、安全部、工商总局、质检总局、食品药品监管总局、能源局、信访局、知识产权局、林业局、旅游局、人民银行、银监会、证监会、保监会

图 4-1 国家“互联网 +”部委分工和统筹协调机制

各部门结合各自职责职能，围绕数字资源建设、数字技术创新、数字产业打造、数字经济应用、数字经济发展环境优化等领域出台了相应文件。

表 4-2　各部委“互联网 +”政策梳理

部门	发布时间	文件名称
商务部	2015 年 5 月 13 日	“互联网 +”流通行动计划
人民银行等十部委	2015 年 7 月 18 日	关于促进互联网金融健康发展的指导意见
旅游局	2015 年 9 月 18 日	关于实施“互联网 +”旅游行动计划的通知
农业部、发展改革委、商务部	2015 年 9 月 18 日	推进农业电子商务发展行动计划
税务总局	2015 年 9 月 28 日	“互联网 + 税务”行动计划
工业和信息化部	2015 年 11 月 25 日	关于贯彻落实《国务院关于积极推进“互联网 +”行动的指导意见》行动计划（2015~2018 年）的通知
发展改革委	2016 年 1 月 11 日	“互联网 +”绿色生态 3 年行动实施方案
发展改革委、能源局、工业和信息化部	2016 年 2 月 29 日	关于推进“互联网 +”智慧能源发展的指导意见
林业局	2016 年 3 月 24 日	“互联网 +”林业行动计划
农业部等八部委	2016 年 5 月 10 日	“互联网 +”现代农业 3 年行动实施方案
发展改革委、科技部、工业和信息化部、网信办	2016 年 5 月 18 日	“互联网 +”人工智能 3 年行动实施方案

例如，工业和信息化部于 2016 年底印发《大数据产业发展规划（2016~2020 年）》，明确了“十三五”时期我国大数据产业的发展思路、原则和目标，以强化大数据产业创新发展能力为核心，部署了强化大数据技术产品研发、深化工业大数据创新应用、促进行业大数据应用发展、加快大数据产业主体培育、推进大数据标准体系建设、完善大数据产业支撑体系、提升大数据安全保障能力 7 项任务，规划大数据关键技术及产品研发与产业化工程、大数据服务能力提升工程等重点工程，研究制定了推进体制机制创新、健全相关政策法规制度、加大政策扶持力度、建设多层次人才队伍、推动国际化发展 5 项保障措施，将引导大数据产业持续健康发展，有力支撑制造强国和网络强国建设。

再如，交通运输部于 2017 年初印发《推进智慧交通发展行动计划（2017~2020 年）》，提出加快云计算、大数据等现代信息技术的集成创新与应用，选取部分重点公路开展智能化管理试点，开发基于手持移动终端的智能化

养护管理系统；鼓励有条件的交通运输企业，应用大数据、云计算等技术，实现对场站、车辆、人员等运输资源的动态监测、优化配置、精准调度和协同运转；选择重点客运枢纽、港口，开展智能化示范应用。

针对关键问题和热点领域，特别是数字经济发展过程中的痛点和难点，相关部门制定出台更加包容的新业态、新模式管理办法。国家发展改革委制定了《互联网市场准入负面清单（第一批，试行版）》，提出了 36 项禁止类和限制类管理事项，并向全社会公开征求意见，目标是推动形成鼓励创新、与时俱进、放管结合的良性发展环境。交通部牵头发布网络预约车管理办法，是全球首个在国家层面承认网约车合法地位的政策法规，推动了数字出行业务的创新发展。利用互联网建立信用征集应用制度加快完善，“信用中国”网站实现“一站式”信息查询与服务，已建成近 5 500 万条公开信用信息、每天 70 万人次查询量、1 亿人次总访问量的互联网信用平台，充分发挥了信用信息公开公示“总窗口”作用。

4.3 地区层面：争先恐后制订战略部署

4.3.1 各地方加快布局数字经济发展

近年来，我国各地方政府积极布局互联网、移动互联网、云计算、大数据、“互联网 +”、文化创意等数字经济相关领域，通过编制发布规划、政策等，营造数字经济良好发展氛围。

仍以“互联网 +”领域为例。我国已有 27 个省市发布“互联网 +”实施方案，结合地方发展实际和需求，明确了推进互联网与经济社会融合创新的侧重点和工作方案，使我国“互联网 +”纵向政策体系基本建立。由于与各自发展基础和实际情况结合紧密，各地方“互联网 +”行动的内容更加丰富生动。在“互联网 +”先进制造方面，广东省提出了发展“互联

网 +”工业设计、“互联网 + ”管理服务和“互联网 + ”质量监督等具体领域，大连市提出要大力推动产业组织创新。在“互联网 +”创业创新方面，广东省提出鼓励农村劳动力创业、鼓励电子商务领域就业创业。“互联网 +”旅游成为各地推进的重要内容，广东、黑龙江、青岛等地均提出要重点发展（见表 4-3）。

表 4-3　地方“互联网 +”政策体系

序号	地区	文件名	发布时间	涉及主要领域
1	北京	北京市人民政府关于积极推进“互联网 +”行动的实施意见	2016 年 1 月 9 日	金融、商务、制造、文化、能源、农业、城市交通、公共安全、生态环境、社会管理、教育、旅游、创新创业
2	天津	天津市发展改革委《关于积极推进“互联网 +”行动的实施意见》	2016 年 8 月 11 日	创业创新、产业融合、民生服务、城市智慧管理、政务服务
3	河北	河北省人民政府关于推进“互联网 +”行动的实施意见	2015 年 12 月 24 日	创业创新、制造业、现代农业、智慧能源、现代金融、政府服务、民生服务、电子商务、便捷交通、生态环保、文化旅游
4	山西	山西省人民政府关于积极推进“互联网 +”行动的实施意见	2015 年 12 月 25 日	创业创新、现代农业、水利、工业制造、智慧能源、便捷交通、高效物流、快递、国土资源、环境保护、金融、电子商务、政务服务、卫生计生、教育、社保养老、旅游、平安城市
5	内蒙古	内蒙古自治区人民政府关于加快推进“互联网 +”工作的指导意见	2015 年 6 月 2 日	工业、农牧业、商贸、金融、政务、文化、民生、生态、互联网服务业
6	辽宁	辽宁省人民政府关于印发辽宁省积极推进“互联网 +”行动实施方案的通知	2015 年 12 月 30 日	创业创新、协同制造、现代农业、智慧能源、普惠金融、益民服务、高效物流、便捷交通、绿色生态、人工智能
7	吉林	吉林省人民政府关于促进互联网经济发展的指导意见	2015 年 1 月 29 日	两化融合、电子商务、云计算、物联网、大数据、移动互联网、数字内容、地理信息、互联网金融、政务、民生
8	黑龙江	黑龙江省人民政府关于加快推进“互联网 + ”行动的指导意见（2016 年版）	2016 年 9 月 14 日	农业、工业、能源、交通运输及物流、金融、行政管理及服务、新兴服务、绿色生态

（续表）

序号	地区	文件名	发布时间	涉及主要领域
9	上海	上海市推进“互联网 +”行动实施意见	2016 年 2 月 1 日	研发设计、虚拟生产、协同制造、供应链、智能终端、能源、金融、电子商务、商贸、文化娱乐、现代农业、新业态新模式、众创空间、交通、健康、教育、旅游、智能家居、公共安全、城市基础设施、电子政务
10	江苏	江苏省政府关于加快互联网平台经济发展的指导意见	2015 年 4 月 8 日	电子商务、物流、信息资讯、互联网金融等
11	浙江	浙江省“互联网 +”行动计划	2016 年 1 月 14 日	创新、创业、制造、农业、商务、金融、旅游、交通、海洋港口、健康、教育与文化、节能环保、政府治理、社会治理、关键技术、基础设施
12	安徽	安徽省加快推进“互联网 +”行动实施方案	2015 年 12 月 24 日	创业创新、制造、人工智能、现代农业、智慧能源、电子商务、便捷交通、医疗、教育、智慧旅游、城市公共安全管理、普惠金融、公共服务
13	福建	福建省人民政府关于加快互联网经济发展 10 条措施的通知	2015 年 3 月 5 日	电子商务、物联网产业、智慧云服务、文创媒体、互联网金融、工业互联网、农业互联网、互联网基础服务
14	江西	江西省人民政府印发关于加快推进“互联网 +”行动实施方案的通知	2015 年 8 月 28 日	智能制造、现代农业、智慧旅游、文化创意、普惠金融、惠民服务、高效物流、电子商务、便捷交通、绿色环保
15	山东	山东省人民政府关于印发山东省“互联网 +”行动计划（2016~2018 年）的通知	2016 年 6 月 2 日	农业、工业、服务业、电子商务服务业、信息消费产业、互联网金融产业、民生服务、政务信息资源共享
16	河南	河南省“互联网 +”行动实施方案	2015 年 10 月 8 日	电子商务、高效物流、创业创新、协同制造、现代农业、普惠金融、益民服务、便捷交通、智慧能源、绿色生态、人工智能
17	湖北	湖北省人民政府关于加快推进“互联网 +”行动的实施意见	2015 年 12 月 25 日	先进制造、现代农业、普惠金融、高效物流、电子商务、智慧旅游、教育服务、健康养老、生态环保、社会治理

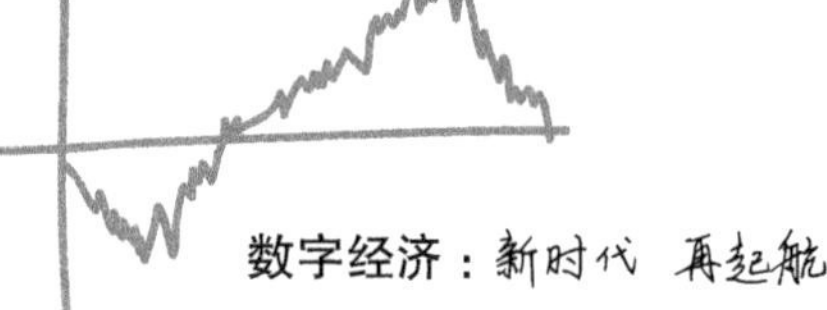

（续表）

序号	地区	文件名	发布时间	涉及主要领域
18	湖南	湖南省实施”互联网 +”3 年行动计划	2015 年 10 月 11 日	工业、农业、商务、物流金融、旅游、政务、交通、医疗、教育、文化、环境监管、就业创业、民政
19	广东	广东省“互联网 +”行动计划（2015~2020 年）的通知	2015 年 9 月 23 日	创业创新、先进制造、现代农业、现代金融、现代物流、现代商务、现代交通、节能环保、政务服务、公共安全、惠民服务、便捷通关、城乡建设
20	广西	广西壮族自治区人民政府关于印发广西积极推进“互联网 +”行动实施方案	2016 年 3 月 17 日	创业创新、智能制造、安全生产、现代农业、食品溯源、智慧能源、普惠金融、政务服务、健康医疗、工商服务、税务服务、警务管理、社会保障、教育服务、旅游服务、高效物流、电子商务、便捷交通、绿色生态、信息媒体
21	海南	海南省人民政府关于加快发展互联网产业的若干意见	2015 年 6 月 6 日	电子商务、互联网金融、研发设计、数字内容、游戏动漫、大数据、物联网、卫星导航、服务外包、海洋电子
22	重庆	重庆市人民政府办公厅关于印发重庆市“互联网 +”行动计划的通知	2015 年 12 月 31 日	创业创新、协同制造、现代农业、智慧能源、普惠金融、益民服务、高效物流、电子商务、便捷交通、绿色生态、人工智能
23	四川	四川省 2015 年“互联网 +”重点工作方案的通知	2015 年 6 月 11 日	制造、农业、能源、金融、民生服务、电子商务、物流、交通、文化、旅游、创新创业、政务
24	贵州	贵州省人民政府关于推进“互联网 +”行动的实施意见	2015 年 10 月 22 日	创业创新、协同制造、现代农业、智能能源、普惠金融、益民服务、高效物流、电子商务、便捷交通、绿色生态、人工智能、精准扶贫
25	云南	云南省人民政府关于加快推进“互联网 +”行动的实施意见	2015 年 12 月 25 日	创业创新、协同制造、现代农业、电子商务、便捷交通、旅游文化、益民服务、高效物流、智慧能源、普惠金融、绿色生态、人工智能
26	陕西	陕西省人民政府关于积极推进“互联网 +”行动的实施意见	2016 年 3 月 31 日	创业创新、协同制造、现代农业、智慧能源、普惠金融、益民服务、教育培训、文化旅游、政府服务、高效物流、电子商务、便捷交通、绿色生态

（续表）

序号	地区	文件名	发布时间	涉及主要领域
27	甘肃	甘肃省深入推进“互联网 +”行动实施方案	2015 年 12 月 12 日	创业创新、协同制造、现代农业、智慧能源、益民服务、现代物流、电子商务、普惠金融、便捷交通、文化旅游、智慧环保、精准扶贫
28	新疆	新疆维吾尔自治区人民政府关于积极推进“互联网 +”行动的实施意见	2016 年 8 月 22 日	创业创新、协同制造、现代农业、智慧能源、普惠金融、益民服务、高效物流、电子商务、便捷交通、绿色生态、人工智能

多个地方还梳理形成了具有可操作性的“互联网 +”项目。贵州省计划实施 237 个重大示范项目，在 4 年内累计完成投资 550 亿元以上；青岛市初步梳理“互联网 +”重点支撑项目 135 个，预计总投资超过 3 000 亿元。黑龙江省结合区位优势和产业特色，分别就“互联网 + 对俄贸易”“互联网 + 龙江绿色食品”制定出台了相关行动计划；大连市依托海洋产业基础，提出发展“互联网 +”海洋渔业；上海市发挥创新优势和服务业优势，将“互联网 +”智能设计、“互联网 +”虚拟生产、“互联网 +”文化创意作为地方发展重点。

以山东省为例，正在建立覆盖全省和地市的“互联网 +”政策体系。在省级层面，正在加快推进《山东省“互联网 +”行动计划》的发布实施，通过开展山东省“互联网 +”行动高层对接创新发展大会，对典型“互联网 + ”案例进行总结推广，充分发挥示范带动作用，进一步推进各领域“互联网 + ”全面发展。在市级层面，济南、青岛、烟台、德州等市已经出台了“互联网 +”行动的落实方案，并配套出台了一系列具体措施。例如，东营市出台了《智能车间专项试点实施方案》，落实 1 000 万元专项资金用于智能设备补贴和项目贴息，认定了首批“智能车间”专项试点；潍坊市组织企业实施“智能工厂”试点，并给予一定数额的资金奖励。

4.3.2 贵州省打造数字经济明星级战略

贵州省是我国典型的西部省份，不论从 GDP 还是人均 GDP 看都处于较为贫穷落后的状态。但贵州省却是有力的赶超策略践行者，以 2014 年贵州省《关于加快大数据产业发展应用若干政策的意见》和《贵州省大数据产业发展应用规划纲要（2014~2020 年）》出台为标志，贵州省确立了以大数据引领经济发展的发展战略，不断抢抓以大数据为引领的新一代信息技术发展机遇。在大数据及相关产业发展方面，贵州省的大数据实践得到习近平总书记称赞，2016 年初，贵州获批建设国内首个大数据综合试验区。在网络基础设施方面，贵州和三大运营商合作打造南方最大数据中心，于 2016 年 11 月获批同意设立贵阳 · 贵安国家级互联网骨干直联点。大数据的战略制订路径和发展硕果为数字经济的发展奠定了基础。

2017 年 2 月，贵州省正式印发《贵州省数字经济发展规划 (2017~2020 年)》，成为国内首个省级层面的数字经济发展专项规划。如图 4-2 所示，《规划》创造性地提出了加快发展四型数字经济，按照数据资源、数字技术作为产业本身以及对其他产业的融合渗透，对数字经济的类型做了界定，分别明确了资源型数字经济、技术型数字经济、融合型数字经济和服务型数字经济的发展重点和任务。

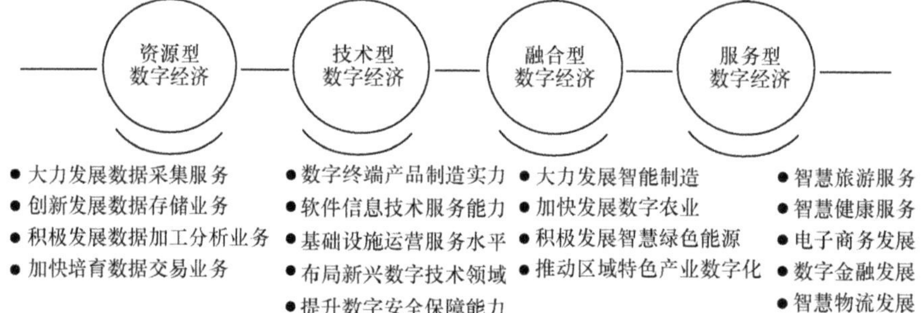

资料来源：《贵州省数字经济发展战略研究》内部资料，作者整理

图 4-2 贵州省四型数字经济框架

贵州省明确要探索形成具有数字经济时代鲜明特征的创新发展道路，通过提出推进数字经济集聚发展、信息基础设施提升、数据资源汇聚融通等十大工程，从创新管理、财税投融资等 7 个方面创新数字经济管理方式，实现全省经济发展新增长极、全国数字经济融合试验区、全国数字经济惠民示范区、全国数字经济创新引力场四大支撑目标。

4.3.3 浙江、湖南、深圳部署数字经济战略

浙江省和深圳市分别制订了“信息经济”相关战略。从第 1 章中对概念相关性的系统梳理和说明可知，此处的“信息经济”概念基本可以等同于“数字经济”。两地区作为国内数字经济实践的先行区域，在制订数字经济相关战略过程中突出了区域特色。

2014 年 5 月，浙江省制订出台了《关于加快发展信息经济的指导意见》和《浙江省信息经济发展规划（2014~2020 年）》，是国内率先提出将发展信息经济作为重大战略的省份。浙江省明确把信息经济列为能支撑浙江未来发展的七大万亿级大产业之首，作为经济发展的重中之重。浙江省发展信息经济的主要思路是，基本建成“七个中心一个示范区”。建成七个中心，就是把浙江打造成国际电子商务中心、全国物联网产业中心、全国云计算产业中心、全国大数据产业中心、全国互联网金融创新中心、全国智慧物流中心、全国数字内容产业中心；建成一个示范区，就是深入推进信息化和工业化深度融合国家示范区。围绕“七个中心一个示范区”，浙江省正加快推进信息基础设施、信息技术产业、信息化和工业化深度融合等重点领域建设。

深圳市的信息经济明确将“抢占信息经济发展制高点 建设智慧城市”作为“十三五”规划的重要议题之一。深圳提出，要从信息基础设施建设、塑造信息经济新形态、提升公共服务智慧化水平、构建信息安全保障体系等方面推进互联融合，加快建设宽带、泛在、融合、安全的信息基础设施，优化重构产业链、创新链、价值链，拓展网络经济空间，率先迈入数字化、网络化、移动化、智能化的信息经济时代[2]。

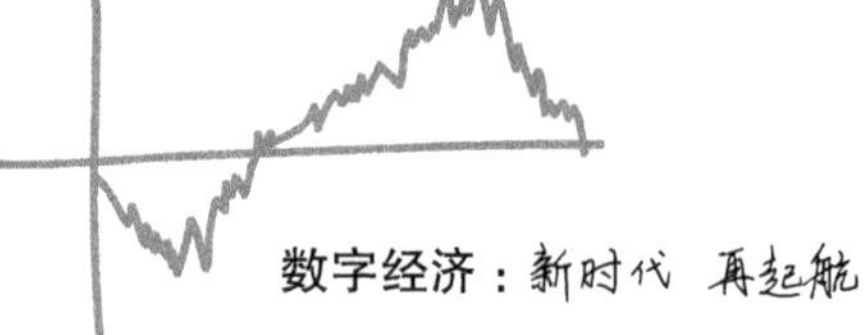

湖南省于2015年部署移动互联网经济战略，力争在数字经济时代把握先机，以移动互联应用推动全省经济转型升级。战略首先明确了移动互联网经济的内涵外延，并基于经济形态与移动互联网的关系紧密程度以及相关经济活动、产业的成熟度。如图4-3所示，战略将移动互联网经济分为3层：基础型移动互联网经济、提升型移动互联网经济和服务型移动互联网经济、生态型移动互联网经济。

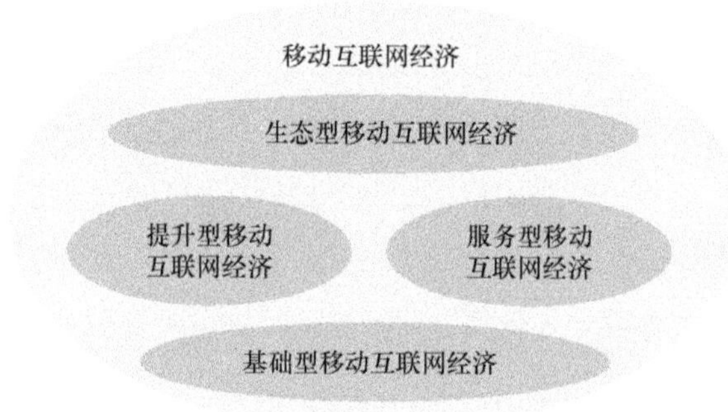

资料来源：《湖南省移动互联网经济发展战略研究报告》，内部资料，作者整理

图 4-3　湖南省移动互联网经济层次

湖南省明确建立“创新驱动、应用引领”的发展模式，明确三大发展方向、七项配套行动，构建较健全的移动互联网产业链条，形成较完善的移动互联网经济体系，突破一批关键技术，形成一批专业平台；集聚发展方面，基本形成区域一体化的移动互联网经济发展布局。湖南省的移动互联网战略为中部区域提供了借鉴，如何发展基础较薄弱的数字经济新兴产业，带动已有产业的转型升级发展，推动产业核心竞争力提升，从经济追赶者变为产业领先者。

4.3.4　各地区数字经济发展进展成效显著

浙江省从“七个中心一个示范区”的发展战略出发，从集成电路等数字经济核心产业、工业和互联网融合、数字化智能化应用等方面不断深化数字经济的创新发展。（1）数字经济核心产业快速发展。集成电路领域，

2014 年实现主营业务收入 411 亿元，全省共有各类企业 200 余家，资产超亿元的企业 20 余家，初步形成集成电路设计、外延与晶圆制造、封装测试和外围配套产品四业并举、上下游相互促进、较为协调发展的格局。在物联网领域，已建立了一条涉及设计研发、制造与系统集成及运营的较完整的产业链体系。在大数据和云计算领域，杭州市推出了众多云计算创新产品和服务，阿里云已建成国内最大的公有云平台。（2）两化融合工作不断深入。作为全国首个工业化与信息化深度融合国家示范区，浙江省在产品、企业、区域这 3 个层面取得了初步成效，2014 年两化融合发展指数位列全国第三。以智能制造为抓手，推动纺织、化纤、服装等行业转型升级。实施“百千万”智能化新产品开发计划，推动智能化的成套装备、单机装备和新产品研发。以企业“机器换人”试点示范为抓手，减少 60 万简单劳动工人，推动劳动力升级。以区域试点示范为抓手，推进 28 个县级区域两化融合发展。（3）数字化、智能化应用纵向延伸。在电子商务方面，全国 85% 的网络零售、70% 的跨境电子商务、60% 的企业间电商交易是依托浙江省的电商平台完成的。在智慧城市建设方面，组建了无线浙江 Wi-Fi 产业联盟，建立了涉及智慧医疗、智慧高速、智慧环保、智慧安居等领域的 20 个示范试点项目，健全了“3+X”指导推进模式。在智慧物流方面，菜鸟中国智能骨干网的节点密度达全国第一，社区智能收取件的“E 邮柜”和农村电子商务服务站建设不断推进。在公共服务领域，已建成全省统一的电子政务服务网络，形成服务规范化、体验便捷化、建设集约化、资源共享化的虚拟型“政务超市”。

湖北省正在加速打造智能制造能力。在技术改造、装备升级等方面，特别是智能装备制造领域取得了一系列新进展，在集成电路、平板显示等新一代信息技术核心领域取得突破性进展。湖北省是我国重要的装备制造业基地，2014 年装备制造业主营业务收入达 1.22 万亿元，占全省工业的 30.4%，占全国装备制造业的 5.5%，是我国智能制造的重要区域。面向 2025 年，湖北省正在对接国际先进水平，积极培育龙头企业，加快推进

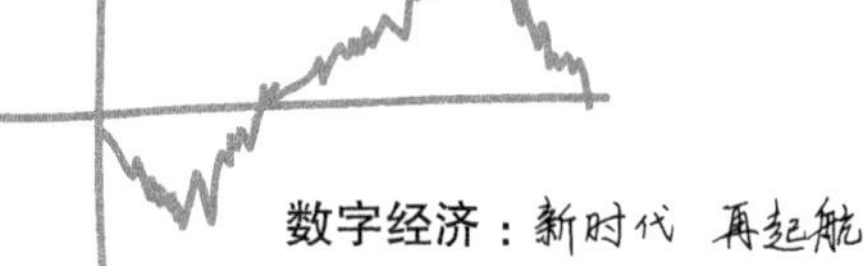

智能装备的技术研发和产业化。预计到 2020 年，智能装备产业规模突破 2 000 亿元；到 2025 年，产业规模达到 4 000 亿元。（1）依托重点领域，发扬装备优势。湖北省装备业不断向高端化演进，智能装备、海工装备、轨道交通装备、航空航天等高端装备制造年产值近 2 000 亿元。未来，湖北省将重点发展智能制造、新一代信息技术、新能源汽车和专用汽车、高技术船舶和海洋工程装备、航空航天装备、新材料、生物医药和高端医疗器械、北斗、轨道交通装备、节能环保和资源循环等十大领域，有望进一步增强这些重点领域的装备实力。（2）依托重量级项目，推动跨越式发展。湖北省将配套推出十大重点项目包，涉及近期建设亿元以上项目 1 500 余个，其中百亿元以上项目 34 个，加快推动优势和战略产业跨越发展。在智能装备方面，初步确定华中数控的伺服驱动系统及工业机器人、武汉奋进的搬运型手臂式工业机器人、华工科技大型激光加工设备等 198 个亿元以上重点项目建设，加快推进智能准备的技术研发和产业化。努力将湖北打造成中部高端装备产业核心区，力争到 2020 年智能装备产业规模突破 2 000 亿元，到 2025 年产业规模达到 4 000 亿元。（3）健全体制机制，加速产业升级。湖北省通过完善标准体系、深化国际合作、加快人才培养等方面，进一步支撑推进智能制造发展。在完善标准体系方面，积极参与众多行业标准、国家标准和国际标准的制定与修订，健全产品的质量标准体系。在深化国际合作方面，加强合作平台建设，引导加工贸易企业向产业链两端延伸，增强湖北制造的辐射带动作用。在加快人才培养方面，坚持多层次人才培养，实施企业高层次管理人才培养计划，探索龙头企业与知名高校多元化人才培养路径。

深圳市在数字经济领域的模式创新也令人印象深刻。矽递科技与英特尔、ARM、联发科等处理器厂商合作紧密，向下游用户提供技术开源化和模块化的解决方案，让创客能够方便快捷地实现产品创新。腾讯公司依托“连接一切”的战略思想，不断完善与各领域的渗透合作，特别是加快在线教育、医疗和电子商务领域的拓展。尤其在“互联网 + 交通”环节，结合

地图资源、街景服务、内容资源这三大资源和优势在开放平台上接入汽车全产业链的各类终端和车型，与产业链形成融合创新。

重庆市既着眼于数字技术产业的培育和壮大，又积极开拓融合型新兴业态发展。一方面，重庆市着眼支柱产业升级，推动电子信息产业逆势增长。在近年来全国经济下行压力陡增的背景下，重庆市电子信息产业保持逆势增长态势。2015 年，重庆电子信息产业迅速发展壮大，电子信息制造业总产值达 4 075 亿元，同比增长 10.4%，超过同期全国电子信息制造业增速 1.7%；软件和信息技术服务业完成软件业务收入 857 亿元，同比增长 21.3%，增速高于全国平均增速 4.7%。重庆聚焦智能终端打造高端制造基地，已经培育形成我国乃至世界重要的笔记本电脑及智能终端产品生产的基地之一。2015 年，重庆市智能终端产量达 2.7 亿台件，笔记本电脑产量占全球的 1/3，全行业产值 5 700 亿元。同时，重庆市向上游延伸培育和完善产业链，加速布局平板显示和集成电路两大产业，将整机制造业优势拓展至上游产业链环节。另一方面，重庆市依托良好的产业发展基础，创新驱动的发展理念，开拓进取的企业家精神，开放合作的广阔视野，培育出一批具有国内竞争力和国际影响力的骨干企业，正在推动汽车制造、高端机器人、智能医疗等领域融合发展取得新进展。

4.4　企业层面：跨界深度融合的主动实践

当前我国企业在数字经济实践方面锐意创新，在参与中国“互联网 +”百佳案例征集的过程中能够看到我国最新的优秀数字经济实践模板，这些都将有望形成可推广经验，供更广泛行业领域和企业学习和接续。

4.4.1　龙头企业加快构建“互联网 +”新兴产业生态体系

在全球互联网经济发展战略中，龙头企业起至关重要的引领作用。西门子全程参与和主导德国“工业 4.0”的制定和实施过程，通用电气（GE，General Electronic）在美国工业互联网（IIC，Industrial Internet Consortium）战略制定和联盟组建过程中起关键性引领作用。在我国“互联网 +”战略的实施过程中，大型互联网企业开展了系列研究，发布了多份成果报告，并围绕企业主营业务方向确定了“互联网 +”新业态新模式发展重点，以加速整合资源、拓展发展领域，在产业生态体系竞争的新阶段抢得先机。

阿里巴巴围绕电子商务业务，布局“互联网 +”零售、“互联网 +”批发、“互联网 +”制造、“互联网 +”外贸、“互联网 +”金融等。“互联网 +”零售和“互联网 +”批发方面，希望驱动商业、服务业在线化，释放内需巨大潜力，创造新兴消费需求，提升销售交易效率。“互联网 +”制造方面，希望通过打通用户端、销售端与制造端，催生 C2B 商业模式，加速柔性化生产，倒逼制造业升级。“互联网 +”外贸方面，希望通过“速卖通”等产品发展跨境电商，打造跨境贸易生态体系，凸显中国制造优势，帮助“中国制造”利润回归。“互联网 +”金融方面，希望以支付宝为主要平台，打造以小微企业和消费者为中心的支付服务，大幅降低实体经济交易成本，提升小微企业融资覆盖率。

腾讯充分发挥微信、QQ 等互联网通信工具的“连接器”作用，与 20 多个地方签署“互联网 +”战略框架合作协议，通过“互联网 +”政务、“互联网 +”民生、“互联网 +”产业等把腾讯线上平台和签约地区政府线下资源结合起来，实现 O2O 业务的大发展。“互联网 +”政务方面，主要打造移动端“行政服务大厅”，提供交通管理、政务公开、污染举报等功能，提升政务管理效率和服务水平，实现政务治理能力现代化。“互联网 +”民生方面，主要以互联网推动市民就医、就业、社保、教育、缴费、休闲娱乐等民生领域信息化水平，大力推动智慧餐饮、智慧百货、智慧票务、智慧社区、智慧快递等业务发展，提升公共服务均等普惠水平。“互联网 +”产业方面，主要发展支农电商、农业信息服务、原产地

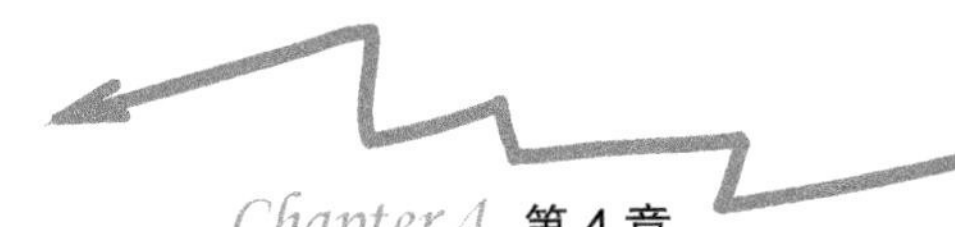

溯源等“互联网 +”农业业务和建设先进制造业、推动传统制造业智能化、提高传统企业运行效率等“互联网 +”工业业务。此外，腾讯还注重“互联网 +”创业孵化，联合政府部门为创业者提供从线上到线下的一站式创业服务。

京东集团的发展重点聚焦“互联网 +”社区服务、“互联网 +”金融、“互联网 +”农业和“互联网 +”国际贸易这 4 个方向。聚焦于“互联网 + 社区服务”的 O2O 业务“京东到家”，通过整合社会化库存的方式为消费者提供 2 小时送达的便捷生活服务，业务已经覆盖全国 9 个城市。京东金融部门已建立供应链金融、消费金融、众筹、财富管理、支付、保险和证券七大“互联网 +”金融业务板块。“互联网 +”农业主要表现为京东的农村电商 3F 战略，目前已有近 600 家县级服务中心和 1 000 家“京东帮”服务店开业，招募乡村推广员近 10 万人。“互联网 +”国际贸易方面，京东已开设“法国馆”“韩国馆”“日本馆”“澳洲馆”“美国馆”，出口业务的第一个战略级市场俄罗斯站已取得进展。

4.4.2 数字经济为传统产业改造提供新动能

（1）农业数字化

山东省是我国 11 个粮食主产区之一，出产丰富多样的农产品，然而传统农资经销长期面对散户的农资行业产品供应过剩、物流水平落后、农产品滞销、中间渠道多而臃肿、同质化竞争等突出问题，山东圣丰云农场建立了农业全产业链的“互联网 +”农业发展模式。山东圣丰云农场的核心战略是“农资平台化、产品定制化、供链高效化、资源全球化、产业数字化、数据资产化”六化，即从测图配肥入手，开展个性化肥料定制业务，形成“中央服务平台 + 智能化终端”的数据化、柔性化、环保型的生产体系，并打造标品农资交易平台和定制化农资服务，实现产前、产中、产后服务全产业链的农业智能化生产。2015 年，云农场交易额达到 117 亿元，目前已经覆盖全国 300 个县域，建立了 3 万个站点。

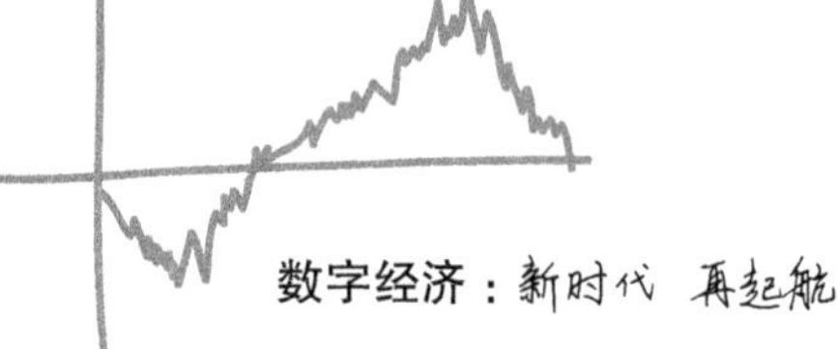

（2）智能制造

在智能制造方面协同创新初现成效。智能制造使设计、制造、营销、服务全过程中的生产要素配置更加优化高效，推动生产模式发生新变革。工业互联网充分整合和利用数据等新的生产要素，延伸产业链条，推动产业结构和价值体系发生新变革，制造业服务化成为产业发展新趋势。三一重工、潍柴动力、中国中车等企业依托互联网实时采集装备动态运行情况和工况环境数据，并运用大数据手段分析优化设备运行参数、预测设备性能衰减并提前安排维护，将业务范围从单纯装备的制造和销售，向装备远程监控与维护服务拓展，实现了价值链的提升。

（3）能源数字化和智能化

我国正在立足多能联供，打造能源互联网的现实模板。当前，我国煤仍然占发电的主力，太阳能、核电、风电等清洁能源的占比过低，从环保压力角度，能源领域是最亟需智能化提升的领域。但由于能源领域的智能化程度远低于媒体、商贸、工业生产等领域，关于智慧能源的现实途径颇有争议，山东省积成能源以自身的智慧厂区和智慧园区建设实践，提供了一个活生生的多能联供能源互联网的参考案例。积成能源秉承从需求侧推进的基本理念，坚持能源互联网建设应从当地实际和用户使用需求出发的理念。积成能源将工厂所在园区打造成一个现实的能源互联网模板：一是建立总装机容量 2 MW 的太阳能光伏发电站，铺设在主建筑的楼顶、管道占压去的临时空地，年节约发电量约 230 kW · h，减少碳排放近 2 200 吨；二是利用“水蓄能”技术建立“园区电力需求侧管理系统”，利用夜间电网低谷将电力以低温冷水形式存储，在白天用电高峰期转化利用，年节约高峰电量 3.35 MkW · h；三是建设燃气内燃机热电冷三联供系统，采用天然气分布式利用，就近实现冷热电联供和电力的后备保障，综合能效高达 80%~90%。

4.4.3 把握颠覆性机遇培育数字经济新业态

全球信息技术与各行各业的融合发展向纵深演进，数字经济的颠覆性

技术变革仍在发酵，数字技术产业发展竞合形势正在进入一个新的时期，纷纷围绕数字技术产业发展制定国家竞争战略，抢占世界科技和产业竞争的制高点。2016 年 4 月 19 日，习近平总书记在网络安全和信息化工作座谈会上发表重要讲话，将核心技术发展作为六大议题之一，将网信事业发展所需的核心技术提升到新的高度。习近平总书记明确指出，要尽快在核心技术上取得突破[3]，并提出了核心技术领域体系化创新的发展思路。重要讲话进一步凸显了核心技术对网信事业发展的基础性、关键性、重要性，将核心技术分为三类，并创造性地提出发展“非对称技术”“杀手锏技术”，明确了我国信息产业核心技术领域体系化创新的新思路。

技术演进路径变化带动整个数字信息技术产业进入转折期。近年来，数字信息技术正在快速迭代，人工智能、大数据、云计算、移动互联网、新显示等技术正在快速走向成熟期，如图 4-4 所示。一方面，半导体技术演进进入了“超越摩尔”的新时期，智能手机等产品的功能升级持续减速，导致计算机、手机等核心电子产品的更新换代速度降低。

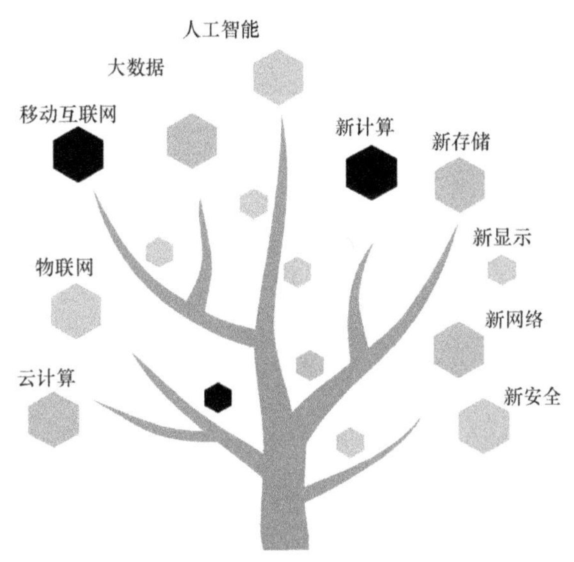

图 4-4　十大热门和新兴数字技术

另一方面，由于 OLED 等新型显示技术的快速发展，5G 研发逐步发展进入应用期，云计算、大数据的技术创新和应用不断拓展，数字信息技术产业发展迎来了新的机遇，智能硬件、新型计算、智能汽车、智能家居等新产品、新业态层出不穷。在全球数字信息技术产业的技术演进路径变化的同时，我国数字信息技术产业迎来了从模仿跟随发展到创新引领发展的机遇，在我国企业已具备的市场影响力和品牌影响力基础上，应加快争夺全球数字技术产业发展的话语权。

我国在发展数字经济的过程中，仍需进一步增强基础核心技术领域的攻坚力度，以集成电路等为支点撬动基础电子产业发展，做好重点材料、重要制造装备、核心工艺技术、基础软硬件研发，前瞻性布局新型智能元器件、工业控制芯片等新兴核心技术领域，争取建立自主创新的产业链和生态链，构建我国自主可控的数字经济核心产业体系。

4.5 未来正来：机遇与挑战

4.5.1 角色转变，迎来发展的新机遇

我国数字技术产业已经具备坚实基础，正在努力实现赶超发展。信息产业作为我国国民经济基础性、战略性产业，现已成为我国国民经济发展的重要组成部分。从全球来看，我国信息产业已从曾经的“默默无闻”跨越到目前的“名列前茅”，我国现已发展成为全球重要的消费电子生产基地。其中，以智能手机、PC 台式机、笔记本电脑等为代表的多个消费类电子产品产销量在世界市场上排名第一；近两年，随着我国信息产业竞争力的不断提升，骨干龙头企业的核心竞争力和自主品牌市场影响力不断加强。“十二五”末期，电子信息百强企业主营业务收入达 2.96 万亿元，同比增长 32%，对产业拉动作用不断增强。已形成 6 家销售收入过千亿元的大型

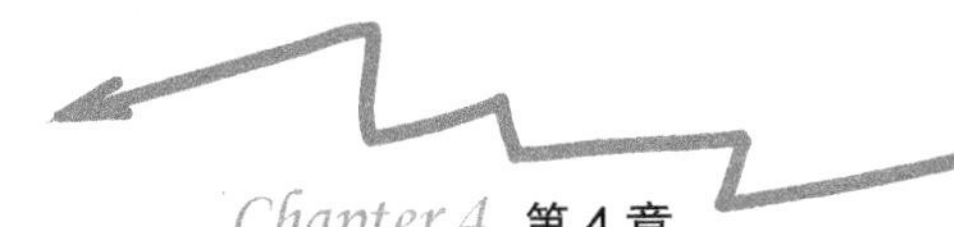

骨干企业[4]，其中，排首位的华为年销售收入已超过 5 200 亿元。

数字资源的爆发式增长和加速汇聚为我国数字经济发展创造了条件。中国的人口和经济规模决定了我国具有全球最大的数据资源规模，大数据基础可为数字经济发展提供许多创新的切入视角，同时中国大数据分析的解决方案或将适用于其他国家，这为从“中国制造”向“中国创造”转变提供难得的机遇。根据 IDC 数据显示，到 2020 年，中国的数据量将突破 8 ZB，是 2012 年的 23 倍，所产生的数据比例将占全世界的 22%。未来几年在中国市场，金融行业的用户行为分析、电子商务和快消品行业的商品精准推荐、政府部门的安全监控以及能源行业的物质调度，都将是大数据应用的重点，庞大的数字资源市场为我国发展数字经济提供了条件。

对数字产品和服务的消费需求成为拉动数字经济增长的关键动力。中国经济正迎来消费崛起的时代。可以预见，中国经济要实现转型必须以改革为根本动力，在拉动经济增长的“三驾马车”中，消费升级将为中国经济转型发展提供不竭动力，而为消费注入新成长动力的信息产业、互联网经济等也将获得更大的市场发展空间，进而构建数字产品和服务消费的大繁荣大发展新局面。数据显示，中国移动互联网产业的发展呈现了 3 个“70%”，即智能手机占全部手机销量的比例超过 70%，移动互联网接入流量增长超过 70%，移动互联网对行业增长的贡献率超过 70%。这些变化体现了中国数字产品市场日益增长的消费需求；截至 2016 年，我国有 7.31 亿的互联网用户[5]，超过 10 亿的移动互联网用户，将从根本上改变人们的日常购买方式和企业的销售模式；此外，2016 年我国电子商务交易额突破 20 万亿元[6]大关，占社会零售总额的 10%，规模稳居全球第一。消费对经济增长的贡献不言而喻。

4.5.2　居安思危，仍需在挑战中生存

从内部环境看，我国数字经济发展仍然存在薄弱环节。

虽然我国数字经济发展已经取得了重要成绩，并成为全球数字经济发展第一梯队成员，但是我国数字经济起步晚、根基浅、技术核心薄弱，必须客观对待其存在的主要问题。（1）信息基础设施有待加强，主要体现在宽带基础设施、大数据中心、云服务能力、移动智能终端（包括物联网）等方面。（2）较为成熟信息技术的普及力度有限，包括移动互联网、云计算、大数据等技术的普及广度和深度。（3）前沿信息技术的研发能力较弱，包括人工智能、云计算、大数据、虚拟现实、3D打印等数字技术。（4）数字经济对传统经济的冲击堪忧，包括传统产业的商业模式、产业竞争态势、生态系统、整个经济的进出口、就业等。（5）是企业对数字化的认识局限于企业管理的信息化。

从外部环境看，在全球数字经济竞争加剧的格局下，我国也将面临新的挑战。

（1）数字经济的全球化竞争日益加剧。据波士顿咨询集团研究，到2016年，数字经济为G20新兴经济体国家贡献经济总额的5.5%，总收入从2010年的2.3万亿元增长到2016年的4.2万亿美元。因此，新兴市场围绕数字产业的竞争压力明显加大，尤其2008年金融危机过后，全球数字产业的竞争格局进一步集中，留给国内企业的生存空间不断减小。产业结构调整的压力明显加大，但技术发展步伐并未放缓，相反，全球信息技术产品和技术创新的推进速度逐渐加快。产业进入的技术门槛、资金门槛、市场门槛在不断提高。印度、东南亚等地也加大了招商引资的力度，我国承接新一轮产业转移也面临严峻挑战。

（2）信息安全风险和威胁增多，影响更加深远。近年来，国际信息安全形势十分复杂，美国、日本、韩国、印度等国纷纷加强网络空间部署，加大网络攻击力量，增强网络攻击能力。“棱镜门”事件后，全球网络空间战略部署加快，网络空间安全局势更加严峻，爆发国家间网络冲突的可能性进一步加大，这给我国信息安全带来严峻挑战。随着新兴技术的广泛应用，伴随而来的信息安全威胁给我国信息安全带来新的挑战。据统计，我

国芯片、操作系统等软硬件产品以及通用协议和标准 90% 以上依赖进口，面临敏感信息泄露、系统停运等安全风险。同时，基础网络、重要信息系统、工业控制系统的安全风险日益突出，网络犯罪和新兴技术的安全威胁持续加大，使我国信息安全发展形势严峻而复杂。

（3）贸易壁垒调查愈演愈烈，对我国数字产业影响巨大。贸易壁垒的推进对我国信息产品进出口将造成更大影响。一是官司耗时耗力耗财，致使我国企业不能集中精力开拓国外市场；二是来自案件所在国的订单有较大的税率风险，对外出口可能会萎缩，特别是容易给其他国家树立不好的榜样，容易“搭便车”；三是促使国内部分产业向东南亚等地区转移，以规避贸易风险；四是来自其他国家的相关产业将渔翁得利，加速崛起，对我国数字产业发展带来巨大冲击。例如，2013 年，欧盟对我国出口的通信产品发起“双反”调查，虽然该案正在积极磋商中，但欧盟如此密集地对我国电子产品发起贸易壁垒调查无不显示其贸易保护的本质，也极易引起其他国家的“搭便车”行为。

针对以上机遇和挑战，我们需要辩证看待、冷静应对，既要有推动全球数字经济发展的责任感，紧抓机遇，抢占新高地和话语权；又要有冷静的头脑，通过技术研发和科学分析，研判数字经济发展方向，优化发展环境，争取引领全球数字经济向健康持续方向发展，历史性地带动我国向智能化迈进。

参考文献：

[1] 腾讯研究院 . 中国“互联网 +”指数（2016)[R].2016.

[2] 中共深圳市委关于制定国民经济和社会发展第十三个五年规划的建议 [N]. 深圳特区报，2016-02-02.

[3] 习近平 . 在网络安全和信息化工作座谈会上的讲话 [N]. 新华日报，2016-04-19.

[4] 2016 年（第三十届）中国电子信息百强企业发布 [N]. 中国电子报，2016-7-12.

[5] 中国互联网络信息中心（CNNIC）. 第 39 次中国互联网络发展状况统计报告 [R]. 2017-01-22.

[6] 京东 . 2016 中国电商消费行为报告 [R]. 2017-01-12.

Chapter 5

第 5 章 数字经济新时代特征之 1：数字化决策从辅助走向核心

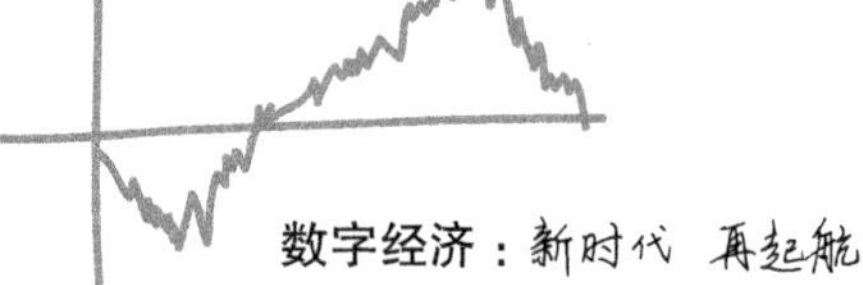

数字经济开启的新时代与之前的重要区别之一，就是数字化决策的地位是否从辅助走向核心。

决策是非常重要的一类行为。无论哪行哪业，无论工作生活，我们的所有行动都是由一个个大大小小的决策所决定和支配的。如果决策科学、高效、合理，就能给我们的工作生活起到促进作用；如果决策草率、缓慢、缺乏根据与逻辑，就可能造成浪费、导致错误，甚至酿成大祸。数字化决策运用先进的信息技术手段和工具，从数据中快速及时地发现并挖掘提取出有价值的知识，从而使决策尽可能“来之有据”“行之有因”。相较于凭经验、拍脑袋的决策方式，数字化决策能够切实有效地提高决策质量，减少决策中的风险和隐患。

企业是最具活跃度的数字经济参与者，也是最积极将数字化运用于决策过程的实践者。时至今日，很多企业已经开启或迈入到数字化决策阶段。正如 Gartner 所指出的，所有公司都将成为 IT 公司，首席信息官（CIO，Chief Information Officer）也将和首席运营官（CEO，Chief Operations Officer）同样重要。这表明，数字化决策正在或已经进入到企业的战略决策层面。

在研究国外企业数字化决策发展的同时，为了解我国数字经济发展及数字化决策推进情况，我们赴山东省、浙江省、湖北省、重庆市、深圳市、哈尔滨市等地进行了调研，先后走访百余家企业，与地方发展和改革部门、工业和信息化部门、大数据管理部门等深入交流了解企业数字化进展情况。同时，作为中国“互联网 +”行动系列活动的主要参与者[注4]，我们收集并分

注 4：作者所在单位中国电子信息产业发展研究院系中国“互联网 +”行动系列活动委托方。

析了大量“互联网 +”行动实践优秀案例，这些案例中的很多内容都与数字经济紧密相关。本章我们将结合调研成果和实践案例，总结分析我国企业在数字化决策方面的进展。

5.1 数字化成为影响企业决策的核心因素

5.1.1 数字技术产业形态的颠覆式变化

随着数字资源、数字技术以及数字化理念在企业经营生产各环节的应用推进日益深入，文化创意、服装、农业、交通、教育、金融、医疗、零售等行业领域的企业特别是龙头企业纷纷将数字技术与行业发展相融合，在给产业发展形态带来巨大改变的同时，也推动形成了数字经济发展的新局面。

工业互联网正在引领产业互联的新趋势。2014 年 3 月，在美国商务部的支持下，AT&T、思科、通用电气（GE）、IBM、英特尔等发起成立了工业互联网联盟（IIC），力图通过设备与高性能设备、低成本传感器、互联网、大数据等信息技术的融合，大幅提高产业生产效率并创造出新的业态，进一步推进美国“再工业化”国家战略。工业互联网与德国工业 4.0、我国的两化融合战略一道，正在将产业互联推升到产业发展的重要战略层面。

智能汽车是数字经济孕育出的新产品，也是数字经济中具有远大发展前景的新领域。特斯拉的电子设备占比近 80%，推动未来汽车向移动智能终端方向演进，加速电子信息制造业和汽车制造业的融合发展。目前，特斯拉已成功超越宝马、奔驰，成为北美豪车市场销量冠军。罗尔斯·罗伊斯在航空发动机领域首推制造服务化模式，在销售发动机的同时提供全生命周期的网络化全面维修服务，不仅帮助客户大幅减少维修费用，而且提升发动机可靠性，将大修间隔时间平均增长了近 800 小时。

互联网金融也是新兴的数字经济领域。由腾讯公司及百业源、立业集团等知名民营企业发起设立的微众银行于 2014 年底获得银监会批准。2015 年 1 月，微众银行完成了我国互联网民营银行的第一笔放贷业务。该银行既无营业网点，也无营业柜台，更无需财产担保。它是一种移动银行，取消柜台式的业务服务方式，主要依赖移动端进行金融服务与反馈，运用大数据等信息技术和人脸识别等生物技术提升客户体验、降低业务成本，并通过建立数据和先进分析进行更加科学的风险控制。

交通出行一直是互联网应用最活跃的领域之一，也是数字化投资最为关注的热点领域。移动打车应用是当前用户量大、使用频率高的重量级 O2O 应用，美国的 Uber、中国滴滴快车等打车应用持续占领市场领先地位，在短短几年内实现了业务量的快速增长和公司市值的几何级增长。但与此同时，打车应用对于传统行业的运营模式也带来了极大的变革，引起多个国家和地方政府部门的重点监管。

5.1.2 经营者对数字化决策的关注度急剧攀升

2013 年，IBM 商业价值研究院在一项调研中提出了“数字化变革”(Digital Reinvention) 的概念。此次调研中，有 60% 的受访者认为更多的竞争来自行业外部，81% 的人希望通过技术建立更牢固的客户关系，54% 的受访高管认为客户的购买习惯正由产品和服务逐渐转变为体验。具体调研情况如图 5-1 所示。

2015 年 IBM 和哈佛商业评论合作的调研显示，有 71% 的企业通过使用大数据创造新的经济价值和商业机会，对比 2010 年类似调研中企业比例仅为 37%，企业对大数据和数字化决策的认可度已经成倍提升。在这些企业中，已有 32% 的企业实现了数据的价值变现，并且 42% 的企业认为未来 3 年数据驱动的相关业务将创造新的增长点[1]。

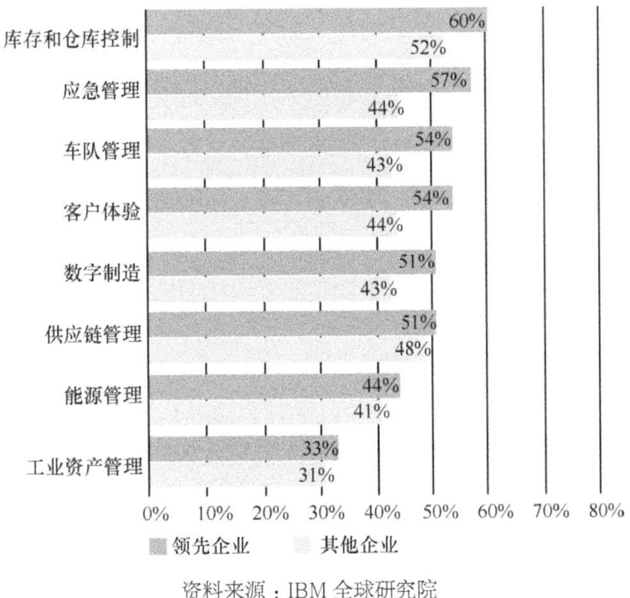

资料来源：IBM 全球研究院

图 5-1　数字化运营应用的成熟度

5.1.3　数字资产正逐渐成为企业资产重要组成

随着企业信息化水平的不断提升，以及产业互联网的普及和效能提升，数字资产在企业资产中的比重不断提升，成为企业不可或缺的重要价值。数字资产不仅在积累中形成并增强了企业的数据采集、分析能力，而且与物质资产和金融资产融合，创造出新的资产价值。

可以预计，在未来的企业发展中，数字资产将持续而深入地变革企业资产结构，进而对企业生产经营决策起到越来越重要的作用。Gartner 指出，30% 的企业会以数据互换或直接售卖的形式直接或间接地实现数字资产的货币化。在数字资产应用的广度上，即便是那些低技术含量的企业，也开始通过数据来提升用户体验。在数字资产应用的深度上，以 GE 为例，这家具有 125 年历史的公司正通过大数据的价值化来进行业务创新。比如，利用传感器数据预测工业设备（喷气式发动机、风力涡轮机和核磁共振成像扫描仪）的维修时机。

数字资产的价值还将不断升华。信息所具有的零边际成本特性、低消耗性等，使信息传播所获取的共享价值不断提升，这将为企业争取广阔的外部价值。数字资产同时具有创新驱动的特性，依托信息技术与企业核心技术的集成创新，企业将依托数字资产挖掘出更多的内部价值。同时，企业还将通过数字资产的不断累积和大数据分析等数字技术实现企业发展形势的预判，提供发展决策建议。

5.2 数字化辅助决策的路径和形态

5.2.1 以信息技术应用助力全产业链协同创新

信息技术成为企业业务增长的主要驱动力。传统经济中，信息技术只是作为经济发展的辅助手段，信息化水平提升的重点在于简化业务流程。这种情形下，信息技术未能进入核心业务决策，也未能成为经济发展的驱动力。在数字经济中，经济发展由数字化技术的普及和广泛应用驱动，并促使制造、管理、流通等领域表现出一种全新的形态，推动行业全产业链的协同创新。

智能制造是产业链协同创新的重要领域，国内外重点企业纷纷抢占智能工厂和智能制造的核心环节，如图 5-2 所示。三一重工、潍柴动力、中国中车等企业依托互联网实时采集装备的动态运行情况和工况环境数据，并运用大数据手段分析优化设备运行参数、预测设备性能衰减并提前安排维护，将业务范围从单纯装备的制造和销售，向装备远程监控与维护服务拓展，实现了价值链的提升。

金融领域也因采用数字化技术成为供应链的新兴领域。平安银行建立“橙 e 网”，以“供应链金融”助力百万中小企业转型升级，基于供应链中

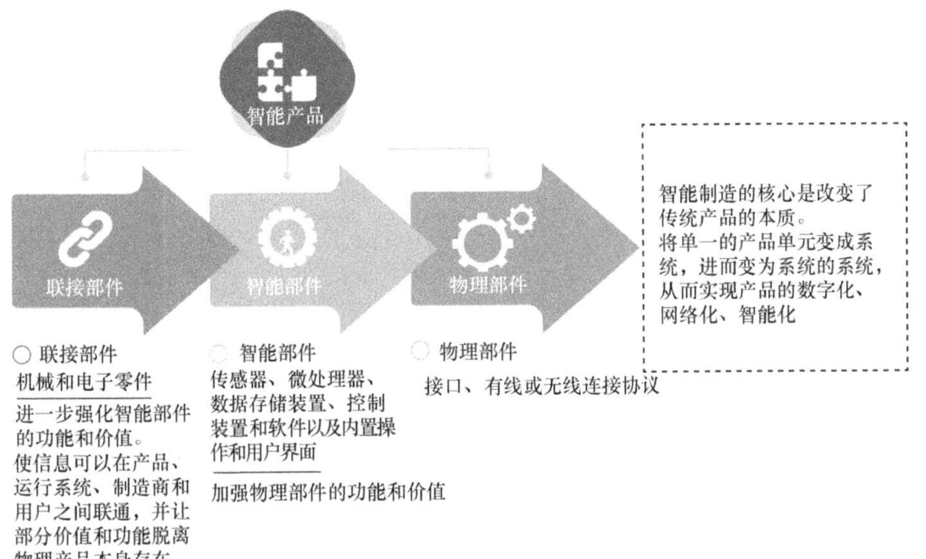

图 5-2　智能制造过程

小企业日益增长的在线商务需求，提供与之相匹配的免费电商平台、在线支付、在线增信与见证、在线融资、在线理财增值、在线保险、账户管理和资讯行情等一站式服务。“橙 e 网”主要提供免费的电商平台“生意管家”，向电商平台输出不可或缺的用户体系、账户体系、钱包体系、网上支付、交易资金监管与见证和身份鉴权等服务，提供 20 多个行业行情动态与政策分析、金融行情、会计课堂等资讯服务和上下游订单信息、结算信息、对账核销信息、资金流水与欠款信息等决策信息服务。“橙 e 网”还在整合平安集团金融资源的基础上，为“熟客生意”提供在线供应链融资、在线支付和资金监管、投资理财、在线保险综合服务等综合的个性化定制服务。

5.2.2　大数据分析决策推动全面数字驱动发展

大数据作用的重点在于启发与辅助决策。从数据对象看，大数据涉及微博数据、社交网络数据、搜索引擎数据等。虽然能够通过一定的

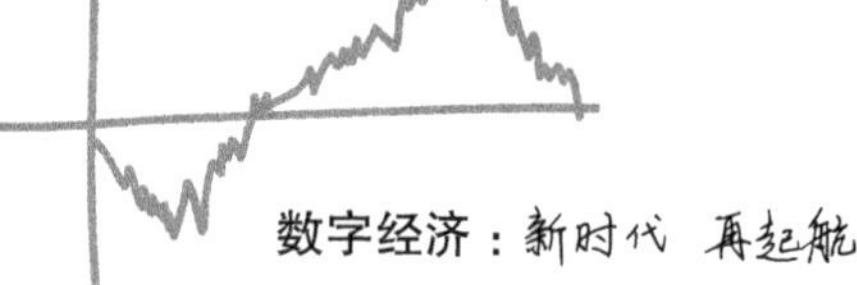

数据清洗、数据过滤手段去筛选，目前只能保证一定程度的真实性和正确性。从分析结果看，大数据所完成的是数据与数据之间关联规则的发现，而非对规则的论证，它对研究人员、决策者的价值在于能够引导和启发大数据应用者的创新思维和辅助决策。简单点说，若是处理一个问题，通常人能够想到一种方法，而大数据能够提供 10 种参考方法，哪怕其中只有 3 种可行，也将问题解决的思路拓展了 3 倍。正如淘宝网给用户提供的产品推荐，不一定完全准确，但可以帮助用户更方便地选择商品。

大数据与云计算、物联网等技术的集成应用，推动了智能车间、智能工厂建设，使系统化的智能制造成为现实。特别是运用大数据，可以根据产品的加工工艺过程，对产品质量的相关数据进行深入分析，对产品质量问题进行全面、深层次描述，进而优化设备控制，提高产品的质量控制。西门子的安贝格工厂建设了欧洲最先进的数字化生产平台，通过收集和分析各流程数据，可自动确定所需工序。仅有 1 000 多员工、10 余条生产线，每年却能够用近 30 亿个零部件生产 1 000 多种工业控制产品，且产品质量合格率高达 99.998 8%。

5.2.3 新兴智能技术革新生产流程和服务形态

智能技术层出不穷，不断推动数字化生产流程和服务形态的升级。人工智能技术近几年发展迅猛，国外的 IBM、谷歌、Facebook、微软等巨头企业以自己的人工智能实验室为依托，在图像识别、机器翻译、决策助手等领域推出了一大批拥有显著创新性的技术和产品；大数据智能采集与分析不断演进，一些创业公司的研发成果也被应用到大数据智能采集与分析，以及医学诊断、环境科学、无人驾驶。国内的百度宣布，其“百度大脑”目前已达到 3 岁到 4 岁小孩的智力水平。这些成果的取得与大数据密不可分。《国务院关于积极推进“互联网 +”行动的指导意见》中已明确将人工智能作为重点布局的 11 个领域之一。同时，

IBM 提出了认知计算的概念，要加快推动人工智能在医疗保健、零售、金融、饮食等垂直行业的市场化进程，使人工智能和实际应用实现了紧密联系。

虚拟现实 / 增强现实也是当前全球企业追捧的新兴智能技术之一。以制造业为例，国内外众多制造企业已经运用了虚拟现实技术，给制造业研发设计、生产制造、经营管理、销售服务等全产业链创新发展提供新工具、新方法，为数字经济发展带来新抓手、新动力，如表 5-1 所示。随着虚拟现实技术与产业的成熟发展，制造业虚拟现实技术的应用案例正不断涌现，应用模式和应用路径将进一步成熟，助力制造业朝数字化、网络化、智能化方向转型升级。在研发环节，虚拟现实可实现立体精准的虚拟结构设计，特别是在飞机、汽车等大型装备产品的研制过程中，能大幅提升对空气动力学的把握和产品性能的精准性。波音公司将虚拟现实技术应用于 777 型和 787 型飞机的设计上，通过虚拟现实的投射和动作捕捉技术，完成了对飞机外型、结构、性能的设计，所得到的方案与实际飞机的偏差小于千分之一英寸（1 英寸为 2.54 厘米）。据统计，采用虚拟现实设计的波音 777 飞机，设计错误修改量减少了 90%、研发周期缩短了 50%、成本降低了 60%。在装配环节可实现精密加工的虚拟装配操作，主要应用于精密加工和大型装备产品制造领域，通过高精度设备、精密测量、精密伺服系统与虚拟现实技术的协同，能够实现细致均匀的工件材质、恒温。恒湿洁净防震的加工环境、系统误差和随机误差极低的加工系统间的精准配合，提高装备效率和质量。

在检修环节，可实现远程实时的虚拟检测维修，如美国福特公司联合克莱斯勒公司与 IBM 合作开发了应用于汽车制造的虚拟现实环境，在汽车出厂前就检验出其存在的设计缺陷，并辅助修正，大大缩短了新车研发周期。未来，通过远程数据传输，虚拟现实技术将帮助实现实时、远程、预判性的监测维修服务。在培训方面，可实现直观高效的虚拟培训体验。当前，已经有许多国内外企业运用虚拟现实技术开展培训工作。例如，英国皇家装甲公司采用虚拟现实技术，对14.5吨的新型车辆进行车辆训练模拟，实现了对专用车型驾驶员的操作培训。

表5-1 国内外智能制造领域虚拟现实技术应用案例

应用环节	应用企业	国别	应用内容
研发环节	罗尔斯-罗伊斯	德国	利用虚拟现实投射和动作捕捉系统，查看发动机细节
	英国航空	英国	运用自主研发的虚拟环境可配置训练设备设计高级战斗机座舱
	波音	美国	运用三维模型仿真技术进行波音777外形和结构设计
	卡特彼勒	美国	通过头盔对新型车辆在运行、操作、挖掘时的情况进行观察
	福特	美国	将虚拟现实技术连接至设计系统，查看整体外观和内饰的设计
	奔驰	德国	通过仿真空气动力学实验优化汽车性能
	加拿大航空电子设备	加拿大	在汽车性能的虚拟开发系统中进行仿真驾驶
装配环节	东软	中国	虚拟制造模式下，不建厂房不进设备，只负责整机组装调试
	日产	日本	用虚拟现实软件试线，从仪表板上拆除气囊组件
	奥迪	德国	在三维虚拟空间内完成对实际产品装配工作的预估和校准
	克莱斯勒	美国	以虚拟现实技术展示元件在工厂中的精确位置并提示优化安装的方法
	福特	美国	建立各部件的虚拟模型，从整个产品的装配性角度完成部件组装
检修环节	曼恒数字	中国	飞机发动机虚拟装配系统能让研发人员发现设计中的缺陷来及时调整
	罗克韦尔柯林斯	美国	在虚拟环境中将有质量性能问题的电子设备替换
	国家仪器	美国	在交互式开发环境下完成虚拟仪器的测试过程
	雷诺	法国	在虚拟环境中进行动态虚拟碰撞来测试汽车的安全性能
培训环节	英国皇家装甲	英国	对新型车辆的驾驶员进行虚拟车辆训练模拟
	丰田	日本	运用汽车虚拟现实培训中心，通过动作捕捉高端交互和3D显示，对从业人员进行培训

资料来源：作者整理

5.3 数字化决策先行的国内企业案例借鉴

作为市场经济的直接参与者，企业对数字经济的敏感度极高，国内外企业都在积极加紧布局。如表 5-2 所示，以谷歌、阿里巴巴等为代表的国内外互联网巨头正在推进智能化升级，以通用电气、富士康为代表的制造业巨头加速提高数字化业务水平，以海尔等为代表的传统企业正在加速组织变革等管理模式转型，以小米、特斯拉等为代表的新兴企业不断开创数字经济时代商业模式的变革。

近年来，我国企业的数字化决策转型步伐加速，在制造业精准服务化转型、个性化定制化交互升级、全流程信息追溯共享、颠覆技术开启智能化新兴领域等多维度开展了广泛实践。许多代表企业已经在各自领域取得初步成效，代表了当前在数字化融合发展方面的领先实践，其成功经验能够为更多亟待数字化转型的企业提供可借鉴的中国式样板。

表 5-2 数字经济时代国内外企业发展战略转变梳理注 5

类别	具体类别	企业	具体内容
产业发展方向	智能制造	谷歌	谷歌收购 Nest、波士顿动力等 9 个机器人公司，旨在进军智能机器人行业。谷歌认为，从制造业发展趋势来看，智能制造是未来发展的一个趋势，而机器人是智能制造的一个典型产品
	智能硬件	微软	受桌面 PC 系统业务萎缩以及移动互联网的蓬勃发展等影响，微软并购诺基亚公司的设备和服务业务，同时推出智能腕表布局可穿戴设备行业以及人工智能“微软小冰”，旨在打造软硬件一体化战略，从而抵抗谷歌收购摩托罗拉、推出智能眼镜等事件的影响
	操作系统	阿里巴巴	智能生活是未来生活的重要组成，阿里巴巴持续不断地加大在操作系统领域的投入，借助云计算、大数据等优势资源的融合，创造发展出领先的智能操作系统 Yun OS，并应用于各式智能终端如手机、平板和电视机

注 5：作者为该课题五个执笔人之一。

（续表）

类别	具体类别	企业	具体内容
生产方式变革	生产流程变革	GE	GE 通过运用加速变革流程（CAP）的方法，可以处理新产品开发和推销、制度创新、体制改革等方面的问题。在变革过程中，工作团队目标明确、表述统一、职责明晰、利益相关者广泛参与，使整个过程高效、协调、有序
	“贸易导向”的制造模式	富士康	受美国再工业化等威胁，富士康正逐渐从目前纯粹的“制造导向”模式，过渡到“技术导向”模式，进而转变为“贸易导向”的运营模式。富士康先后布局液晶电视、数码、电器、电商、智能手机等。此外，富士康与世纪互联在京签约成立合资公司兴泰科技，共同打造互联网数据中心（IDC，Internet Data Center）与云计算基础设施服务供应链
	单元式生产转变	佳能	单元生产方式是指无传送带 Line，从头到尾由作业者负责执行业务的自己完结型的生产方式，是一种以人为中心的生产方式变革。以佳能集团为代表的单元式生产方式，在不提高员工工资成本的前提下，培养了一大批愉快工作的员工，提高了生产效率
管理方式变革	红蓝军架构	华为	华为成立了红蓝军的组织架构，其中，“红军”代表着现行的战略发展模式，“蓝军”代表主要竞争对手或创新型的战略发展模式。“蓝军”的主要任务是唱反调，虚拟各种对抗性声音，模拟各种可能发生的信号，甚至提出一些危言耸听的警告。通过这样的自我批判，为公司董事会提供决策建议，从而保证华为一直走在正确的道路上
	创客组织	海尔	互联网不仅改变了企业的销售模式和产品开发模式，还在改变企业的管理模式，为了应对挑战，海尔做出了一些有益的尝试。海尔正在全面推进“企业平台化、员工创客化、用户个性化”，让每位员工都成为创客，在海尔这个大平台上实现内部创业。创客们可以有 3 种创业方式：自主创业、在线和在册创业、自演进机制
	可视化管理	丰田	丰田公司提出的可视化是由现场管理可视化开始，然后延伸至工作内容、工作体制、工作进度以及工作效率的可视化，主要包括工作本身的可视化、工作目标的可视化等。工作内容可视化的真正目的是意识到为了使组织达成目标和发展，什么是需要的；为了自身的成长，现在必须做什么

类别	具体类别	企业	具体内容
商业模式变革	以用户为核心	小米	小米公司从 0 做到 300 亿元的销售收入只用了 3 年，估值超过 450 亿美元，位列国内互联网公司第 4 名。小米公司的巨大成功在于其对用户的深刻理解，从用户的切实体验入手，提高产品质量，与用户实现互动。小米已经实现软硬件产业链的高度整合，全程高度信息化，而且几乎每个环节都想方设法让用户参与其中，让用户找到存在感
	健全的生态体系	苹果	苹果健全的生态体系包括：①高度垂直集成，iPhone+iPod+iPad+iMac+Apple Watch 的五大硬件产品；②高效的供应链管控，对全产业链的把控大幅降低了成本；③软硬件紧密结合，硬件 + 软件 + 内容 + 服务；④独特的销售体系，全球拥有超过 300 多家实体专卖店
	全价值链的整合	特斯拉	特斯拉商业模式的核心是为客户实现“全价值链”的整合，从产品设计、产品工程、制造、物流、服务直到充电，实现商家与终端用户之间直馈闭环、加速业务流程，并实现线下专卖店体验、线上下单的标准 O2O 直营模式

资料来源：中国信息化百人会课题组：信息经济崛起 重构世界经济新版图，2015

5.3.1 制造业精准服务化转型

（1）和利时：工业云服务平台和智能制造解决方案

和利时工业云服务平台是一个面向流程生产行业的大型交互式智能化服务平台。以采集的用户系统实时数据为基础，将过去在本地实现的工艺数据监控、设备故障诊断、优化控制、能源管控、设备管理等功能转移到了云端。基于大数据处理技术，通过工业互联网以云服务的形式向工业企业用户提供全方位的工业维护、生产监控和优化的解决方案。首先对被测的工业控制系统从系统架构、通信协议、接口入手开展状态分析，并通过网络和设备行为审计发现异常现象，然后针对发现的隐患或问题提供应急处理措施，保证生产过程的安全；采取系统升级改造等永久性解决方案彻底化解安全危险。并且通过设备和生产数据的采集和分析，实现资产管理和生产优化，达到优化设备管理及节能降耗的目的。

创新型服务。和利时工业云服务平台从智能控制系统整体解决方案的角度出发，建立了一套基于全互联服务架构的智能控制系统。采用全互联、面向服务架构，将整个智能控制系统分为动态对象数据服务组件、业务逻辑组件、大数据分析组件、通用可视化平台组件和智能嵌入式控制器 5 大部分，通过基于互联网的工业服务总线实现各种组件之间的信息交换和互动，通过可组态配置、基于通用可视化平台，可以向不同类别的用户展现不同的业务综合视图，既可以在用户层面兼容传统的操作使用模式，又可以后台实现数据服务和业务逻辑综合集成。智能制造系统解决方案不但提供了从控制层到企业管理层的一体化设计构架，而且能够支持不同厂家基于开放的服务总线和可组态扩展的对象模型的业务逻辑模块的嵌入和集成，共同营造促进自主智能制造核心工业软件和装备产品良性发展的生态环境。

创新型模式。与现有制造企业的分层结构不同，和利时的智能工厂解决方案是建立在物联网（IoT，Internet of Things）基础上扁平化的信息——物理融合系统（CPS，Clobal Position System），实现了贯穿产品价值链的横向集成、贯穿产品制造过程的纵向集成和贯穿产品全生命周期的端到端集成。面向智能制造的要求，和利时积极吸取国际先进技术理念，将整个工业系统作为一个整体，通过互联网技术将原有条块分割的信息和系统融合在一起，采用大数据技术分析发现潜在的关联，改进传统工业系统，在保证高质量和低成本制造的前提下，满足数字经济时代对实体经济大规模个性化制造的要求。和利时基于工业云服务平台打造的智能控制系统，对原有条块分割的信息进行了合并，建立与物理世界一一对应、面向服务的应用业务逻辑、相对自主耦合的制造系统集成模型；在集成模型的基础上，建立支持结构化和非结构化数据、全局统一命名的制造系统对象数据库，实现数字空间对象与物理世界对象实时的双向映射关系，并制定了服务管理机制，提供对于应用透明的信息服务接口；制定开放的信息交

换标准，采用接口描述语言实现交换信息的自描述，并实现开放的工业服务总线。借鉴互联网技术，和利时工业云服务平台将信息展示和交互的复杂度隐藏在系统后台，通过统一的可视化界面实现各种结构化的生产、管理信息和非结构化的多媒体信息的全面综合展示。和利时智能制造模式如图 5-3 所示。

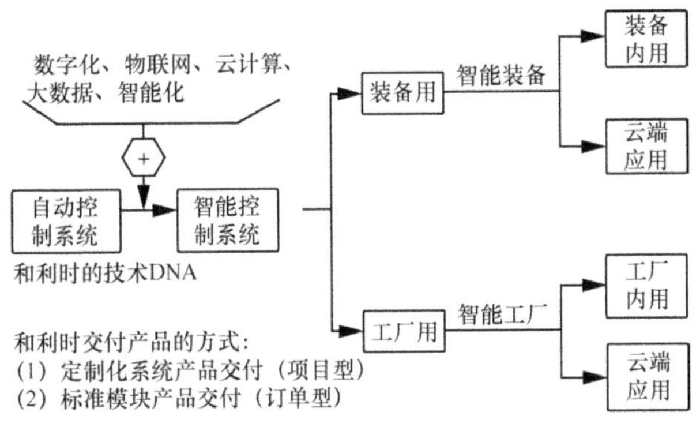

图 5-3　和利时智能制造模式

成效与借鉴。和利时公司先将工业互联网技术引入自己的传统控制系统产品，使其升级为与工业云平台相连接的智能控制系统产品，这些智能控制系统被制造业客户用于控制其传统装备或传统工厂后，客户的装备和工厂相应升级为智能装备和智能工厂，然后无论是和利时自身，还是和利时的客户，都可以依托控制系统、装备、工厂三部分智能化的基础条件，来实现从传统制造业向制造服务业的升级。既提高了生产流程的效率，也提高了工业生产的安全性，并基于先进控制技术和专家系统的优化控制方案提高生产效率和产品质量，通过能耗分析、能源管控和优化控制实现环保节能，采用云计算技术提供可选择的菜单式工业自动化和信息化服务，降低用户的全生命周期拥有成本。和利时工业云服务平台为制造业企业数字化转型升级提供了以下路径：一是工厂互联，建设智能工厂，装备和工厂的能力可以出租给需求方；二是用户与企业互联，实现智能定制，相当于消费者租用工厂的设计和制造能力；三是装备与企业互联，成为智能装

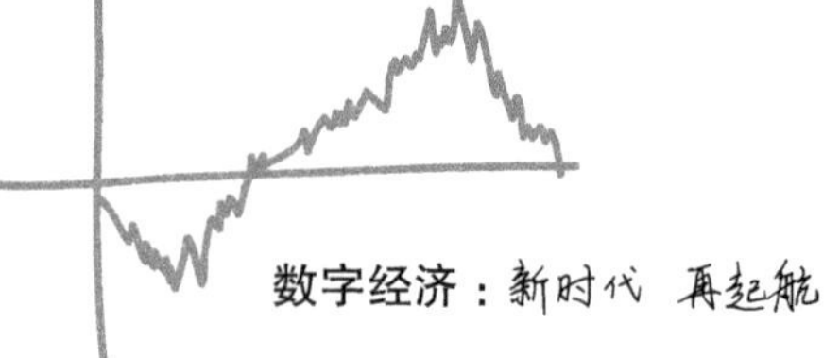

备提供商，并基于工业云服务平台，提供智能装备的全生命周期服务，推升智能服务业务。

（2）哈电机：发电设备全生命周期远程诊断服务平台

哈电机公司是水轮发电机组、火电及核电等发电设备的专业制造厂，目前哈电机的产品遍布世界各地，其中 770 台水电机组，100 座火电站，1 000 台火电机组分别分布在我国的 34 个省、市自治区。哈电机构建了基于发电设备全生命周期远程诊断服务平台，将互联网与传统制造型企业相结合，通过互联网与物联网技术的应用，探索企业由制造型向服务型转变。三峡公司以哈电机生产的机组为典型应用示范工程，率先应用互联网技术搭建了制造厂与电厂之间的互联互通，将电厂运行知识与制造厂的设计制造及专家知识进行深度融合，形成两者间的闭环控制。通过电站和制造厂的共同监测与故障分析，来保证机组的安全运行，进而优化电站的运营模式，降低维护成本，提高电厂的运行效率。哈电机的这套模式被总结为发电设备远程诊断服务模式，如图 5-4 所示。

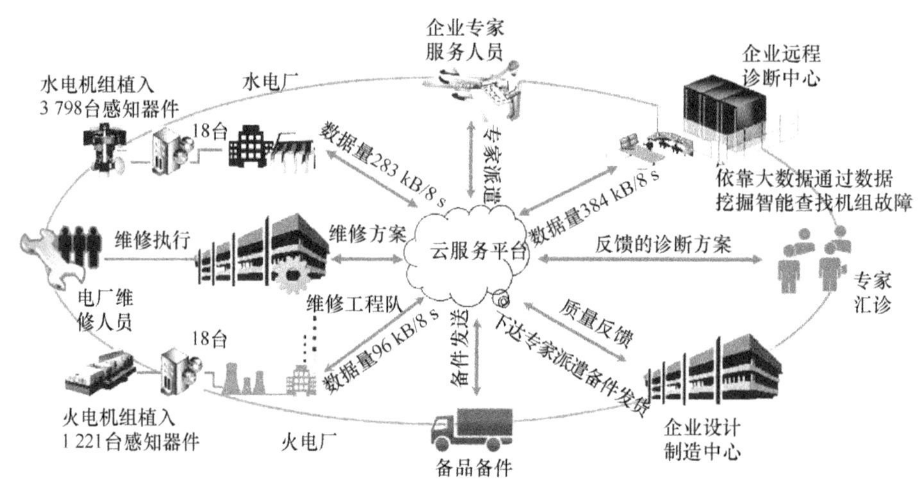

图 5-4 哈电机发电设备远程诊断服务模式

该服务模式以云服务平台为中心，以物联网为技术支撑，通过互联网将发电设备的制造企业和电厂集聚在这个平台上，实现了发电设备运行信

息的资源共享，通过感知器件对发电机组的数据采集，随时可以检测到机组的运行情况。当机组出现故障时，经诊断平台形成了预案，哈电机发挥作为制造厂的优势，组织专家进行会诊，提出解决方案，为现场维护队的维修工作提供建设性的意见；或者有的放矢地派相关专家到现场进行服务，为机组的安全运行提供保障；同时当部件需要更换时及早安排备品备件的生产，缩短维修周期，为用户提供及时准确的服务，保证了机组的安全运行，在国内同行业中产生了深远的影响。

构建远程诊断服务平台实现数据集成应用。基于物联网技术的发电设备远程诊断服务平台由以下 3 个子平台组成，分别为采集平台、远程诊断分析平台及诊断服务平台。基于物联网技术的发电设备全生命周期服务支持系统以企业服务总线为核心，在基础组件的基础上开发包括用户管理、角色管理、系统管理、模块管理、权限控制、身份管理、主数据管理、消息中间件应用、门户和集成监控中心等功能。构建的集成平台为其他应用系统提供集成和数据通信提供技术支撑，它与诸多应用系统紧密关联。在吸取其他成功经验和教训的同时，结合应用需求，开发出独特的物联网诊断服务平台，系统功能描述包括：数据采集、数据整合、状态监测、故障诊断、制造服务平台等部分组成。

充分利用互联网资源构建远程诊断的应用环境。充分利用公共信息资源构建了经济实惠的互联网环境，电力专线与数字专线、北京云平台、VPN 技术搭建哈电机公司发电设备远程诊断网络环境，有力支持发电设备远程诊断服务。平台基于 TCP/IP 和 UDP 开发并封装了接口程序，完成 IntelBase 向 Oracle10g 数据库迁移、Delphi 向 Java 的开发环境迁移以及电厂电控数据到实时数据的迁移，将电站的电控数据源及振动摆度实时数据源安全、准确地经由互联网的云服务平台传递到哈电机的服务器内，实现了异构数据的集成共享；同时在经典的加密算法 DES 和 RSA 基础上提出了新的加密算法，保证了数据传输的准确性和安全性，为远程诊断服务奠定了坚实的基础。

远程诊断服务平台与知识工程应用实现制造业数字化融合。远程诊断服务平台总共分为 5 个层面：装置门户层、系统应用层、集成平台层、数据层及系统支撑层。本平台实现了基于物联网技术、互联网技术的多种软件的集成应用，知识工程与远程诊断平台的集成应用，形成了发电设备故障诊断的标准样本，运用了 FTA 的故障诊断分析工具构建了故障样本实质是故障判断的参考模型。

基于数据挖掘技术的应用实现了智能化的评估。运用数据仓库技术为智能化评估创造条件，通过前端数据采集系统，以 8 s 为一个采集传输周期，每个周期进行 16 000 多组数据传输，有温度数据、流量数据、电参量数据、压力数据及振动摆度等数据类型，这些数据形成大数据并以此建立了数据仓库。一是采用“自顶上下，逐步求精”的设计原则，进行基于主题的数据仓库的设计与建立；二是根据数据仓库的结构建立 ETL 数据集成系统，完成数据由业务系统到数据仓库的清洗、转换、加载；三是在建立数据仓库的基础上，运用统计分析、关联分析、决策树分析等数据挖掘技术，开发了故障诊断分析系统。数据仓库的建立有力地支持了机组的故障诊断与溯源分析。

大数据分析技术应用实现了机组总体智能化评估。机组性能总体监测包括机组性能主视图、机组性能指标评价、发电机及水轮机性能指标评价等功能，对机组总体性能进行量化评定。一是通过远程诊断服务平台机组性能主视图监测，观测机组主要性能指标的测点数据，将水轮发电机组动态模型及相应测点位置进行动态展现；二是机组性能指标评价体系，通过建立故障主题、子题、故障因子，将故障因子与测点关联，进而关联标准样本，结合专家设计知识及制造知识，从机组整体性能、发电机性能、水轮机性能 3 个方面，运用自主研究的机组运行健康指数算法，智能评价机组性能指标。机组健康指数（以下统称为分数）由水轮机和发电机两大主题参与计算确定。

数字化技术实现远程诊断服务。诊断服务平台根据机组的测点分布及

部件的重要性设定了以下监测模块，包括发电机定子监测、机组轴承温度监测、机组振动摆度监测、发电机气隙监测、发电机电气性能监测及水轮机性能监测。我们融入了标准样本和专家知识，对这些实时的数据参数运用知识工程的思想进行建模，实现了远程诊断系统对机组性能的自动评价与判断，判断机组状态是否进入健康状态、亚健康状态及故障状态，通过对以上模块的实时在线监测来反映机组整体的运行状况。以推力轴承轴瓦监测图为例，通过温度的变化情况反映推力轴承的轴瓦温度及不平度，避免出现瓦温过高而导致烧瓦事故的发生。

成效与借鉴。哈电机自主开发的基于物联网技术的发电设备全生命周期服务支持系统已基本搭建完毕，实现了对三峡电站 23F、24F、25F、26F、31F、32F、及两台地电 X1F、X2F 共计 8 台，向家坝电站 1F、2F、3F、4F 共计 4 台，溪洛渡电站 1F、2F、3F、4F、5F、6F 共计 6 台，总计 18 台机组的远程诊断服务的试运行，取得了很好的效果，为企业升级转型、两化深度融合树立了典范。通过互联网和物联网等数字化技术的应用，能够实现在千里之外对机组的实时状态监测。远程诊断服务平台的应用，优化了电厂的运行模式、由被动检修向主动维护转变，提高了发电设备的利用率，通过对故障的及时排除，降低了发电设备的维护成本、最终形成用户和设计制造厂间的闭环质量控制循环，同时促进了发电设备制造厂产品的创新发展，为制造厂挖掘了潜在的市场。

5.3.2 个性化定制化交互升级

（1）青岛红领：智能工业化定制

青岛红领主攻大规模个性化定制化生产，成为目前全国该领域最成功的模板之一。青岛红领基于互联网和物联网将服装设计、供应链管理、生产执行、物流配送等系统互联互通，组建了以数据为驱动的数字化智能工厂，同时利用跨境电商直销平台，将全球顾客的服装定制订单需求实时反馈到生产环节，实现了个性化定制生产，在轻纺行业整体低迷的情况下，

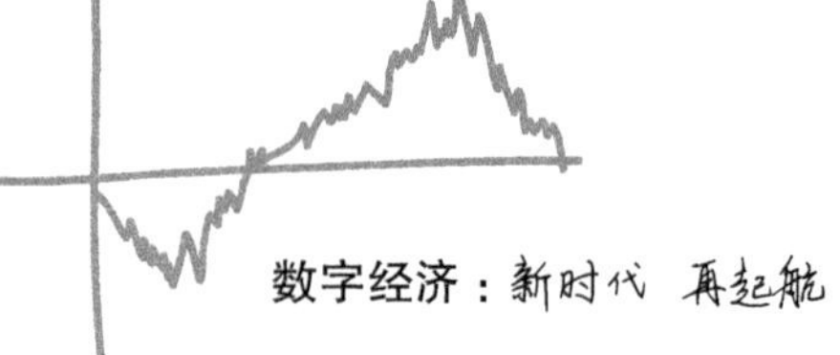

2014 年以来实现了业务同比增长 150%。

青岛红领的酷特工厂实现了智能的工业化定制，相比于传统的同质化批量制造，实现了产量和利润的双丰收。从设计成本看，由于建立了数据驱动的智能工厂，数据驱动的虚拟和仿真过程淘汰了版型师，所以工业化定制将节省 95% 的成本；从生产周期看，传统制造一件衣服需要 12 天以上，而定制化生产却只需要少于 7 天的时间；从产品库存看，由于是先订单后制造，所以衣服在最后一道工序之后直接物流出厂，产品库存降至 0；从原材料库存看，由于衣料需求精准化，原材料的库存也将为 0；从生产成本看，虽然是个性化的产品，但是生产成本只比标准化生产略高 10 元；从利润看，由于库存的节省、无需设计师、个性化的稀有性等，利润从 100 元 / 件飙升至 1 100 元 / 件，即每件衣服利润增加了 10 倍，可见智能化为公司带来了业绩的升级。

（2）爱奇艺：中国电影网络自制剧的创业创新平台

爱奇艺通过三大举措推动建立网络自制剧的创业创新平台：一是率先提出“网大”概念勇做行业先驱者。爱奇艺率先提出“网络大电影”概念对“网大”进行了定义，目前该概念和标准已成为全球同业积极推行的通用行业规范。2015 年爱奇艺在全网共上线“网络大电影”近 700 部，占全网发行的 90% 以上；二是全面布局“爱奇艺工作室战略”，2014 年，爱奇艺首批成立马东、刘春、高晓松三大工作室，旗下近 30 档自制内容项目亮相，爱奇艺与 TCL 联合出品的互联网“电视 TV+”2014 年单型号销量突破 200 万台。爱奇艺日均覆盖人数超过 1 亿，覆盖设备达 1.2 亿~1.3 亿台；三是建立网络播放平台、投融资平台、青年导演成长平台等三大平台，为专业内容制作者提供全方位支持。

爱奇艺自制剧创业创新平台提供多层次智能服务。爱奇艺率先启动“视频大脑”，驱动互联网视频业务生态系统发展，已经拥有六大核心技术产品，包括云计算平台、大数据智能分析平台、视频综合服务平台、视频搜索引擎技术、HCDN 技术、电子商城，并获得 1 718 项国内外技术专利，通过

信息技术开发多项智能化应用服务。爱奇艺在全球范围内率先建立起首个基于搜索和视频数据理解人类行为的视频大脑——爱奇艺大脑，用大数据指导内容的制作、生产、运营、消费。通过高效云服务技术、大数据分析、视频智能处理和版权保护技术为所有影视内容制作者、影视电商、观众等广大用户提供服务。爱奇艺的大数据指数可以有效统计出每部影视剧的收视率，通过分析用户的观看记录，及其观看用户的兴趣、年龄、性别、职业和地域等分布情况，进行精准的节目推荐和营销，并能对视频内出现的明星、商品、场景等进行快速精准的识别。通过大数据技术提供视频拍摄、上传、转码、存储、分发、播放的一站式视频服务，对爱奇艺 5 亿视频用户行为的数据采集，从用户画像与广告主品牌属性契合度出发，对资源进行高效调配，为用户进行个性化推荐，使广告主不仅能实现精准的广告投放，并利用爱奇艺自主研发的 CNN 卷积神经网络深度学习技术、高精度人脸识别技术、视频语义智能商品标签的分析识别技术等关键技术，通过智能算法对视频内出现的明星、商品、场景等进行快速精准全自动的机器识别，帮助用户无需跳出视频页面，直接获得“明星同款”推荐，实现“视频内物品所见即所买”的 O2O 购买，最大限度提高用户获取和选择商品的效率。此平台已与京东、苏宁易购、唯品会、美丽说、蘑菇街等商家形成良好应用效果，在进一步促进电子商务发展的同时，辐射并带动旅游、教育、文化等领域的创新发展。

成效与借鉴。目前爱奇艺发起的“中国电影网络自制剧创业创新平台”已支持了 10 000 多部电影电视剧内容在平台上传、播放，网络票房达到 3 亿元，排片数量超过院线。2015 年，爱奇艺上线“网络大电影”近 700 部，占全国 90% 以上。至 2020 年，爱奇艺将培养 2 000 名青年导演、培育 100 个专业制作机构、制作 10 000 部电影作品、50 000 集视频。在全国特色文化领域建立 2 个“互联网 +”试点示范中心，带动全国文化、旅游、硬件制造等领域新增产值 50 亿，全力打造中国电影网络自制剧的创业创新平台。内容创新方面，配合“精品化现象级自制剧战略”，网大制作的

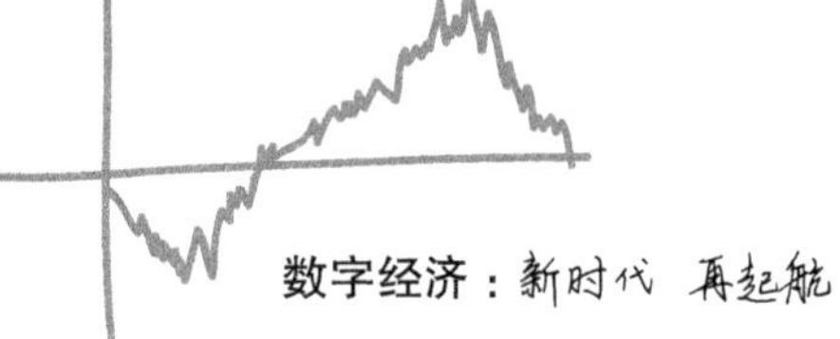

精品化提升，自制剧揭开了付费模式的先河，首次尝试了差异化的排播模式，开启了爱奇艺自制剧 20 亿点击量时代。VIP 会员数量一路飙升突破 2 000 万大关。技术创新方面，爱奇艺建设视频交互平台，通过视频识别算法、智能分析、人机交互，提供精准营销，改变现有的低效率和强制广告的大环境，实现“视频内物品所见即所买”，提升了用户体验，带动文化消费。通过清晰、明确的商业模式，促使投资商、观众、广告商、电商等用户获得相应的市场收益，构建一个交互的广告生态体系，进一步促进视频行业商业模式的多元化，为整个网络视频文化注入强心剂，引领网络视频行业进入一个健康、可持续发展的新时代。目前已与京东、苏宁易购、唯品会、美丽说、蘑菇街等商家形成良好应用效果，未来爱奇艺作为视频行业领军企业将通过大数据技术服务平台帮助人与视频进行互动，并将智能化功能向多元化视频服务里延伸。包括电商、社交、游戏、会员、阅读、电影票等视频衍生服务的新型商业和服务模式，更好地推动大数据服务平台产业融合的示范效果。

5.3.3 全流程的信息追溯共享

（1）聚农通：种植类农业物联网生产管控系统

武汉聚农通以“信息互通、资源共享、能力协同、开放合作、互利共赢”为核心理念，以农业互联网为发展方向，以提供覆盖农产品生产链全过程服务为主线，以技术创新、商业模式创新和管理创新为重要战略举措，结合理论基础及实践经验，打造以大数据服务为支撑的“互联网 + 农业”产品和服务。

种植类农业物联网生产管控系统利用物联网技术，可实时远程获取温室大棚内部的空气温湿度、土壤水分温度、二氧化碳浓度、光照强度及视频图像，通过模型分析，远程或自动控制湿帘风机、喷淋滴灌、内外遮阳、顶窗侧窗、加温补光等设备，保证温室大棚内环境最适宜作物生长，为作

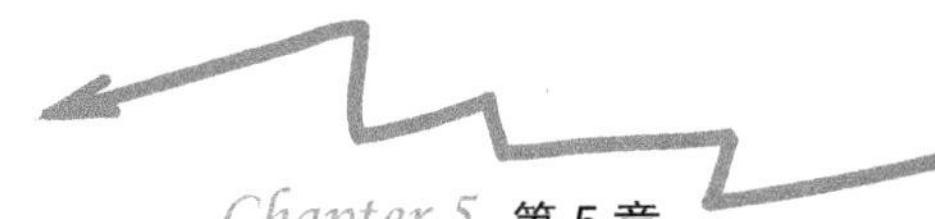

物的高产、优质、高效、生态、安全创造条件。同时，该系统还可以通过手机、掌上电脑、计算机等信息终端向农户推送实时监测信息、预警信息、农技知识等，实现温室大棚集约化、网络化远程管理，充分发挥物联网技术在设施农业生产中的作用。该系统适用于各种类型的日光温室、连栋温室、智能温室。

该系统包括传感终端、通信终端、无线传感网、控制终端、监控中心和应用软件平台。一是传感终端，温室大棚环境信息感知单元由无线采集终端和各种环境信息传感器组成。环境信息传感器监测空气温湿度、土壤水分温度、光照强度、二氧化碳浓度等多点环境参数，通过无线采集终端将采集数据传输至监控中心，以指导生产。二是通信终端及传感网络建设，温室大棚无线传感通信网络主要由如下两部分组成：温室大棚内部感知节点间的自组织网络建设；温室大棚间及温室大棚与农场监控中心的通信网络建设。前者主要实现传感器数据的采集及传感器与执行控制器间的数据交互。温室大棚环境信息通过内部自组织网络在中继节点汇聚后，将通过温室大棚间及温室大棚与农场监控中心的通信网络实现监控中心对各温室大棚环境信息的监控。三是控制终端，温室大棚环境智能控制单元由测控模块、电磁阀、配电控制柜及安装附件组成，通过无线通信传输模块与管理监控中心连接。根据温室大棚内空气温湿度、土壤温度水分、光照强度及二氧化碳浓度等参数，对环境调节设备进行控制，包括内遮阳、外遮阳、风机、湿帘水泵、顶部通风、电磁阀等设备。四是视频监控系统作为数据信息的有效补充，基于网络技术和视频信号传输技术，对温室大棚内部作物生长状况进行全天候视频监控。该系统由网络型视频服务器、高分辨率摄像头组成，网络型视频服务器主要用以提供视频信号的转换和传输，并实现远程的网络视频服务。在互联网上，只要能够上网就可以根据用户权限进行远程的图像访问，实现多点、在线、便捷的监测方式。五是监控中心，监控中心由服务器、多业务综合光端机、大屏幕显示系统、不间断电源及配套网络设备组成，是整个系统的核心。建设管理监控中心的目的是对整个示范园区进行信息化管理并进行成果展示。六是应用软件平台，通过应用软件平台可将土壤信息感知设备、空气环境监测感知设备、外部气象感知设备、视频信息感知设备等各种感知设备的基础数据进行统一存储、处理和挖掘，通过中央控制软件的智能决策形成有效指令，通过声光电报警指导管理人员或者直接以控制执行机构的方式调节设施内的小型气候环境，为作物生长提供优良的生长环境。

系统能够提供八大应用服务功能。①信息采集和控制系统。可实现农作物生长环境（包括二氧化碳、光照、温湿度和土壤参数等）的信号采集、传输、接收。②物理传感设备监控。远程地对部署在自然环境中的各种传感设备的工作状态进行实时监控。③环境监控管理平台。实现对物理传感设备采集到的各种信息的过滤、分组、关联、聚合等操作，形成对用户有效的信息；提供阈值设置功能；对异常信息提供智能分析、检索、告警以及对异常情况自动处理功能，如当土壤湿度低于设定阈值时，自动启动水帘等设备进行浇水。④基于网页的数据监测和数据导出功能。用户可以在网页上浏览检测的数据，掌握农作物各个时期的生长情况。也可以将历史数据导出，进行分析对比，便于寻找规律，做出正确的决策。⑤实时监测功能。通过传感设备实时采集温室（大棚）内的空气温度、空气湿度、二氧化碳、光照、土壤湿度、土壤温度、棚外温度与风速等数据；将数据通过移动通信网络传输给服务管理平台，服务管理平台对数据进行分析处理。⑥远程控制功能。针对条件较好的大棚，安装有电动卷帘、排风机、电动灌溉系统等机电设备，可实现远程控制功能。农户可通过手机或电脑登录系统，控制温室内的水阀、排风机、卷帘机的开关；也可设定好控制逻辑，系统会根据内外情况自动开启或关闭卷帘机、水阀、风机等大棚机电设备。⑦查询功能。农户使用手机或电脑登录系统后，可以实时查询温室（大棚）内的各项环境参数、历史温湿度曲线、历史机电设备操作记录、历史照片等信息；登录系统后，还可以查询当地的农业政策、市场行情、供求信息、专家通告等，实现有针对性的综合信息服务。

⑧警告功能。需预先设定适合条件的上限值和下限值，设定值可根据农作物种类、生长周期和季节的变化进行修改。企业设备负责采集土壤 pH 值、温度、湿度。远程一体化空气采集传感器负责采集空气中温度、湿度、二氧化碳浓度、光照。

成效与借鉴。一是实现农作物生长环境（包括二氧化碳、光照、温湿度和土壤参数等）的信号采集、传输、接收。即通过传感设备实时采集温室（大棚）内的空气温度、空气湿度、二氧化碳浓度、光照、土壤湿度、土壤温度等数据；将数据通过移动通信网络传输给服务管理平台，服务管理平台对数据进行分析处理。二是实现远程对部署在自然环境中的各种传感设备的工作状态进行实时监控。三是实现对物理传感设备采集到的各种信息的过滤、分组、关联、聚合等操作，形成对用户有效的信息。四是实现生产过程监控告警，用户预先设定适合条件的上限值和下限值，设定值可根据农作物种类、生长周期和季节的变化进行修改。当某个数据超出限值时，系统立即将警告信息发送给相应的农户，提示农户及时采取措施。系统将推动农业管理手段数字化、生产经营数据化、企业效益显性化，该系统可使水的灌溉利用率由现在的 45% 提高到 70%~80%，有效控制土壤湿度，提高地温，减少病害，促进作物早熟，提高作物的产量和品质，取得较好的节水、省工、增产效益。

（2）松冷物流：精准温控医药冷链物流运输网络

2015 年底，松冷科技坚守“精准温控、全程温度监测、实时温度查询、高时效、低价格”的宗旨，在国内首创“精准温控医药冷链运输”模式，利用联合云技术，构建松冷零担班车信息云平台，将企业资源计划（ERP，Enterprise Resource Planning）、终端远程维护管理系统（TMS，Terminal Management System）、仓库管理系统（WMS，Warehouse Management System）货主 WMS 以及银行系统进行数据互联互通，实现数据整体归集、存储与处理。云平台可随时获取运输车辆在途中的信息、运输车辆历史信息查询、客户订单信息查询、运输及时限报表等，实现医药冷链大数据，依托松冷冷链创新科技和强大的运输网络，形成“互联网+医药物流”系统解决方案，成功攻克目前行业难点、痛点，大力推动了医药物流行业的革新和进步。

松冷科技率先将互联网联合云技术融入冷链物流管理，投入使用TMS运输管理系统、G7车辆管理系统、实时温度监测平台、手机App实时推送查询系统等现代化物流运营管理系统，同时大力发展冷链创新科技，铺设覆盖全国的冷链运输网络，开创全新的冷链物流运输模式，成功打造精准温控医药冷链运输网络，构建松冷零担班车信息云平台。一是掌握国际领先的可控相变蓄冷技术。松冷科技依托深厚的蓄冷剂研发经验，通过多年的技术攻关，与高校及国外先进的研究机构开展全面合作，创新性采用有机原料作为蓄冷剂的主要蓄冷材料，研发出国际先进的新型固态蓄冷剂——松冷5℃固态高效蓄冷剂。二是成功研发新型车载恒温技术。为了解决冷链产品在运输过程中的冷链装备性能不足的问题，松冷研发出大型车载保温箱，由钢结构外框、保温蓄冷一体式板材、内部滑轨及托盘等部件组成，其特点是创新性地将蓄冷剂与保温箱结合起来构成一个整体，使用过程中无需冻冰、释冷等繁琐的程序，能够有效地避免传统保温箱的蓄冷剂复杂的操作，保温箱内部可以长时间保持在5℃。三是实现独有的零担班车运输模式。松冷以多年的冷链物流研发技术为基础，以贯通全国的各级分拨中心及一定数量的冷藏车为依托，为满足客户货物不足整车运输的需求，根据货物分散性、及时性等特点，基于公司规模化运营网络，采用“冷藏车+保温箱”全新的配送手段，将零散托运人的货物集中以定点班车形式发运，为客户提供多温共配、精准温控的门到门冷链零担快运服务。四是初步构建松冷零担班车及信息云平台。松冷新型冷链零担班车模式，利用联合云技术，将ERP、TMS、WMS、CHS、货主WMS以及银行系统进行数据互联互通，归集到整体云平台上，进行整体存储与处理，真正做到大数据，如图5-5所示。

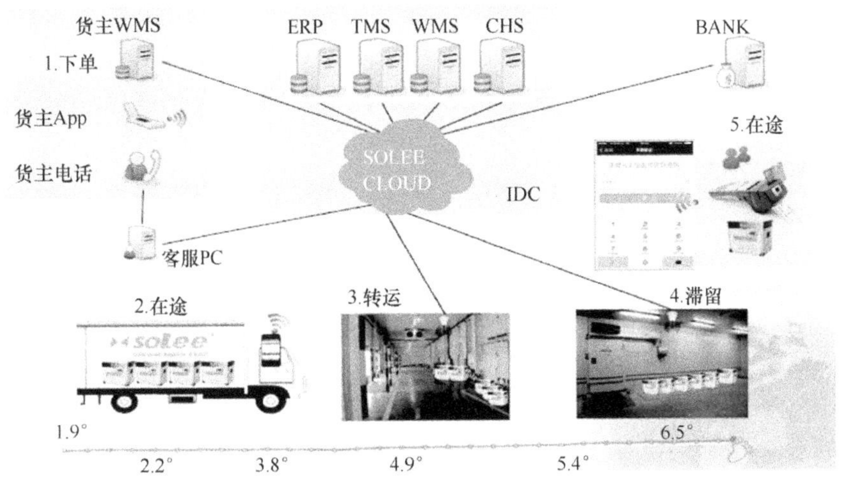

图 5-5　松冷零担班车信息云平台互通模式

松冷零担班车及信息云平台建设将实现三方面作用和效果。①实现了冷链的全程温度实时监控，无论是医药流通企业还是生产企业，可实时掌握所委托运输货物的温度、湿度和位置情况；②实现了更加便捷的监管，医药监管者以及使用者都可以在平台里找到此批次货物的历史温度记录，便于追溯；③大大减少了环境污染，松冷零担班车所使用的设备可重复使用 5~10 年，减少了白色泡沫箱的使用频率和空运频次，从而减少了空气污染。

成效与借鉴。目前，精准温控医药冷链项目已拥有沈阳、北京、上海、武汉、广州、成都、新疆、大连、陕西、天津、福建、贵州、云南、重庆、松冷沃野等 26 家控股子公司区域物流运营平台，建立覆盖全国的冷链干线运输网络与区域配送体系。随着冷链科技与冷链智能监控系统、专用 GSP/G7、手机 App 实时推送查询系统等现代化运营管理系统的成功融合，项目逐渐形成了自有的竞争力。一是通过自有子公司的运营体系，形成了覆盖一线城市 100%，二线城市 95% 以上的运营网络。二是松冷集团与沃野风华合资成立松冷沃野精准温度供应链管理有限公司，拥有全国最多的专业医药冷链运输车队及先进管理系统。三是首创的医药冷链零担班

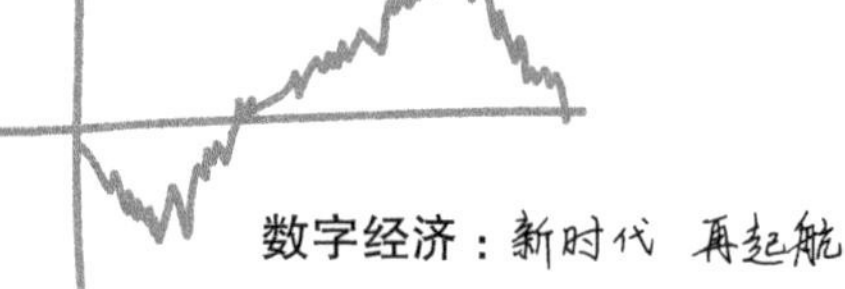

车运营模式，为客户提供了精准温控、实时温控、限时送达，成本最优的零担解决方案。四是基于长达 12 年与多家大型医药企业合作背景，积累了丰富的药品操作及服务经验，打造了一支专业的药品物流运营精英团队。五是率先打造精准温控医药冷链运输网络，其构建的“互联网 + 医药物流”综合服务平台将成功实现每个货物的温度、位置信息实时监控。从下单 - 在途 - 转运 - 滞留 - 交付等环节的货物所有运单信息，客户、货主、监管部门均可以通过平台进行实时监控、查询。松冷物流实现了冷链运输全程温度精准控制以及监控，且可追溯，通过自主研发蓄冷式冷藏箱技术，突破了国内外医药冷链物流中的单独用冷藏车运输或者单独使用冷藏箱运输无法保证货物温度要求及温度监控的难点和痛点，并形成冷链零担新型物流模式，有望成为具有国内领先、国际比肩的冷链物流领域可推广案例。松冷“精准温控医药冷链运输”的实施和发展不仅会推动我国医药物流运输业的发展，同时也将提高药物的质量安全性以及产品质量监控的透明性，将对医药生产流通安全以及国民健康带来深远的影响。表 5-3 从制药企业、物流企业、政府监管等角度对松冷冷链医药系统的影响进行了评估。

表 5-3 松冷物流冷链医药系统对相关行业的影响评估

行业	案例实施前	案例实施后
制药企业	• 运输成本高 • 无法实时看到发出货物的温度情况，无法及时跟踪	• 冷链零担新模式大大节约了运输成本，降低了制药企业负担 • 温度可以实时监控，追溯
物流企业	• 运输模式单一 • 温度无法保障	• 温度可以精确保障 • 运输模式可以多元化 • 大大节省了运输成本
政府监管	• 无法实时查看整个冷链产品的温度情况 • 无法追溯事故原因	• 监管部门可以实时查询每一种货物，每一单货物的温度及运输情况

5.3.4 颠覆技术开启智能化新兴领域

（1）百度：无人驾驶汽车

百度发挥人工智能优势，前瞻布局百度无人驾驶车项目，该项目于

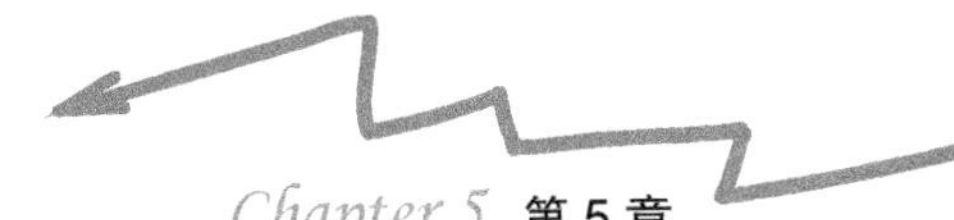

2013 年起步，其技术核心是“百度汽车大脑”，包括高精度地图、定位、感知、智能决策与控制四大模块。其中，百度自主采集和制作的高精度地图记录完整的三维道路信息，能在厘米级精度实现车辆定位。同时，百度无人驾驶车依托国际领先的交通场景物体识别技术和环境感知技术，实现高精度车辆探测识别、跟踪、距离和速度估计、路面分割、车道线检测，为自动驾驶的智能决策提供依据。2015 年，百度深度学习实验室同交通运输部公路科学研究院合作，在智能驾驶、交通安全、车路协同、政策法规研究、技术标准化等方面进行合作，共同促进无人驾驶汽车行业的发展。

2015 年 12 月 10 日，百度正式宣布，无人驾驶车国内首次实现城市、环路及高速道路混合路况下的全自动驾驶，标志着中国无人驾驶车的发展进入新阶段。此次路测的成功开创了我国无人驾驶车研发领域 3 个“最”：路况最复杂、自动驾驶动作最全面、环境理解精度最高。无人驾驶车从位于北京中关村软件园的百度大厦附近出发，驶入 G7 高速公路，经五环路，抵达奥林匹克森林公园，并随后按原路线返回。百度无人驾驶车往返全程均实现自动驾驶，并完成多次跟车、变道、超车、上下匝道、调头等复杂驾驶动作，以及进入高速（汇入车流）到驶出高速（离开车流）的不同道路场景的切换。测试时最高速度达到 100 km/h。

成效与借鉴。一是生态合作模式助推中国汽车产业升级和智慧交通构建。百度自动驾驶事业部将致力于促进自动驾驶汽车的“技术化、产品化、商业化”，即研发先进实用的自动驾驶技术、与合作伙伴共同打造自动驾驶汽车、推动自动驾驶汽车商业化应用。事业部以实现“智慧出行，分时共享”为核心目标，让人们享受智能的出行服务，并在不同时段让自动驾驶汽车服务不同人群，以实现汽车资源的分时段共享。百度在“互联网 +”无人驾驶中，携手零部件厂商、整车制造商、出行服务商，以及相关政府部门、协会等产业链上的企业、组织，正在构建“智慧出行”和“智能制造”的生态，即建立智能汽车制造、出行服务、智慧城市等与智慧出行相关的全方位产业生态。二是以人工智能为核心推进融合创新。百度创造性地

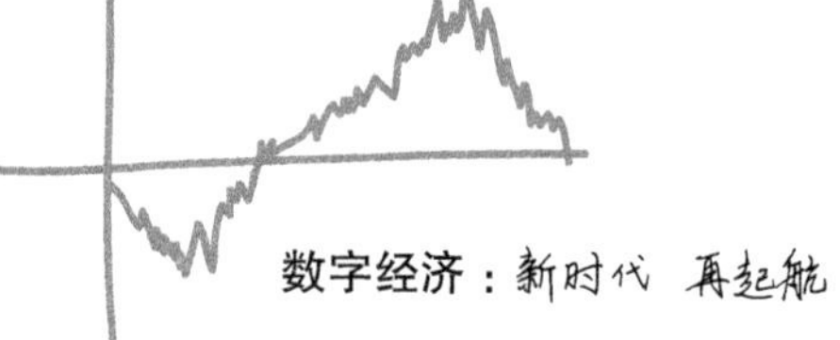

提出 SDV 的崭新概念，即软件定义汽车（SDV，The Software Defined Vehicle）。也就是说，决定未来汽车的是以人工智能为核心的软件技术，而不再是传统的技术与性能指标，以后的车主要是由软件来定义的，它的先进性、核心竞争力都来自于软件。依托人工智能，百度无人车在环境感知、分析决策、行动控制等方面世界领先，并有海量数据、超强计算和优秀算法。百度无人车正在引领中国智能汽车的发展方向，同时也是全球无人车量产竞赛的有力竞争者。三是坚持自主创新实现国际领先 。百度依靠自己的技术积累，已经形成了一整套具备自主知识产权的全自动驾驶技术方案，多项技术指标达到或接近国际领先水平。到 2016 年 4 月底，百度自动驾驶技术专利的申请达 358 项，包括无人车的智能感知与控制、智能检测与定位、高精地图、语音和图像处理、机器学习、无人车测试等国际领先技术。百度依靠自己的技术积累，已经形成了一整套具备自主知识产权的全自动驾驶技术方案，多项技术指标达到或接近国际领先水平。

（2）力太科技：智能互联工厂

浙江力太科技致力于智能工厂建设，熟练掌握了国内外 1 200 多种协议，研发出七类装备智能化改造方法，能够在 9 天内建立智能工厂。中控科技同时致力于工业自动化，自主研发的自动化控制系统实现了中国石化的智能化生产，在大型、关键的项目及装置中具备与 ABB、西门子、横河、霍尼韦尔等国际一流企业同台竞争的能力。但在工业互联网领域，数据行业标准不统一等核心问题仍然存在。

力太针对智能互联工厂中最棘手的成千上万的标准不统一的难题，自主攻克和掌握了工厂上千种协议，形成了良好的标准化知识体系。力太从物联网在制造工厂中的应用起步，产品经 10 多年的发展，逐步形成“一云两网”（即一个制造云平台、一个工厂物联网、一个视频网）比较完整的智能生产解决方案。

力太打造智能互联工厂的设想与举措包括：①市场覆盖，用行业拓展和地域扩展的方法，以汽配、装备、制药行业的成熟解决方案为基础进行

现有行业拓展，同时延伸到相近产业，如家电、食品饮料等；以浙江和上海为中心扩展到其他工业发达地区；②拓展方式，以客户的应用效果展示和现场参观体验的方法为主，从现有 12 家样板中心发展到 50 家，借助政府的政策引导契机和支持，扩大在企业家中的影响；③技术研发，加快下一代工业网关的开发、工业无线路由器的完善和制造云平台的融合进程，实现联网接口的标准化和开放，制造云平台大数据的共享；④产业合作，以利益共享驱动更多的服务商加盟到制造智能化领域中来，在现有 20 多家联盟商的基础上，到年底发展到 100 家的规模，包括传感器、智能化装备、自动化集成商、视频厂商、云平台基础设施提供商、云计算软件提供商、数据库提供商和大数据挖掘联盟商，形成可与国外智能制造联盟（SAP、西门子、思科、oracle、IBM）匹敌的国内智能制造服务产业链。

力太以产品的先进性、快速的投资回报和良好的服务在市场竞争中不断击败国内外知名厂商，从而在业界确立了主导地位，现有工厂物联网应用厂商 80 多家，其中有 60 多家是上市公司。从 2014 年开始，工厂物联网的发展呈现爆发趋势，力太为了迎接智能制造爆发形势的到来，加速推进智能互联工厂工作，主要内容包括：产品、实施、服务标准化建设，实验室和培训中心建设，工程实施代理商选择，人员招聘和培训 4 个方面。2015 年，每月实施的工厂数量将从 15 家发展到 50 家，销售收入也将同步增长。

参考文献：

[1] IBM 商业价值研究院 . 数字化变革进行时 [R]. 2016.

Chapter 6

第6章

数字经济新时代特征之2：去中心化与平台化组织崛起

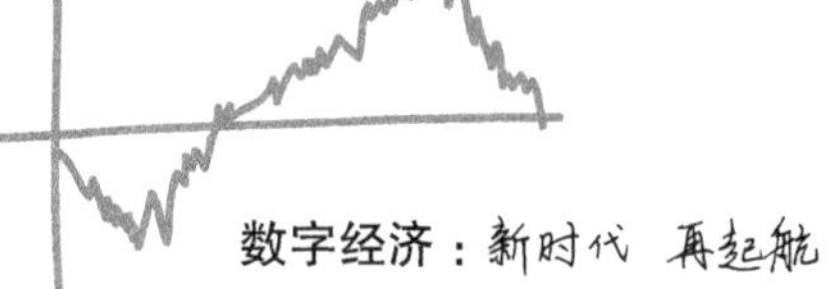

数字经济的发展不仅带来了决策方式的改变，而且对企业等微观主体的内外部组织形态也带来了变革性影响。新制度经济学的诞生是由于经济学未能解释企业存在的意义，通过打开企业内部的“黑盒”，发现企业的诞生是由于市场的交易成本远高于企业内部。

数字经济的出现或许又将使一切发生变革。一方面，企业内部的科层制正在遭受破坏，越来越多的企业愿意将企业的复杂架构扁平化，以提高创新效率和执行力；另一方面，企业的外部环境也在变化，企业不论规模大小都在积极组织或参与产业生态组织，社会也由于数字化手段的丰富而推动了网络化平台组织的出现和壮大。企业理论及其制度是否摇摇欲坠[1]？本章将从企业和社会的不同角度解析数字经济对经济和社会组织结构的重构。

6.1 企业去中心：大企业打破科层制架构

6.1.1 打破企业内部的层级制度

在组织效率方面，数字经济的发展有利于重塑组织架构和挖掘新的制度红利。1937 年，科斯（Coase）发现经济学未能解释企业组织和制度安排对经济效率的影响，于是开创了新制度经济学，制度的因素被内化于经济学理论中。当前，数字经济的发展进一步加速了企业的制度变革，正在快速打破企业的科层制结构，重构企业组织和产业结构，进一步降低交易成本，通过新的制度安排挖掘发展红利。

一方面，大数据等数字技术改变了消费者效用评价，进而创造新的消费需求。旅行房屋短租平台 Airbnb 公司与斯坦福大学的合作研究发现，对背景差异越大的人，人们普遍越不信任，于是造成陌生人之间交易的障碍，然而当网上评价数据增加到一定程度时，高的信誉评价就会比高相似度更可信。因此，基于大数据的分享成果，Airbnb 建立了陌生人之间的房屋短租平台，实现了 190 多个国家、3.4 万个城市、6 000 万间的租房规模，每晚为全球 40 万人提供房屋租赁，并成为 2016 年里约奥运会房源提供商。

另一方面，数据驱动的企业和产业组织架构从科层制向柔性化、扁平化、平台化演进。企业管理架构有两次变革，一次是美国福特创立的流水线作业“工业化大生产”模式，一次是以日本丰田为代表的“精益生产”模式，而大数据技术和数字化应用正在推动企业组织再次出现颠覆式创新迹象，实现从精准的大规模标准化生产向个性化柔性生产的转型。海尔集团被认为是新一轮生产模式变革的引领者，经过 15 年的互联网转型，不仅创立了较完善的柔性生产模式和适于创业创新的扁平组织形态，并且通过数据驱动重塑企业活力，实现了年均 30% 的高额利润。

6.1.2 大型企业主动加速跨界转型

我国企业垂直整合一体化步伐全面加快，跨界融合将成为国内移动市场竞争的主导方向。华为、联想等传统设备商通过与电商、渠道商和内容服务商的深度合作加快网络销售渠道和应用商店服务平台建设；百度、腾讯和奇虎 360 等互联网巨头通过并购等方式强化对移动应用分发源头的掌控力度，围绕移动社交、移动支付、位置服务和移动信息安全等服务强化一体化平台建设；海尔与阿里在物流领域深化合作，格力、TCL 等传统家电企业加快网络营销服务平台建设将打穿线上线下隔阂，加快移动服务对传统行业的渗透速度。

6.1.3 海尔走在世界前列的实践

海尔从2000年起关注互联网转型战略，经过10多年努力，已经成为全球白色家电创新的引领者，不仅完全创立了新的生产模式和组织形态，并且获得了高达30%的利润。这对于一个过了而立之年的中国老牌制造企业，是一个前所未有的奇迹，赢得了哈佛商学院高度赞誉[2]。海尔式创新有三大亮点。

一是引领了从福特模式向海尔模式的生产模式变革。在海尔的实地调研走访中可见，海尔已经实现了精准、高效、个性化的生产模式，并成为当前全球新一轮生产模式的引领者，这是具有历史意义的跨越。“二战”后全球制造企业都在推行美国福特的流水线作业“工业化大生产”模式，实现了从单件产品生产到大规模标准化生产；滞胀危机后，全球制造业主流模式转向以日本丰田为代表的“精益生产”模式，核心是在福特模式基础上实现更精益的成本控制；如今，在互联网助力下，海尔实现了从精准的大规模标准化生产向个性化柔性生产的转型，这是对福特模式、丰田模式的颠覆式创新，对全球制造模式变革具有重大意义。

二是打造了用户全程参与的“网器”产品体系。海尔率先提出“网器”概念，即电器产品不再以电为核心，而是通过网络将所有产品打通。“网器”的出现，打破了制造工厂与用户之间的樊篱，通过网络使用户参与产品设计、生产、服务的全流程，真正实现了工厂与用户的一体化。特别是近年来，移动通信的迅猛发展提供了更便捷高效的用户参与工具，云计算、大数据技术的演进丰富了实时生产控制和精准化个性化服务工具。这是海尔引领全球制造业发展的一次变革，真正打通了工厂与用户、网络与电器、生产与服务的边界，创造性地实现了用户全程深度参与的解决方案。

三是构建了鼓励创业创新的组织架构。海尔的创业创新战略是简明清晰的，2012年，海尔提出了“企业平台化、员工创客化、用户个性化”的

策略，在实践过程中，海尔已经实现了从科层组织向节点组织的成功转型，将多层级组织转变为只有平台主、小微主和创客的平台，并建立了“用户付薪”的价值体系。无层级组织和用户价值评价体系的建立，为海尔内部员工创业提供了强大的动力。在此基础上，海尔演进为创客孵化和创业创新的公共服务平台，已聚集了4 700家外部机构、30亿创投资金、1 330家风险投资机构、100余家孵化器，并成功孵化1 160个创业项目，在全社会创造了100多万的就业机会。

6.2 产业生态的崛起：竞争格局的去企业化

6.2.1 生态体系竞争成为数字经济时代的主流形态

运营商、终端制造商和应用服务提供商等充分介入产业链的上下游，在价值传递过程中实现自身价值增值的路径已充分显示出产业趋于生态化的趋势。数字经济时代企业间的竞争，不仅是产品和服务的竞争，更是生态之间的竞争，由硬件、软件、平台等综合实力构成的生态体系成为竞争的核心。谁的生态体系更完善，谁就能吸引更多的合作伙伴，形成良性循环，从而更加吸引参与者，形成更强大的协同创新能力。

2014年，微软Windows 10正式发布，表明了微软继续参与移动操作系统竞争的决心。Windows 10面向手机、平板、笔记本、混合本、桌面PC提供跨设备平台，努力实现将电脑端与手机、平板等移动端体验结合起来。随着新CEO的上台，微软改头换面、革新大招层出不穷。微软似乎摸索出了移动互联网的发展方向，近年来，在移动互联网领域屡屡丧失良机的微软开始实现从“设备+服务”战略向“云计算+移动”战略转移。纳德拉结束了微软仅靠操作系统赚取利润的战略。一方面，微软“软硬兼施”，以Surface Pro 3、Lmuia 530为代表的硬件产品亮相都很抢

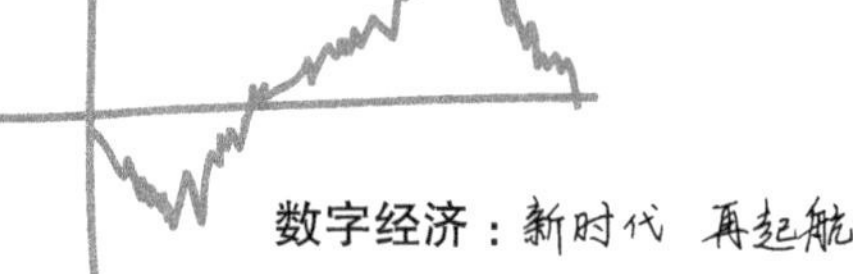

眼，同时，微软依然保持软件和服务的主营业务，从小冰、小娜再到全新 Windows 10 系统，继续增强跨平台系统的搭建。另一方面，微软通过“Hub—Hero—Snack”三部曲战略，即以 Hub 等云端软件与 Hero App（英雄软件）及移动端的 Snack App（点心软件）开发相结合，有助于实现云计算战略与移动战略的结合，有望将微软在 PC 和服务器等固定端的优势移植到移动端。当前，微软转型已经初显成效，2017 年初，微软市值再回巅峰，其中，微软云计算为业务的发展做出了重要贡献。

我国的巨头企业也在加速跻身这场生态体系竞争的较量之中。阿里巴巴通过电子商务等核心业务打造涉及多产业的跨界融合生态。秉承“科技与商业双生态驱动”发展理念，阿里巴巴借助“云、网、端、金融、物流”等手段，通过“农村化、全球化、数据化”等战略，推动流通、外贸、金融、制造、农业、健康、文化娱乐等产业加速与互联网融合，打造开放、透明、协同的商业基础设施平台，共同组建一个多模式、数字化、智能化的服务生态体系，为中国约 7 亿网民和网购用户消费升级提供新场景、新体验。

6.2.2 众多产业领域体现出典型的生态竞争趋势

除了智能手机、平板电脑等已经形成的较为成熟的操作系统生态，从可穿戴设备、智能家居和智能汽车等新兴的数字技术产业领域都能明显看出生态化竞争态势。

可穿戴设备领域：延续了智能手机的操作系统之争，可穿戴设备操作系统平台加快布局，加速推动生态体系竞争。操作系统平台对可穿戴设备等终端产品的快速发展至关重要。三星推出了 Android Wear 系统，以及 Moto 360、LG G Watch 等旗舰级产品，并且三星与英特尔联合推出的 Tizen 整合了两大 Linux 联盟 LiMo Foundation 和 Linux Foundation 的系统和资源优势，已经应用到 Galaxy Gear 数款智能手表中。谷歌于 2014 年推出专门针对可穿戴设备的 Android Wear 操作系统及面向第三方开发人员的可穿戴设备软件开发工具包（SDK，Sofware Development

Kit），吸引了摩托罗拉、三星、LG、HTC 等企业加盟，其中，LG 和摩托罗拉已经推出相应配套硬件产品。Apple Watch 使用苹果的 Watch OS 系统，加强了手机中基于 iOS 系统的健康医疗和智能家居应用平台，拓展在运动健康、生活管理、家居控制等领域的应用创新，未来可很好地迁移至可穿戴设备，必将成为其未来的杀手锏和增值点。由此可见，智能手机的操作系统之争已经在向可穿戴设备等众多领域扩散，谷歌、苹果等巨头将已有优势——操作系统逐步延伸应用至可穿戴设备，将推动产品竞争逐步向更加激烈的操作系统生态竞争演进。

智能家居领域：在"硅谷战争 4.0"中，微软、英特尔等老牌芯片巨头让位于新的互联网巨头，包括谷歌、三星和苹果等。2014 年 1 月，谷歌以 32 亿美元高价收购 Nest，是智能家居领域并购的标志性事件。三星依靠制造业的垂直优势，试图渗透智能家居市场，首先攻占技术含量最高的市场，然后携高端产品的技术优势，由高到低"垂直渗透"，逐级占领市场。CES 展会、全球开发者大会引燃了智能家居之战。特别是苹果发布了支持智能家居产品的 HomeKit 平台，并与家电巨头开展了广泛合作。三星、ARM、Nest 联手推出 Thread 平台，力图与苹果在智能家居平台上一争高下。我国的智能家居产品也开始出现多样化、集中式增长。2014 年，我国企业纷纷推出智慧空调、冰箱、电视等重量级智能家居新产品，更有合作协议和平台的搭建，海尔、美的、康佳、TCL、小米、乐视、联想等重量级厂商纷纷加入智能家居市场竞争。

智能汽车领域：汽车向智能时代演进步伐加速，智能汽车已成为数字经济兴起的又一重要领域。由 ICT 企业和传统汽车企业主导，智能汽车正在形成从上游的操作系统、芯片、传感器等关键零部件到中下游的软硬件集成、整车集成和运营服务等较完整的产业链生态体系，整车企业和 ICT 企业在智能汽车领域表现尤为积极。奔驰、奥迪、福特、通用、沃尔沃、丰田、特斯拉等国际汽车企业和比亚迪、吉利、奇瑞等国内汽车企业分别推出车载系统等新产品和新车型，谷歌、苹果、IBM、英特尔、AT&T 等国际信息技术企业，阿里巴巴、百度、腾讯、奇虎 360、中国移动等国内信息技术企业以及运营商纷纷研发导航、语音识别、娱乐等应用程序以及无人驾驶、车载信息安全等信息技术，企业加速跨界进军智能汽车领域。

6.2.3 跨界融合创新弱化企业组织独立性

商业模式创新是数字经济的又一显著特征，快速的技术创新与模式创新的集合带来了数字经济时代的企业跨界融合创新，推动着企业加速企业外部要素资源的整合，这也将降低企业内部组织的独立性。

跨界拓展新领域新业态逐渐成为企业创新发展和主营业务的主流形式。通过企业产业链资源整合和战略定位变革，从而实现产业跨界融合或价值链分解。一是传统产业的升级需求推动高新技术产业与传统产业融合，企业通过整合资源发展跨界战略，进而催生新业态；二是科技创新推动劳动分工专业化，促进企业内部价值链环节分解、独立，逐渐发展形成新领域。例如，汽车不再单纯作为装备或大型消费品存在，而是成为了集结汽车制造商、互联网企业、芯片企业和运营商共同耕耘的新业态，基于对智能汽车的不同认识和各自优势，企业纷纷跨界，积极参与智能汽车的发展，试图将智能汽车打造成企业发展的新领域。

6.3 网络平台组织崛起：创新创业热潮兴起

6.3.1 社会化创新创业平台出现

随着数字技术的普及和网络的加速，社会化的网络平台和实体的产业园、孵化器、加速器一起，已逐渐成为创业创新的重要组织支撑。这些社会化的创新创业平台可以通过构建网络平台，为入驻企业提供工商、税务、银行等一站式注册服务，为中小微企业提供全生命周期服务，打造独特的

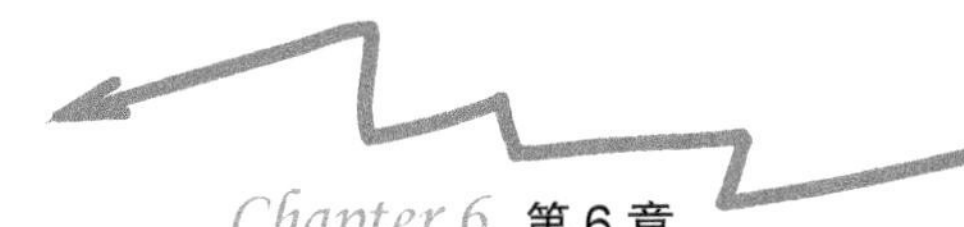

创业创新支撑平台。

猪八戒网是目前国内最大的服务众包平台。2006 年，猪八戒网把非标准化、非实物的服务和文化创意搬到网上进行交易，开创了互联网平台交易的全新模式，用 10 年时间成长为国内最大的服务众包平台。猪八戒网继续转型定位，确定转向为中小微企业提供全生命周期的服务。猪八戒网围绕创业生态，为全国中小微企业提供八大品类、600 多项细分领域的服务——从品牌设计到 VI 系统、开发建站、营销策划、品牌推广、商标注册等全方位的服务。在猪八戒网平台上，创新创业主体可以打破地域、时间、工作形式的限制，购买各种各样的创意服务，从取名字开始，到设计 LOGO、广告语、网站建设、App 开发、包装产品、去淘宝开店以及营销推广等。作为中国领先的服务众包平台，猪八戒网践行集众智、汇众力，将数字经济时代的乘数效应逐渐在各个领域呈现。猪八戒网结合 10 年积累的海量交易数据，以“数据海洋 + 钻井平台”为战略，先后拓展八戒知识产权、八戒金融、八戒工程、八戒印刷等钻井业务。目前，猪八戒网成功助力 1 500 万中小微企业，猪八戒网云端产业园目前已成功孵化企业 10 000 余家。未来，猪八戒网还将继续深挖“1+N”业务，向更多网络化创新创业服务领域渗透。

6.3.2 微店等自媒体经商盛行

移动互联网带动了社交媒体的发展和活跃，日活跃用户达几亿人的平台自然逐渐成为数字化创新创业的有力平台组织。微店等自媒体经商形式悄然兴起。“微店、微商”等自媒体的盛行是因为移动互联网降低了零售业的门槛，自媒体让个人也可以突破媒体业准入、规模的约束和限制，自由表达观点和获取广告收入，通过自媒体渠道，与创客等创意制造和服务结合，任何有创意和设计能力的人都可以生产产品，使个人手工作坊和小型制造业重新恢复活力。

自媒体经商队伍的迅速壮大已经形成了新的社会群体——“微商”。据统计，2015 年微商的交易额达到 1 800 亿元，也就是说，其发展历史仅

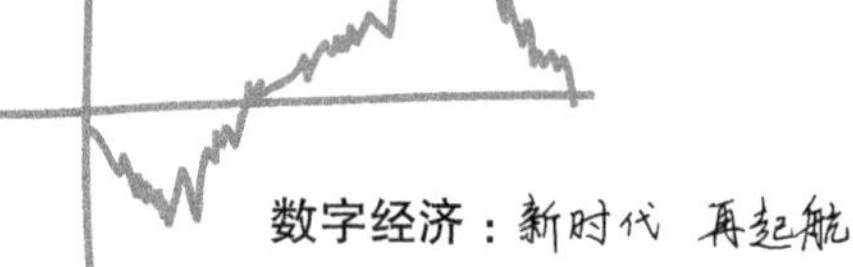

两三年，就达到了当前我国移动电商总规模的10%左右，并且还在以近100%的速度增长。微商的出现不仅对传统的实体零售经营企业发起了冲击，也对传统的网络电子商务平台形成了冲击，这种更灵活、便捷、高效、创意的移动时代交易方式似乎更加受到市场青睐。

6.3.3 众创空间发展如火如荼

作为新的创业创新模式及其重要载体，创客（Maker）和创客空间（Hackerspace）的出现与发展显著激发了大众创业、万众创新的积极性，正在开启数字经济时代创新的新纪元。一是创客空间的繁荣有助于推动就业创业。创客空间为小微团队与个体的创业活动提供支持，通过租用设备、集成配套产业链、聚合资金等方式极大地降低了大众创业的门槛，开辟了我国就业创业的新路径。二是创客空间有助于打破产学研用的分离创新体制桎梏。创客空间极大地缩短了创新链，实现了设计与制造、实验室与工厂、研究者与企业家的结合，变革了产学研用的原有创新机制，有利于调动更广范围、更深层次的创新活动。三是创客空间与传统企业孵化形式的结合势在必行。创客空间的本质是企业微孵化平台，仍处于发展的初始阶段，建议向成熟产业园区的孵化平台借鉴经验，建立对接机制，实现资源整合和统筹利用。

创客群体的出现，形成了创业创新的新模式。“创客”的概念来自国外，指热衷于创意、设计、制造并不断将创意转化为实物的人。这些人大多来自高等院所或企业，拥有独特创意及将其转化为现实产品的强烈意愿和出色的行动力。创客的出现与信息技术软硬件的开源潮流密不可分。在大规模工业化时期，创意产品的制作成本极高；在开源时代，产品的机械图、电路图、集成电路版图和可复用源代码等已经集成并开放，任何人都可以免费下载制造产品的各种文件，大大降低了实现创意的门槛。在创客模式下，每个人都有可能成为创新的主体，这极大地拓展了创业创新的边界，顺应了个性化制造的产业潮流，推动了全球范围内新一轮的创业创新浪潮。

创客空间的建立，使其成为创业创新的新载体。随着创客热潮持续汹涌，创客群体不断壮大，汇聚创客的“空间”顺势出现。自 2007 年由欧洲程序设计师聚会发起，目前全球已经有千余家创客空间。创客空间是一个开放共享的创业服务平台，为创客提供开源硬件、开源软件、创意交流、供应链对接及风险投资等服务，促成创意与设计的顺利实现。如果说创客完成了从创意到产品的飞跃，那么创客空间就营造了更为稳定、持续的创业氛围与产业环境，并通过引入风险投资极大地加速了创客项目的产品化，从而实现从制造产品到创建商业模式的飞跃。

创客空间的崛起，开启了数字经济时代创新的新纪元。创客空间于 2010 年正式进入我国，现总数已近百家，并以破竹之势继续增长。创客空间发展的核心要素是健全的制造业供应链、良好的开源硬件孵化环境、颇具创意的人才智力资源，我国在这些方面都具备良好的基础。以深圳为例，以华强北为中心形成了贯通“电子元器件—工业设计—加工制造”全环节的高效供应基地，开放的创业环境对国内外高端智力人才有很强的吸引力，为创客空间提供了一流的供应链、技术、人才支持，使深圳逐渐成为全球创新的新中心。全球最大的硬件创新孵化器“HAXLR8R”就从硅谷迁至了深圳。可见，创客空间的出现与发展恰逢其时，对推动我国从“制造大国”转向“智造强国”、从全球代工厂转向全球创新中心具有重要意义。

柴火创客空间作为其中的典型代表，已取得一定成效，引发了社会各界对创客空间的高度关注。柴火创客空间于 2010 年成立，是深圳第一家创客空间，其名称寓意是“众人拾柴火焰高”。柴火创客空间致力于为创客提供自由开放的协作环境，鼓励跨界交流，促进创意实现以至产品化。柴火创客空间在其发展历程中取得了一系列成果，形成了三大发展特征，已成为国内创客空间的代表，主要做法包括以下 3 个方面。一是建立系统化创业支持模式。柴火不仅为创客们提供 3D 打印机、激光切割机、电子开发设备、机械加工设备等基本的原型开发设备，还组织创客聚会、推动组建各种级别的工作坊，更为创客们提供与供应商、企业家、投资者沟通的

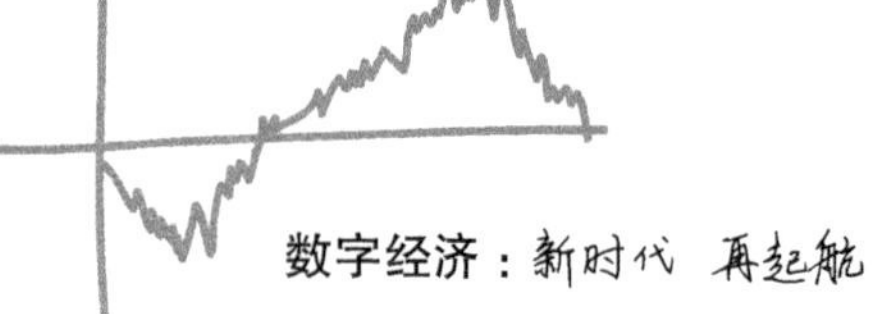

机会渠道，从而形成从创新工具提供、创业团队组织到创业资金募集的系统化支持。二是柴火专注智能硬件的创新研发。柴火创客空间的孵化项目多集中在机器人、可穿戴设备、开源硬件、健康医疗设备等领域，拥有以Ai.Frame的开源机器人、f.PET的可折叠代步车、UFactory的机械臂等为代表的创客团队和创客项目，并培育出Makeblock、Dorabot等在国内创客圈名声大噪的优秀团队。三是实现三方面发展要素的结合：国际化与本土化的结合，源于全球各地的创客、项目、技术、资金在柴火创客空间实现有机汇合；专业性与前沿性的结合，创意项目集中于具有技术前沿性的开源硬件细分领域；技术创新与资本创新的结合，Kickstarter等众筹平台为创客空间极小批量产品制造提供了即时高效的资本支持。

作为大众创业、万众创新的重要新兴载体，创客空间正在我国各地踊跃出现，并从创客们的“散客行为”发展成为我国推动创业创新能力提升的“时代浪潮”。深圳正从柴火创客空间到“全球创客之都”演变。以柴火创客空间为代表，深圳的创客活动高度活跃。深圳已成功举办全球顶级创客聚会Maker Faire，近两年参会人数呈10倍增长的态势。依托强大的供应链优势、全球领先的综合研发实力、前海深港合作区的金融改革举措，深圳正在成为“全球创客之都”。创客空间的发展正从个体空间打造到体系构建。北京、上海、深圳及成都、山东等地的创客空间正如雨后春笋般涌现，北京的车库咖啡、3W咖啡，上海的IC咖啡、苏河汇等已成为创客“圣地”。各地已经或正在发布专门文件，希望依托创客空间，推动地方创业创新生态体系的加速构建。创客空间的活力与氛围将激发创业创新信心、加快创业创新资源整合、优化创业创新环境，成就创业创新者的中国梦，成为我国数字经济未来增长的新引擎。

参考文献：

[1] 周子衡 . 数字网络经济对于经济学的三个冲击 [C]// “新经济对经济学的冲击”专题研讨会 . 2016.

[2] 海尔如何两次成为哈佛传奇 [N]. 青岛日报 ,2015,7

Chapter 7

第 7 章

数字经济新时代特征之 3：技术创新与模式创新的融合

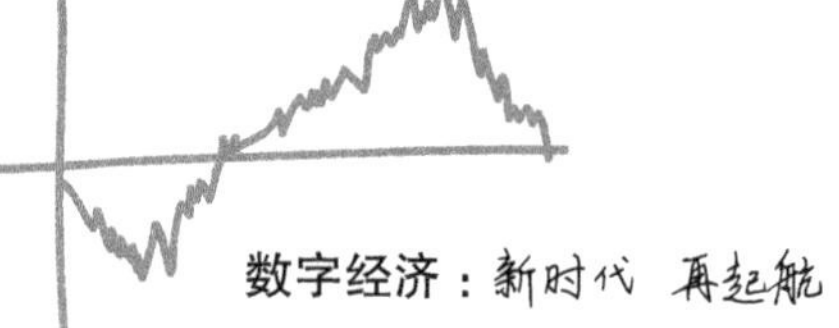

新一轮科技革命引发了信息技术的爆发式增长，也奠定了数字经济萌芽的前提，除了技术快速演进，信息技术加速商业化的特征也是数字经济级数式增长的源泉。但不能忽视的是，在数字经济发展的过程中，模式创新一直是其独特和显著的标签，不论是互联网早期雅虎创造的免费广告模式[1]、前几年风行的“专注极致快”的小米模式[2]及其推动的硬件免费之争，还是当前风头正盛的共享经济，数字经济一直在改变着商业社会的规则。

数字经济从昙花一现到持续演进，靠的不仅是技术创新或模式创新，而是二者的深度融合。本章结合创新驱动发展战略，围绕技术创新与模式创新之间的融合，描绘新一轮科技革命中的融合创新特性。本书将融合创新分为四类，并根据我国最新的企业融合创新案例进行分析，明确我国通过融合创新推动数字经济发展的着力点。

7.1　融合创新的背景与特征

7.1.1　技术创新的背景与特征

技术创新是原创性科学研究和技术创新的总称，是指创造和应用新知识、新技术、新工艺，采用新的生产方式和经营管理模式，开发新产品，提高产品质量，提供新服务的过程。

技术创新是国家创新体系的重要内容。国家技术创新体系是以政府为主导、充分发挥市场配置资源的基础性作用、各类技术创新主体紧密联系

和有效互动的社会系统，目前，我国基本形成了政府、企业、科研院所及高校、技术创新支撑服务体系四角相倚的创新体系。

科学技术应用转化不断加速是技术创新的重要表现。例如，创新科技计划组织方式，科研过程中的产业化安排，针对基础、前沿性技术研究和产业化技术研究的承担主体选择。

信息科学和技术、生命科学和生物技术、能源科学和技术、材料科学和技术、生物科学与技术是当前新一轮技术创新的典型代表。

技术创新是技术进步与应用创新协同的产物。在多主体参与、多要素互动的过程中，作为推动力的技术进步与作为拉动力的应用创新之间的互动推动了技术创新。当前，技术创新体现出以应用创新为拉动，实现技术进步与应用创新的良性互动，进而全面推动技术创新是知识社会的特征。

现代科技成果的应用周期越来越短，转化速度不断加快。蒸汽机从发明到应用花了 80 年的时间，从发现原子核裂变到爆炸原子弹只用了 6 年，红宝石激光器则不到 1 年。现代信息技术在短短的几十年中，经历了电子管、半导体、集成电路、大规模和超大规模集成电路 5 代的发展，性能提高了 100 万倍。

新技术、新产品的更新速度越来越快。从 20 世纪 50 年代兴起的信息技术，基本一直遵循 18 个月技术能力翻一番的“摩尔定律”。随着信息技术与其他产业的融合发展，摩尔定律不断渗透向更广泛的领域。据统计，10 年左右，工业新技术就有 30% 被淘汰。

7.1.2 模式创新的背景与特征

模式创新主要指商业模式创新，即企业盈利的途径和方法，涉及企业组织、文化、资源配置的全方位、深层次创新。相对于技术创新和产品创新等“硬创新”，模式创新是一种“软创新”。简单来说，主要是通过改变发展目标、组织形式、资源整合方式，拓展市场空间等手段，变革价值链流程，为技术、产品等寻找新的价值实现空间。例如，通过整合产业链制造智能手机，实现了资源整合方式的改变；通过淘宝开网店开拓零售业空

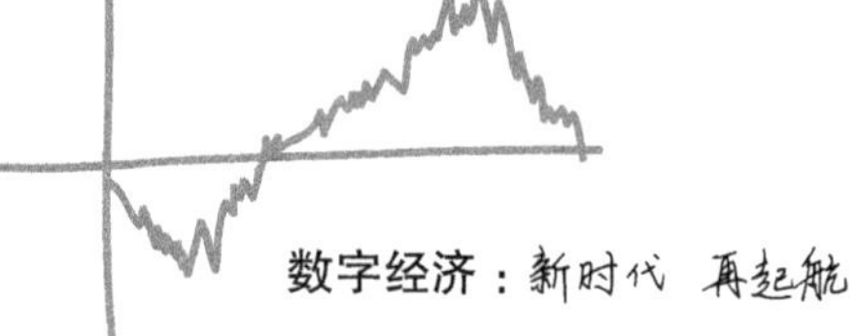

间，实现了市场空间的拓展；通过从卖软件转向卖服务，实现了销售渠道的改变。

模式创新具有全产业链协同性。模式创新与技术、产品创新的本质区别在于其具有整体性。模式创新可由单一要素引发，但并不仅限于单一要素的变化，而是表现为多项要素相互协同变化。

模式创新是信息传递的价值体现。模式创新实际上是发现和识别市场机会的市场知识、开发新产品满足市场需求等多种经营活动、研发活动的综合体现，是企业家个人独创性的洞察力和创新活动整合到新产品中的能力，将企业生产的知识产品推向市场以及传播知识的能力。

模式创新的立足点是用户需求管理。模式创新注重从市场和客户的角度出发，更外向和开放，更多注重和涉及企业经济方面的因素。开放式平台的搭建，为企业真正加强用户洞察能力、整合能力提供了全新的渠道，逐步实现将数据转化为资产。

7.1.3 技术创新与模式创新融合的含义与特征

技术创新与模式创新融合是指将技术创新与模式创新相集成并充分发挥其互动作用，从而增强研发生产、决策管理、市场营销、资源掌控等多方面能力，实现技术创新、产品种类、产品质量和产品价值的全方位提升。

自工业革命以来，产业经济发展基本上遵从技术创新获得利润、性价比拼占领市场的范式推动，技术创新一直是企业获得市场竞争力的重要方式。随着互联网技术迅速发展和贸易自由化不断加深，技术溢出效应不断增强，技术创新的模仿壁垒和垄断利润急剧下降，技术创新主导的企业盈利模式被打破，技术创新与模式创新融合互动作为一种新的创新形态，成为企业参与市场竞争的利器。

技术创新与模式创新融合的特征包括 4 个方面。

（1）硬创新与软创新相结合。既注重产品创新、技术创新等硬实力创新，也注重流程优化、制度组织、资源配置等软实力创新。近年来，工业互联网和

智能硬件的发展逐渐兴起，技术创新、产品创新甚至服务创新逐渐与制度创新、组织创新结合的趋势日益凸显，技术创新的微小化和专业化，要求生产组织方式更加平台化和柔性化，带来了消费对象、营销渠道的变化，而市场的变化又反过来改变了对产品和服务的需求类型。总之，由研发、生产、营销、流通等环节共同构建的创新链，正向着硬创新与软创新相结合的方向演进。

（2）提高自身发展能力与增强外部资源配置能力相结合。既注重通过创新提升创新主体自身发展实力，也注重对外部资源及产业链上下游的创新利用，提高资源调配能力。技术创新着重提升技术研发水平和工艺技术，更多是行业或企业内部的行为和活动，通过互联网、云计算等新技术充分利用外部资源，才有可能实现创新倍增效应。

（3）增强供给能力与满足用户需求相结合。既注重从生产端着手，提高技术先进性和产品生产的数量、质量，也注重以用户需求为目标，并据此反馈调整供给能力。技术创新更注重从生产和服务的供给环节突破，即着重创新的上游环节，而模式创新直指用户市场，二者的结合能够实现供给与需求能力相结合。

（4）重点环节创新与产业链全流程创新相结合。既注重关键核心环节的提升，发挥其引擎作用，也注重产业链全流程的协同创新，弥补短板，发挥乘数作用。技术创新主要集中于产业链的上游环节，而模式创新是面向市场的逆向创新，可能影响产业链全部环节，有助于实现重点环节与产业链全流程创新结合。

7.2 模式技术创新与模式创新融合的 4 种作用模式

7.2.1 技术创新推动模式创新的主要方式

一方面，技术创新为模式创新提供基础和支撑。新技术或新产品进入市场的初期，价格较高，为了平衡高价格给消费者带来的风险，模式创新应运而生，拥有先进的核心技术是模式创新的前提，具体包括促进企业生产流程创新、客户价值创新等。

另一方面，技术创新驱动模式创新。新的商业模式往往围绕技术创新产生，新技术可以促进企业销售模式、商业生态系统等方面创新。如云计算既是技术也是商业模式，不同的公司建立不同的云计算商业模式。谷歌以信息搜索服务的方式从广告获得收益，而微软则通过“云 + 端”实现云端软件与用户端无缝连接。

7.2.2 模式创新引领技术创新的主要方式

一方面，模式创新有效带动技术创新及其转化应用。技术创新往往伴随着更高昂的成本、稀缺的配套资源和低下的市场认同度。在新兴产业领域，技术和商业模式都处于探索阶段，更需要有活跃的模式创新来配合技术研发创新和应用推广，以此推动科技成果转化、加快研发资金周转速度。

有理论指出，商业模式分为 9 个基本构造块或要素[3]，具体如下。（1）客户细分（Customer Segment）：指企业或机构所服务的一个或多个客户分类群体；（2）价值主张（Value Proposition）：指通过价值主张解决客户难题和满足客户需求；（3）渠道通路（Channel）：指通过沟通、分销和销售渠道向客户传递价值主张；（4）客户关系（Customer Relationship）：指在每一个客户细分市场建立和维系客户关系；（5）收入来源（Revenue Stream）：指产生于成功提供给客户的价值主张；（6）核心资源（Key Resource）：指提供和交付先前描述要素所必备的重要资产；（7）关键业务（Key Activity）：指通过执行一些关键业务活动，运转商业模式；（8）重要合作（Key Partnership）：指有些业务要外包，而另外一些资源需要从企业外部获得；（9）成本结构（Cost Structure）：指商业模式上的述要素所引发的成本构成。因此，通过细分客户群体、产品价值提升、转换销售渠道、增强用户交互、加强企业合作关系等模式创新方式，

进而推进企业的技术创新。

另一方面，模式创新引领技术创新方向。模式创新的核心价值在于最大程度地满足客户需求。协同创新的实现需要技术创新同样从客户需求出发，针对客户群体的不同需求，以技术创新优化和提升企业组织和技术结构。在此基础上，模块化技术创新更能帮助企业应对客户需求的多样化。

7.2.3 技术创新与模式创新融合的模式的 4 种分法

IBM 商业研究所和哈佛商学院从企业的基本经营方法划分商业模式[4]，即用户价值定义（Customer Value Proposition）、利润公式（Profit Formula）、产业定位（Value Chain Location）、核心资源和流程（Key Resources & Processes）。

在此基础上，可将技术创新与模式创新融合划分为 4 种模式，即盈利创新模式、组织创新模式、业态创新模式和市场反馈创新模式。如图 7-1 所示。

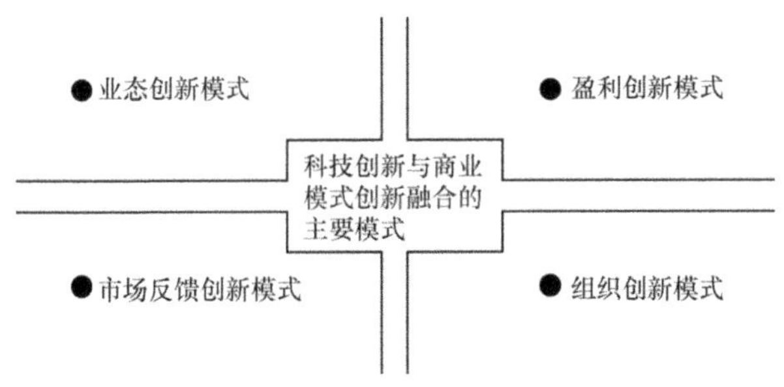

图 7-1 融合创新的 4 种模式

（1）盈利创新模式

盈利创新模式通过改变企业向用户提供的产品、服务及企业的销售渠道等价值要素的种类或组合方式来改变企业的收入来源、成本结构、利润组成等利润方程组成要素。盈利创新模式主要有两种表现形式，一是通过技术创新推出可扩展性的基础产品，在以后的使用中，用户需要购买其后续的产品或服务搭配以实现基础产品的各种功能，厂商通过基础产品的出售获得一次性利润，同时搭配后续拓展产品的出售获得稳定的持续性利润，实现一次性与持续性收入相结合；二是改变价值链的方向，以客户的需求为价值链的开端，然后整合资源，实现客户价值，由出售单一产品变为出售一整套服务型解决方案，以此获得增值性的持续利润，持续性收入替代一次性收入。盈利创新模式流程如图 7-2 所示。

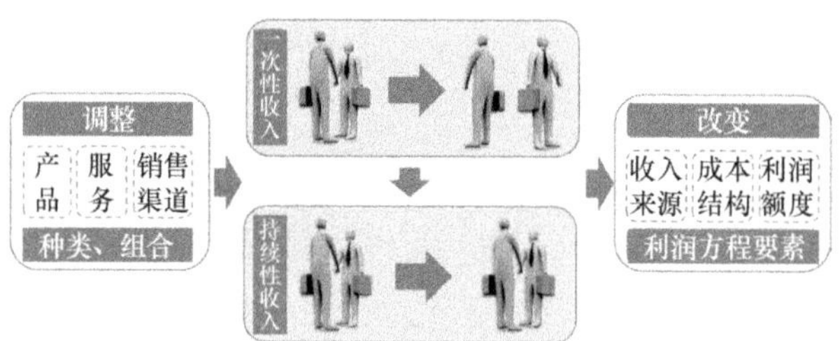

图 7-2 盈利创新模式流程

（2）组织创新模式

组织创新模式是指企业为整合业务、提升管理效率，创造新商机，通过垂直整合、出售外包、开放平台等方式，改变一个企业各部分关系及其在产业链中的位置和充当的角色。组织创新模式的主要形式有以下两种。

一是从内部改变企业的组织架构。它表现为不再将原企业组织中的各个单位都视为具有等级概念的名称，而是在保留核心部门的情况下，将非核心部门外部化，即独立出去。他们相互之间的关系，不是以前的命令与控制的关系，而是契约关系。这样，各个单位都会对组织效益负责，而且有创造性的企业精神得到了鼓励。

二是从外部改变产业生态环境——构建生态圈。构建生态圈是指形成（或按规划将要形成）的以某一主导产业（企业）为核心的具有较强市场竞争力和产业可持续发展特征的产业多维网络体系，该体系包括专门从事产前的、产中的、产后的生产企业；横向的和纵向的配套、协作企业；龙头的和外围的企业；生产某种（些）相关特殊部件的企业等。

组织创新模式的流程如图 7-3 所示。

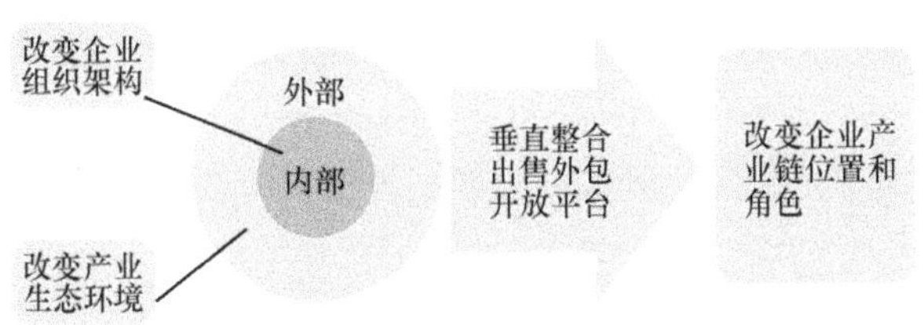

图 7-3 组织创新模式流程

（3）业态创新模式

业态创新模式是指在企业模式创新进程中，通过基于技术创新的产品或服务创新，对本产业重新定义或催生新业态。在此模式下，企业实现业务领域或业务种类的拓展，这种创新或将会对本产业造成冲击，改变本产业的市场结构与竞争状态，或将建立一个全新的细分领域，形成一个新的价值网络。例如，IBM 通过推动智能地球计划和云计算重新整合资源，进入新领域并催生 IT 服务新业态，如商业运营外包服务和综合商业变革服务等；亚马逊向产业链后方延伸，为各类商业用户提供如物流和信息技术管理的商务运作支持服务，同时进入云计算领域，成为提供相关基础云服务的领军企业。业态创新模式的主要方式包括企业产业链资源整合和战略定位变革，从而实现产业跨界融合或价值链分解。业态创新模式流程如图 7-4 所示。

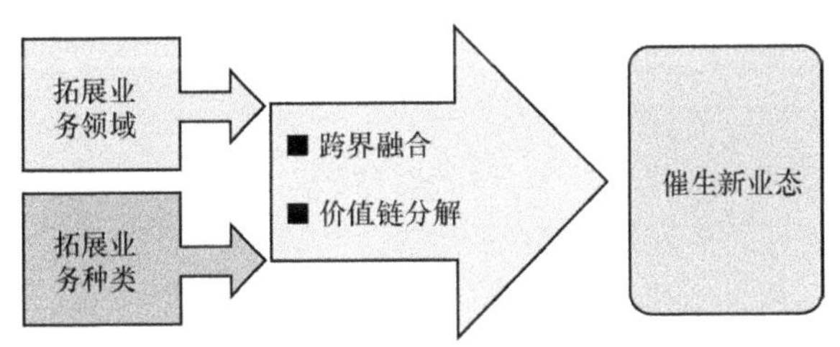

图 7-4 业态创新模式流程

（4）市场反馈创新模式

市场反馈创新模式就是企业通过创新生产和服务过程，使用户参与产品研发、制造、服务的各环节中，企业—客户关系从单纯的买卖关系转向买卖关系与合作关系并存，产品从单向流动向双向流动转变，服务从规模化、标准化向个性化、定制化转型。通过自建的电子商务平台等方式，企业实现产业链的深度整合和个性化服务，既培育了强大的产品黏性用户市场，又有助于直接迎合愈发个性化、高端化的客户需求。市场反馈创新模式如图 7-5 所示。

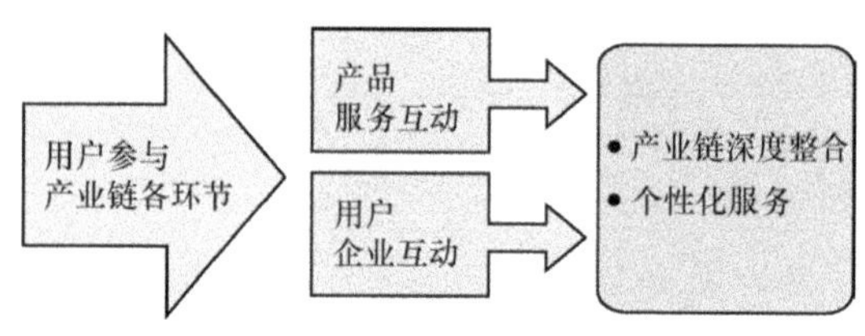

图 7-5 市场反馈创新模式流程

7.3 融合创新的中国实践

当前，科技革命对人类生活和工业影响越来越大，且其深远程度非其他事物所能企及。每当科技变化发生时，其所产生的社会影响都十分巨大。例如，蒸汽时代催生了一大批工业、企业，交通工具从 3~4 英里 / 小时的马车跨越到了 30 英里 / 小时的火车，工业城市的诞生等改变了社会和经济结构。50 多年前，传递信息不仅缓慢，而且非常昂贵。互联网的发展加快了信息的流动，拉近了人与人之间的距离，科技发展重建了所有的物质性基础设施，孕育了一批新的信息技术企业。时至今日，科技发展的普及程度越来越高，技术创新成果应用的周期也越来越短，企业间的技术差距不断缩小，技术的壁垒也逐渐减弱，企业原本单纯依靠技术优势占领市场获得利润的盈利模式已不合时宜。这就面临如何使企业的发展方式适应新社会环境的问题，此时，技术创新与模式创新融合互动作为一种新的创新形态，被越来越多的企业看中，逐渐发展成为一种趋势，成为企业参与市场竞争的利器。我们总结出 4 种技术创新与模式创新融合的方式，并以融合创新成果较突出的几家典型企业为例，分别对每种创新融合发展的模式进行介绍。

7.3.1 盈利创新模式

盈利创新模式的核心是用持续性收入替代一次性收入。成立于 2002 年的北森测评，是国内目前最大的人才管理与测评解决方案提供商。相比金蝶、用友等 EHR 软件企业，北森在创立之初选择了人才测评这一细分市场，为企业招聘提供测评软件。由于市场需求有限，并处于市场培育阶段，业务也相对单一，2003 年北森测评销售额仅为 100 万元。经过不断反思、与客户沟通之后，北森测评很快便认识到企业消费门槛过高的问题。

在将互联网技术融入新产品的反复实验摸索后，北森测评决定从 2006 年开始转换销售方式，采用网上租赁的形式在线销售产品，同时还调整了收费方案—— 由 B2B 面向企业收费模式（以企业数计算）转变为类似 B2C 收费模式（以单人次数计算）按照使用次数收费。与以前一张光盘一项测评服务不同，在网上租赁更像是个在线的程序超市，用户可以自由选择产品组合。更重要的是，租赁模式降低了用户消费门槛，相比一次投入 5 万~10 万元不等的资金，租赁模式一人几十元次的使用费用获得了用户的青睐。一方面，消费门槛的降低使北森测评能够吸引更多的中小企业客户，增加了新客户；另一方面，低消费门槛使北森测评增加了大企业客户的使用频率，并通过次数累计不断提升收益。

新的盈利模式将用户数量作为一个乘数，使原本有限的市场通过乘数增加做到最大化，且将一次性的测评光盘收入变为持续性的使用收入。2008 年，北森开始向云计算转型，通过 SaaS 模式为客户提供人才测评系统，使这种按需收费的运营模式更加便利成熟。2010 年，北森正式推出国内第一个人才管理云计算平台——iTalent。从模式上看，该计算平台属于基于云计算技术的租赁式服务，企业可以根据自己的需要选择不同的解决方案；在收费模式方面，北森仍然采取了典型的云计算需求收费模式。10 余年来，北森始终坚持创新制胜的发展理念，运用国际先进的技术理念和互联网技术工艺，为企业提供最先进的人才管理理念和产品。2013 年，北森与经纬、红杉共同合作，投入巨额资本扩展平台提供用户服务，并获得了2013大中华区最佳人才管理软件服务商的荣誉称号。

如图7-6所示，北森测评公司通过在线销售创新软件收费方案——由原来以企业为单位的固定收费转变为按照使用次数收费，将一次性收入转变为持续性收入取得了巨大的成功。使用这一收费模式的前提是使用过程可被记录和量化，而互联网、云计算、大数据技术的不断创新恰好实现了软件使用过程、频率、强度的实时监控和记录，从而催生了北森的新盈利模式。

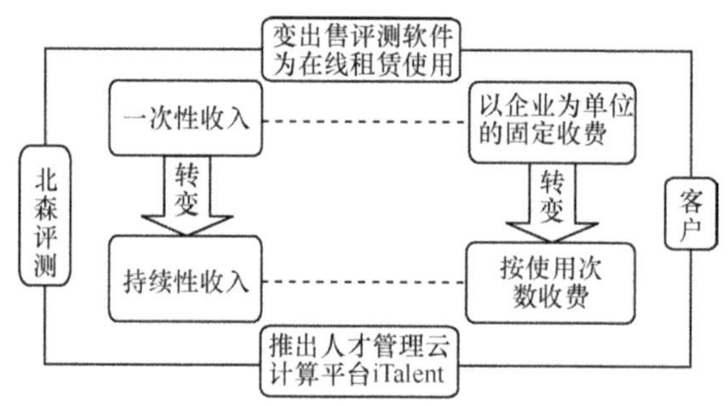

图7-6 北森评测盈利创新模式

7.3.2 组织创新模式

联想是硬件公司“软化”改革的代表。联想成立于1984年，由中国科学院计算技术研究所的科技人员创办，2013年已经坐上世界个人计算机制造商头把交椅。作为全球计算机市场的领军企业，联想从事开发、制造并销售可靠、安全易用的技术产品及优质专业的服务，帮助全球客户和合作伙伴取得成功。联想公司主要生产台式电脑、服务器、笔记本电脑、打印机、掌上电脑、主板、手机、一体机电脑等商品。自2014年4月起，联想再度着手强化了转型互联网业务的理念，成立了4个新的、相对独立的业务集团，分别是PC业务集团、移动业务集团、企业级业务集团、云服务业务集团，并将PC业务和移动设备制造单列为2个板块，加强了企业级业务和云服务业务的比重。联想于2014年10月15日成立的新互联网子公司，基于互联网平台打造，承载互联网模式智能终端和服务业务，

帮助联想快速抢占了发展迅猛的中国智能终端市场。以用户的深度参与为核心，新的业务模式端到端地整合硬件、软件、应用和互联网服务，标志着联想向互联网转型又迈出了坚实的一步。调整主要是通过组织划分将大型企业分成小的单元，培养具有管理意识的领导，按照业务类型，让每个单元独立经营。让全体员工参与经营管理，从而实现"全员参与"的赋权式经营方式，同时通过会计核算报表让经营者能够及时、清楚地掌握企业经营情况。这样的经营模式更加适合互联网快速变化时代企业管理的需要，国内不少大企业（如海尔集团）都在实践这种管理理论。联想有可能会从"硬件设备制造商"转而成为一家真正的互联网高科技企业，开创更加广阔的未来。

如图 7-7 所示，联想通过扩大业务范围、缩小核算单元、全员参与赋权式经营，实现了组织结构的调整和重构，并得到了良好效果。联想 2014 年全球商用个人计算机市场份额同比上升 0.5%~21.3%。个人计算机销量同比上升 12%，较市场平均水平高出 14 个百分点。

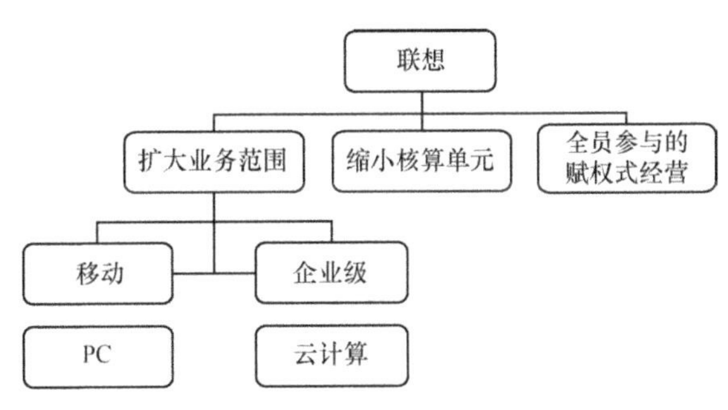

图 7-7　联想的组织创新模式

7.3.3　业态创新模式

（1）亿赞普：基于大数据技术的业务种类拓展

亿赞普作为跨境商贸企业，致力于大数据技术融合发展，不断拓展基于互联网与大数据的商贸支撑业务种类，推动了传统贸易行业基于大数据

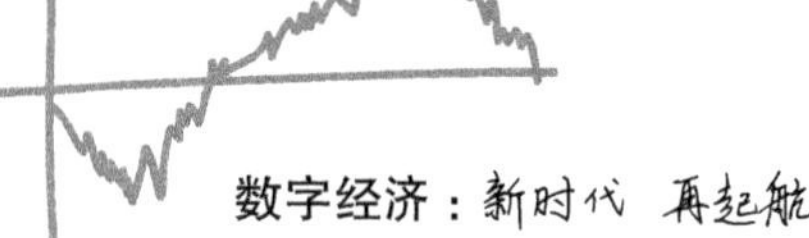

实现业态创新，成功完成由传统商贸企业向高技术企业转变。2013 年企业实现交易额 157 亿美元，收入 12 亿美元。

亿赞普通过对自身战略定位改变，开创出 F2C（Factory to Consumer）模式，使购物流程实现了产品从海外工厂直接到中国消费者的互联。亿赞普在与国外电信运营商合作的过程中掌握全球贸易数据，结合大数据处理和数据分类研发领域的技术优势，提出“知识即服务”（KaaS）的新理念。亿赞普通过对跨国数据的收集及分析，不仅消解掉了横亘其间的信息不对称，而且陆续推出了互联网广告服务、效果营销方案、工厂直达用户解决方案等基于数据处理的服务业务，极大地拓展了业务种类。如图 7-8 所示，亿赞普的业态创新由 3 部分组成：一是建立各国消费者行为动态信息的数据库，了解国外市场需求、消费者偏好等商业信息，自 2012 年初以来，企业已和欧洲、拉美、亚太等地 21 家电信运营商签署了排他性合作协议，获得在 96 个国家和地区部署亿赞普云媒体平台的许可，实现了动态获取这些国家的消费者行为数据信息；二是依托海量数据存储系统，完成对目标国市场信息流的数据分析，亿赞普研发团队开发出了一套具有多维度数据分析能力的数据

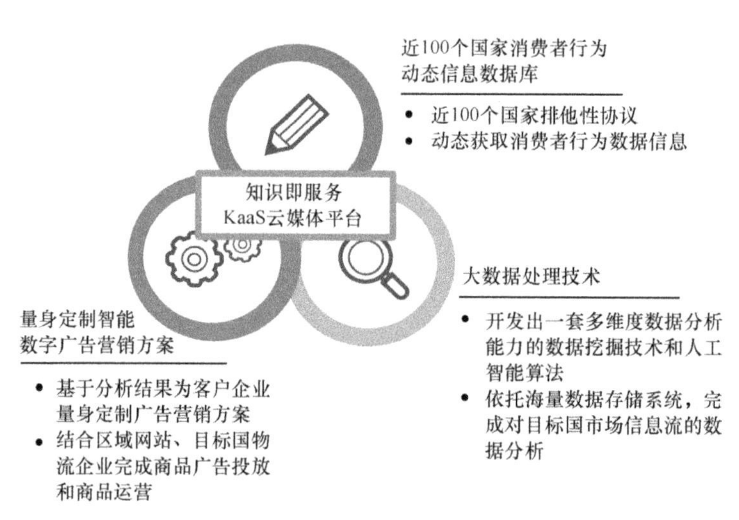

图 7-8 亿赞普业态创新模式

挖掘技术和人工智能算法，并成功将其应用到全球云媒体平台，同时继续加大技术研发投入，目前拥有104项PCT核心专利，其中国际领先专利超过一半；三是基于分析结果为客户企业量身定制智能数字广告营销方案，结合与区域网站、目标国物流企业的合作，完成企业在目标国的商品广告投放和商品运营。

亿赞普作为跨境商贸公司，建立各国消费者行为动态信息的数据库，开发海量数据存储分析系统，最终基于分析结果为客户企业提供量身定制的广告、营销方案的经营方式，其实质就是依托大数据技术的创新，拓展商贸公司的业务种类，从而赋予跨境商贸新的业态。

（2）阿里巴巴：基于电子商务数据的业务领域拓展

创建于1999年的阿里巴巴最初作为全球领先的小企业电子商务平台，旨在打造以英语为基础、任何两国之间的跨界贸易平台，并帮助全球小企业拓展海外市场。随着公司技术的成熟，2003年阿里巴巴集团成立了面向大众消费者的淘宝网，阿里巴巴集团作为集B2B、B2C和C2C这3种模式的电子商务公司，通过提供第三方支付、网络信贷等金融服务，带动了我国互联网金融新型业态的迅猛发展。

在成功聚合庞大用户基础、获得大量电子商务数据后，阿里巴巴的业务开始发生转向，如图7-9所示，以数据资源为基础，以数字技术为支撑，以系统服务为引领，阿里巴巴实现了从电子商务向云计算等多方向业务的拓展，实现了数字化决策的转型。在数据资源方面，阿里旗下拥有国内最大的B2B、B2C和C2C电子商务平台，核心业务是匹配和撮合商品交易，双边用户的互动过程本身伴随对支付和资金管理的需求，也积累了商业信誉、交易规模、收入支出等重要的金融信息。在数字技术方面，阿里巴巴已经具备相当的技术基础与相对完善的技术创新体系，除了典型的支付技术、通信技术外，阿里还掌握了分布式存储技术、大规模数据处理与分析、搜索引擎技术等一大批前沿技术。阿里巴巴通过整合产业链资源，开始跨界推出系统化的创新服务，实现互联网金融领域拓展。2013年，基于阿里巴巴平台10多年交易数据积累，利用互联网技术，通过大规模运算和风险模型设计，阿里金融相继开发出余额宝以及阿里信用贷款、淘宝（天猫）信用贷款、淘宝（天猫）订单贷款等一系列阿里小额贷款产品。从2010年6月发布淘宝贷款，截至2014年2月，阿里小贷累计投放贷款超过1 700亿元，服务小微企业超过70万家，不良率小于1%，其中2013年新增贷款近1 000亿元。支撑阿里金融业务快速发展的是阿里巴巴庞大的数据资源和数据分析技术。数字化决策方面，分析技术作为阿里金融业务决策的核心部分，除了向公司的管理决策层提供科学客观的分析结果及建议外，还对业务流程提出优化改进方案。技术的创新发展使阿里巴巴建立了领先的消费者电子商务、网上支付、B2B网上交易市场及云计算业务，在业务种类不断增多的同时，阿里巴巴近几年更是积极开拓无线应用、手机操作系统和互联网电视等领域，以期更好地满足用户需求。

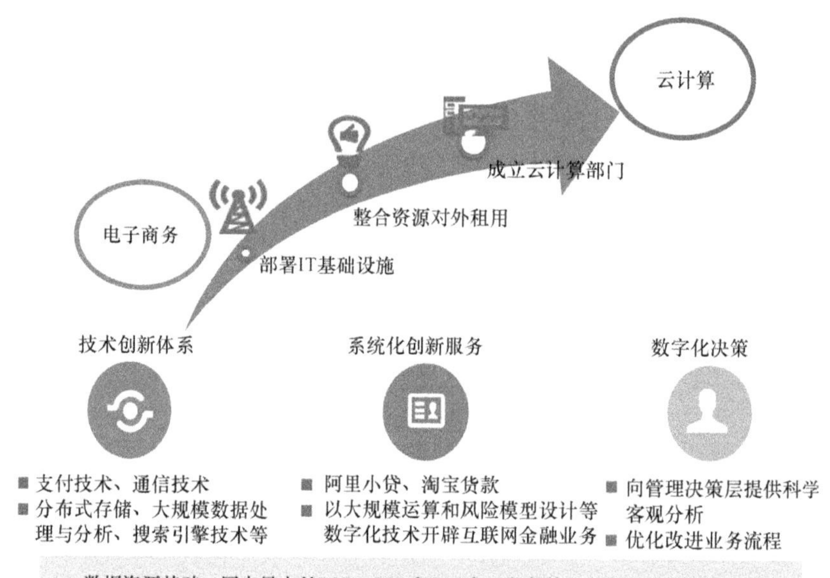

图7-9 阿里巴巴业态创新模式

7.3.4 市场反馈创新模式

（1）青岛红领（酷特工厂）：用户与厂商双层互动

青岛红领瞄准现代精英男士群体对服装的高标准、独特性要求，以量身定制（MTM，Made to Measure）为核心，经过298多道工序、25道整烫工序，从选料、面料处理、排版、裁剪、缝制到整烫运输，为顾客量体打造专属版型。通过运用大数据、云计算、智能制造等高技术工具，与传统西装制作流程相结合，融合创新了高档服装的生产方式，打造了"个性化、差异化、国际化、数字化"服装全定制的工业化流水生产线。

青岛红领在从售前到生产到售后的全过程中，充分体现了与科技的融合及与客户的互动，具体表现为以下5个方面。一是在售前，根据客户着装需求，提供全套着装设计方案。二是在量体方式上，采取数10个部位数据，数据实时录入系统，简单、便捷完成整个下单操作，区别传统套号试衣的量体方式，为客户提供个性化专业量体，精准、高效、一次成衣。三是在版型制作方面，将量体数据录入系统，系统自动生成版型，做到单量单版制作，这与青岛红领所拥有的全球最完善、庞大的西装版型数据库资源密切相关，上万亿个版型数据库可以满足覆盖全球99%以上的人体体型及需求。四是裁剪方式，采用自动裁剪设备，借助个性化定制平台系统实现个人服装不同面料、不同风格的单独裁剪，区别传统服装归号套裁的裁剪方式。五是MES生产系统，采用柔性生产系统，从设计、下单、排程、生产、质检到配送全过程信息化控制，实现不同款式、工艺、面料、尺寸的工业化流水生产。

青岛红领通过先进信息技术应用，实现了用户与厂商之间的双层互动，实现了直接从客户到生产端的C2M（Customer to Manufactory）生产流程。这得益于几个要素：一是数字化3D打印技术，支持全球客户DIY自主设计，款式、工艺、价格、交期、服务方式个性化自主决定；二是研发设计程序化，通过系统建模、智能匹配，可满足99.9%消费者个性化需求；

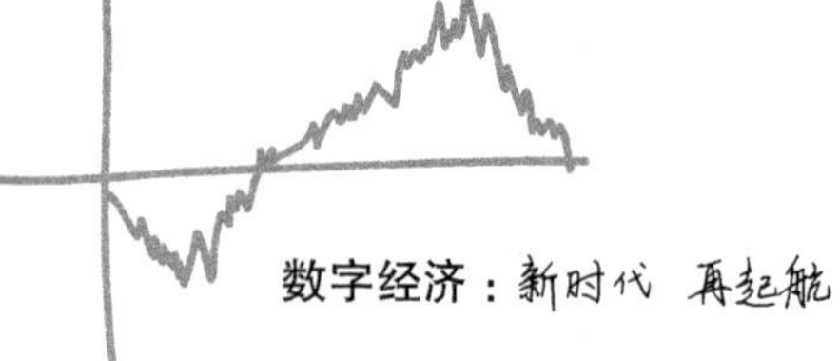

三是庞大的数据库系统，将来自全球的所有信息、指令、语言、流程等通过智能体系转换成计算机语言；四是数据云端共享，客户数据对生产流程完全打通、实时共享，员工从网络云端上获取数据，与市场和用户实现跨国界、多语言同步交互。图 7-10 展示了青岛红领的“酷特智能模式”。由于独创的生产营销模式和较成熟的运营能力，红领集团 2014 年生产、销售、利润都同比增长 150% 以上，实现了服装行业逆势上涨。

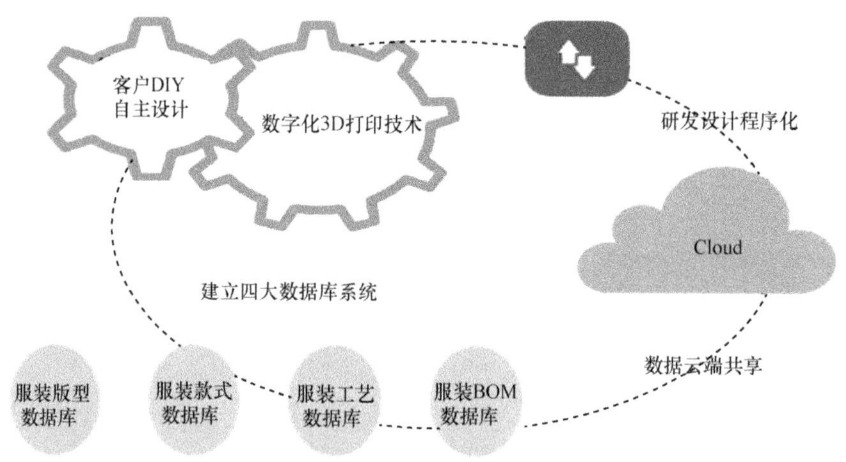

图 7-10 青岛红领的“酷特智能模式”

（2）小米：通过电子商务平台搭建用户互动的生态系统

小米依托自主品牌的电子商务平台、个性化用户服务体系和业务流程的精准协同，依托云计算、大数据技术搭建了独特的产品体系、产业链和用户群。

小米的产品模式可以概括为“软件 + 硬件 + 互联网”的“铁人三项”，MIUI 操作系统是小米的“护城河”，是目前国内最优秀的基于安卓系统深度优化、定制、开发的第三方 Android 系统 ROM，MIUI 实现了让用户真正参与手机系统的研发过程中。

目前，小米公司已经初步建立了涵盖 MIUI 操作系统、智能手机、智能电视、小米盒子等软硬件产品的生态系统，拥有逾 400 万米粉的强大市

场基础。如图 7-11 所示，电子商务平台是小米首创的智能手机营销方式，通过搭建和健全小米官网 + 天猫小米官方电商、小米科学生产系统、小米社区、小米同步平台、小米生态系统平台，实现涵盖 B2C、B2B、C2C、O2O、ABC 这 5 种类型的电子商务平台，打造国内领先的与用户互动的平台。小米的硬件、应用软件和操作系统所聚拢的客户群体，在自建的电子商务平台完成互动和实现价值。具体而言，针对不同类型的平台，小米实现了与用户不同层次的反馈。

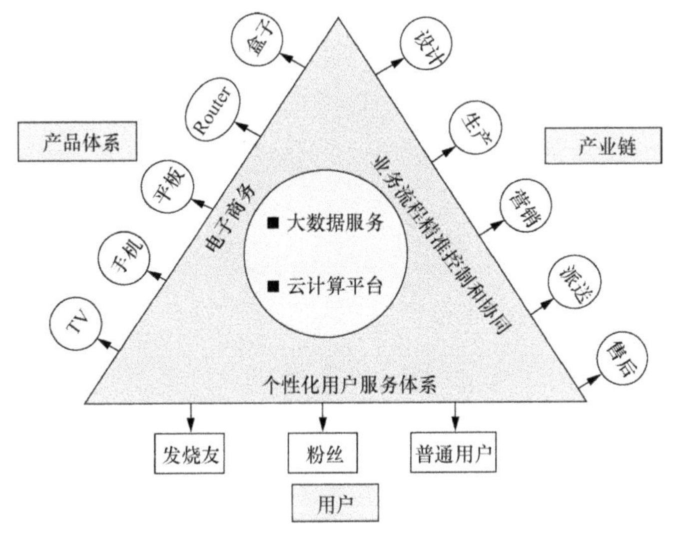

图 7-11　小米的市场反馈新模式

（3）兰亭集势：基于供应链重构的用户、厂商双层互动

兰亭集势体现了传统制造业从“工厂规模化生产”向“客户个性化服务”发展模式的成功转变。兰亭集势是整合了供应链服务的在线 B2C，是目前中国跨境电子商务平台的“领头羊”，2013 年 6 月成功登录纽约证券交易所。兰亭集势的竞争优势在于面向全球化市场为顾客提供服装定制服务，顾客可以根据自己的身材和喜欢的颜色在电商平台上进行个性化定制，订单则交由其位于苏州虎丘的工厂生产。通过重构供应链，兰亭集势实现了个性化定制服务、专家团队、对供应链的深度改造和整合，2013 年营收

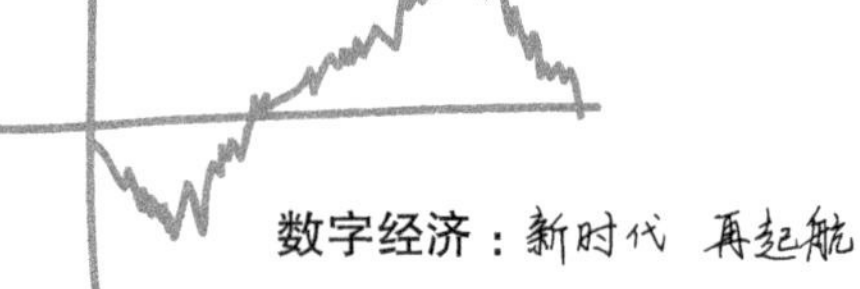

近 3 亿美元，增长 46.2%，并成功在纽约证券交易所上市。兰亭集势通过重构供应链，为全球市场顾客提供服装定制服务，内部的专家团队负责指导供应商改进生产效率和提高产品质量，在确定产品尽快达到个性商品订制品以及标准品批量生产的标准后，在最短的时间内实现商品的生产、销售、服务等工作，实现与用户、厂家的双层互动。

7.3.5 融合创新模式总结

通过以上经典案例分析，我们对盈利创新模式、组织创新模式、业态创新模式和市场反馈创新模式的内涵和特征已经有了更深入的认识，本节对各种模式中技术创新与模式创新的特点进行总结。

在盈利创新模式中，科技的创新为企业提供了改变其产品性能、服务方式以及销售渠道的手段。企业在重新认识用户价值的基础上，通过改变体现其价值的要素，可以实现对成本及收入方式的调整，从而提升企业的利润，这就构成了盈利创新模式。

在组织创新模式中，互联网等信息技术的发展，使企业的内部组织方式不断扁平化，外部与相关企业和机构的组织方式不断网络化，通过注重全产业链上下游和全生态链各环节的联接与配合，形成更加完整的产业链和生态圈，以抢占当前产业竞争中逐渐盛行的垄断竞争格局。

在业态创新模式中，业态创新与高新技术的发展密切相关，而且推动企业创新的核心技术一定具有典型性、复杂性和超前性，并能在很大程度上成为企业未来的核心竞争力，如当前的云计算、大数据技术。随着新技术的发展，传统产业的升级需求导致高新技术产业与传统产业融合，企业通过整合资源发展跨界战略，进而催生新业态。同时，技术创新推动劳动分工专业化，促进企业内部价值链环节分解、独立出来，并不断拓展逐渐发展形成新领域，这就构成了业态创新模式。

在市场反馈模式中，从早期营销环节的模式创新，到当前生产和服务

核心环节的模式创新，在云计算、大数据、工业互联网等技术的助力下，“用户—企业”“企业客户—生产 / 服务提供企业”之间的反馈模式逐渐形成，个人用户和企业用户参与到产品与服务从售前到售后的全链条创新中，实时反馈，从而催生了最满足用户需求的个性化产品。

7.4 我国融合创新的现状与着力点

7.4.1 技术创新与模式创新日益深度融合

市场需求已日益成为创新的最主要源动力，创新逐渐从强调技术导向为主向注重市场导向为主转变。

为了向用户提供更丰富的服务和更人性化的体验，使创新成果转化成实际的商业价值，需要针对新技术采用新的商业模式，模式创新与技术创新呈现日益融合的发展态势。

随着互联网、信息技术、通信技术等通用技术的快速发展，技术逐渐摆脱在原有商业模式中充当工具的从属性角色，而成为了新的商业模式本身。

7.4.2 模式创新放大和倍增技术创新价值

商业模式是企业为用户创造价值的方式方法，而价值的载体则必须是有核心技术支撑的产品和服务。例如，在节能环保领域，诸多公司开发出先进的节能环保技术与设备，但碍于用户对新技术新设备转换成本的压力，难以实现技术创新的价值。通过合同能源管理这种模式创新，节能服务公司一方面通过为客户提供节能改造服务推广新技术新设备，另一方面从客户节能改造后获得的效益中收回投资、取得利润。

模式创新不仅是技术创新价值的“放大器”与“倍增器”，也为技术创

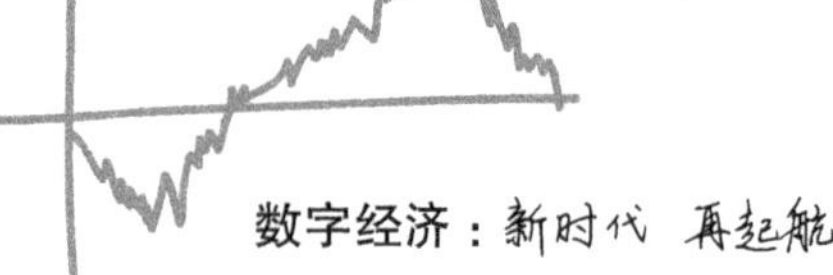

新模仿设置了新的“门槛”，新技术与新商业模式的深度融合构筑企业核心竞争力，为企业获得可持续竞争优势提供强大动力。

7.4.3 融合创新正在改变竞争规则和竞争格局

一直以来，企业之间的竞争主要依靠技术革新和产品性价比提高，随着模式创新与技术创新的不断结合，行业的技术竞争与产品竞争模式正在被颠覆，以基于新技术为客户提供更新体验和更优服务为目标的模式创新成为新的竞争规则。

传统商业竞争的零和准则也不断受到挑战，无论是产业链上各环节的企业，还是处于产业链同一环节的企业，一方的利润不再是另一方的成本。在新的盈利模式下，产业价值链上的各利益相关者可基于同一个平台最大限度地达到价值共赢。

7.4.4 推动我国数字经济融合创新的三大着力点

一是加强协同创新，全面提升集成创新实力。明确企业在应用性创新中的主体地位，发挥企业和企业家在国家创新决策中的重要作用。加强创新基地服务功能体系建设，提升对企业创新的扶持力度，组织领军企业实施协同创新，鼓励高校、科研机构、企业联合创新，充分提升利用国内国际创新与产业资源开拓创新能力。

二是结合市场需求，健全技术创新服务体系。完善创新领域的支撑服务体系，为模式创新提供多种可能性，实行更具竞争力的人才吸引制度，发挥金融创新对技术创新和模式创新的助推作用，大力发展科技中介服务市场。

三是改善创新环境，加强政策法规体系建设。营造公平竞争的市场环境，适当放松管制，针对创新密集的新兴产业加强规划和支持，做好国家层面的产业发展顶层设计，部署加强知识产权保护和运用，研究推动模式创新纳入知识产权保护。

参考文献：

[1] 克里斯·安德森 . 免费商业的未来 [J]. 商界（评论），2008(5).

[2] 陈雪频 . 定义互联网思维 [J]. 上海国资，2014（2）.

[3] 亚历山大·奥斯特瓦德 . 商业模式新生代 [M]. 北京：机械工业出版社，2011.

[4] 商业模式创新的四种方法 [N]. 21 世纪经济报道，2012，6.

Chapter 8

第 8 章

数字经济发展展望：探索中前行

一路走来，数字经济持续给予我们太多惊喜，它的自我成长和演进特性正在挑战“日光之下并无新事”的经验论断。数字经济以迅雷之势“入侵”我们的生活，使每个人的工作决策和生活决策、每家企业的经营模式和生产方式、每个国家的发展理念与发展战略、整个世界的运转模式与组织形态都发生了巨大变化，一幅熟悉却似乎陌生、新鲜却感觉亲切的人类社会发展新画卷正徐徐展开。数字经济所散发出的迷人魅力，吸引着我们不断靠近它，探寻更多新知和可能性。

我们既按捺不住内心的激动和兴奋，翘首企盼一个全新、数字化、智能化的时代，因为这或是人类历史上最为慵懒和舒适的纪元、最具开放性和包容性的世界；同时又害怕难以适应复杂和抽象的局面，担心数字世界中机器从功能到“人性”的蜕变可能带来的毁灭性影响，恐慌于科幻电影《骇客帝国（Matrix）》和《终结者（TheTerminator）》中展现的情节成为现实。对数字世界和数字经济时代不确定性的踌躇，源于我们尚未完全掌握新世界的新规律以及尚未抓住新经济的新脉搏。

数字经济仍处在持续演进和快速变化的过程中，展望其发展趋势是一件具有巨大挑战性的事情。对一个变化万端且持续向未知进发的世界进行预测，既需要勇气，又要有冒犯错误风险的准备。很多著名的政治学家、经济学家、业界权威人士都对未来有过错误的论断，即使对很近的未来也有众多股评家毁誉参半的每日评论，这使不少研究者认为，随机扰动性和适应性预期使社会科学具有天然的不可预测性。正如唐·泰普斯科特在《数字经济》[1]（The Digital Economy）2016 年再版时做出的反省一样，我们的展望和预测也难免要有日后的更正乃至颠覆。然而，我们仍愿在当前

的知识环境、产业环境和创新环境下，对数字经济进行研判和展望，作为主动迎接和助推数字经济发展的积极尝试。本章内容主要是对数字经济的预测和展望，我们希望能够在对既往事实进行系统梳理总结的基础上，从截至2017年已经发生的技术变革、经济形态和社会蜕变出发，秉持科学、客观、谦卑的态度，探寻一个贴近真实的2020年的未来世界，为政府、企业和个人相对稳定的预期提供借鉴。

我们将趋势展望的界限划定在2020年有三方面考虑。首先，这是21世纪的第二个10年（Decade），各国都高度关注这一时间点，并将很多事件的判定节点放置在这一年。其次，2020年也是全球金融危机爆发的一纪（12年）轮回，至今仍然充斥着危机后全球经济是否复苏的争议，3年之后正是我们再度审视这一现象的历史意义和影响的恰当时机。最后，更重要的是，2020年是中国“十三五”时期的收局之年。“十三五”是中国自改革开放起最具经济转型主观意愿的时期，五年规划纲要明确了“创新、协调、绿色、开放、共享”的新发展理念，高层决策者也在这一时期首次提出“数字经济”。“十三五”时期我国将加大转型升级的步伐，数字经济起航正当其时，这也使预先描绘“十三五”收官之时数字经济的蓬勃前景成为必要。

8.1 数字经济的生产服务体系将呈现“哑铃型”结构

互联网推动了消费者与生产者、服务商愈发紧密的交互，势必实现供给侧与需求侧的精准对接乃至无缝对接，使供需方的中间环节不断缩减，数字经济的即时、互动、平行等特性日渐显著，进而构成跨时间、跨空间的宏观经济体系。同时，生产与服务之间的界限将打破。智能制造将应用大量的信息技术，与市场需求更加贴近，“应需生产”成为智能制造的重要标志，产品制造成为一种服务。在此情形下，两种模式将逐渐壮大，成为主流模式。一是全球化的、精益管理的、代工型的生产服务体系；二是创新型的生产服务体系。这两种模式分别代表不同的发展思路：要么在创新中生存，要么在要素组合中实现低成本完胜。“哑铃型”结构如图 8-1 所示。

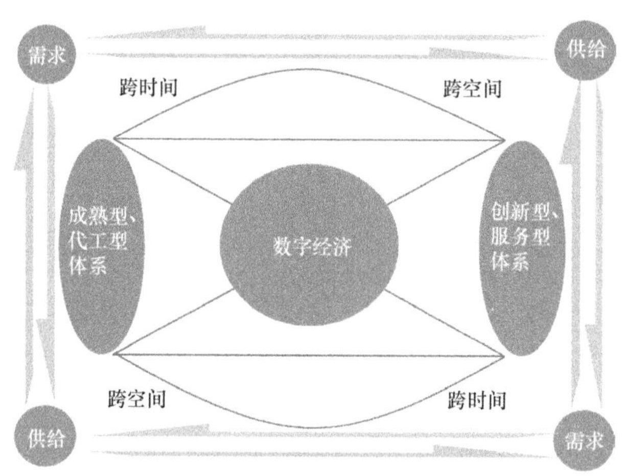

图 8-1 数字经济的生产服务体系将呈现“哑铃型”结构

数字经济时代的代工型生产企业将实现从集中的全球品牌厂商订单式代工向分散的创意制造产品代工转型。作为全球代工厂的典型代表，企业富士康正在打造“创新牧场”项目，通过提供基于云计算的创意与快速样品服务、工程设计服务、样品展示、智能制造服务、工业商品采购服务等，为全球智能硬件创新者打造制造工艺平台，将原先为苹果、三星等大型国际厂商的制造能力向全社会特别是创新创业者开放，从而更好地适应数字经济时代供给与需求间的对接、研发设计与生产制造间的对接。

数字经济时代的巨头企业将进一步增强引领和把控创新方向的能力。一方面，企业巨头需要通过广泛使用先进的数字技术整合供应链，缩短产品和服务生命周期，这就需要通过加快自主创新步伐、加快投资并购、吸引顶级创新人才等，打造适合创意诞生的环境；另一方面，为了把准数字经济时代的前进方向，创新型企业需要时刻有危机意识，不论是腾讯的微信 /QQ 双子星团队的诞生还是华为的“红蓝军”，都体现出行业领军企业为了把握创新方向而有意识增强内部竞争的策略部署。

8.2 大数据挖掘和人工智能将成为数字经济智能化“双引擎”

过去5年，数字经济的发展让人们关注数据的存储和网络基础设施的重要性。一方面是对数据中心这一信息基础设施高度重视，中国在内蒙古、贵州等地建设的众多大型数据中心和灾备中心就是证明；另一方面是认可云（计算）中心与数据中心同样重要，与互联网、移动互联网等共同构成“天地一体”的信息基础设施。时至今日，数字经济已经跨过重点关注数据资源积累的原始阶段，未来5年的核心议题将从信息化、数字化转向智能化，其中大数据挖掘和人工智能技术的成熟并商业化有望成为驱动数字经济发展的“双引擎”，如图8-2所示。

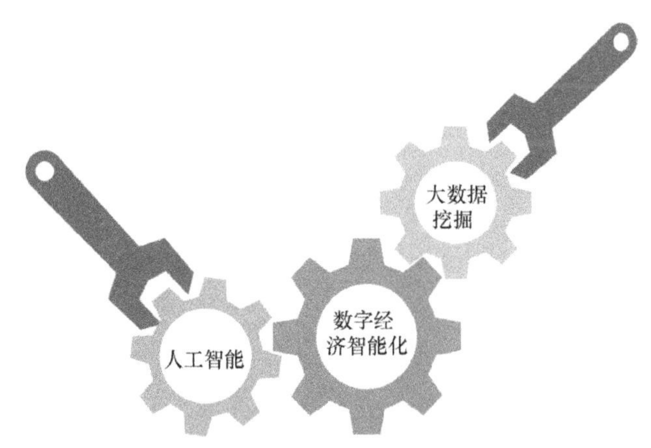

图8-2 数字经济智能化“双引擎”

大数据挖掘将极大提升我们对数字资源的处理能力和使用能力。自2011年起，大数据开始吸引产业界的目光，麦肯锡、IBM研究院、高德纳等知名研究机构对大数据的广泛影响持续进行深入的调查研究。6年来，全球大数据发展取得了重要突破，从概念探讨走向应用实践，从技术创新走向价值再造，从微观决策走向宏观调控，逐渐发展成为支撑引领数字经济发展的新工具。未来，大数据的处理对象将从文本数字信息处理走向语音、视频等多形态信息，从数据规模崇拜走向数据关联性分析，从数据存储走向动态价值分析，实现"数据、技术、应用"三位一体共同发展，达到传统统计和计量手段无法企及的智能化程度。

人工智能的演进为"创新的自实现"提供了可能性。人工智能仍然处于襁褓中，但其先驱者已经展现了惊人的能量。2015 年，全球人工智能进入爆发期，AlphaGo 与李世石的世纪对决将人工智能推向新兴技术的王座。近年来，语音识别取得重要进展，人脸识别等生物识别也在持续推进，深度学习等高等级人工智能的研究开始加速。2016 年，谷歌、亚马逊、Facebook、IBM、微软五大巨头共同组建超级人工智能联盟，Facebook 人工智能研究院推出了基于开源的深度学习工具，谷歌开源了机器学习平台 Tensor Flow，IBM 开源了旗下机器学习平台 SystemML，这些举措将以开放式创新推动深度学习领域向纵深发展。人工智能可能完成"创新的自实现"，推动经济发展战略部署和微观主体决策选择的智能化转型。

8.3 技术、应用、模式、资本将合力打造"融合式创新"驱动方式

跨界融合是数字经济广泛渗透和存在的典型特征。互联网的出现首先让我们关注到商业模式的创新，当前创新已经显现出技术创新与模式创新结合的特征，我们在第 7 章中已将其总结为盈利创新、组织创新、业态创新和市场反馈创新 4 种模式，未来，跨界融合将更具深度、广度和速度，需要技术、应用、模式、资本四维创新集体发力，形成你中有我、我中有你的局面，使创新方式呈现四维驱动的"融合式创新"，如图 8-3 所示。

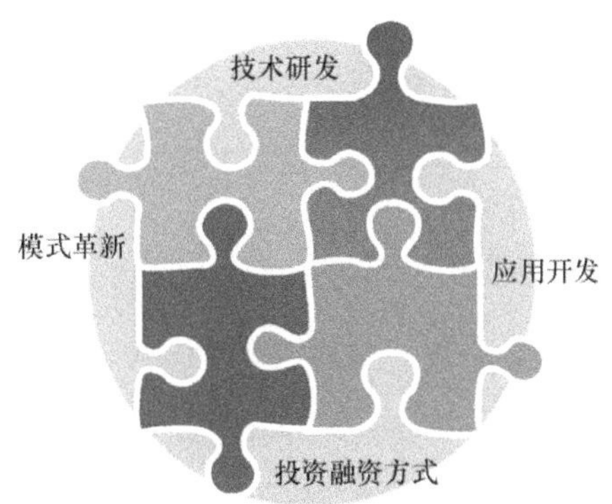

图 8-3 数字经济融合式创新驱动方式

“融合式创新”将体现出跨界的技术研发、应用开发、模式革新与全过程多层次投资融资方式的交叉融合。一方面，数字经济时代的创新速度越来越快，“实验室—小试—中试—建生产线—规模化达产”的传统科技成果研发和转化模式已经跟不上市场对创新的需求速度，技术创新将从研发环节更加结合面向市场的应用开发，实验室与企业联合开发产品和服务，增强创新成果的供给与需求对接；另一方面，资本将全面参与创新链各环节、全流程，充分调动社会要素能量，加速创新创业从创意到实现，保证创新项目的盈利水平和再投资水平，增强创新的活跃性。

8.4 数字化决策渗透将呈现多主体、多渠道、多维度特征

在数字经济时代，由于信息交换的数字化、生产和工作流程的数字化、社交和生活服务的数字化、公共服务的数字化，政府、企业、专家、科研人员、民众共同参与形成了多主体的数字化决策群体，互联网页数据、政务数据、业务流程数据、社交生活数据等共同构成多渠道的数据体系，通过网页爬取、调查分析、计量分析、大数据挖掘等实现多维度的数字化决策。

数字化决策为政府推进供给侧结构性改革和资源优化配置提供了新的

手段和高效工具。通过采集更加全面、准确的宏观调控数据，进一步建设公开政务数据和强化数据分析能力，政府能够更好地把握调控方向，增强调控能力，丰富公共服务功能，拓展公共服务渠道，实现更加精准、高效、公平的治理效果。

数字化决策将从领先企业向更多企业普及。如图 8-4 所示，利用数字化决策，将帮助企业实现决策的精准化、科学化、个性化，以数据分析和预测直接支撑企业重大战略决策，甚至帮助企业进行重大战略转型。同时，大数据等分析技术有助于实现企业对用户信息的有效分析，结合数字化制造、智能制造等先进生产方式，实现产品和服务的个性化、高端化，实现对客户价值的二次发掘。

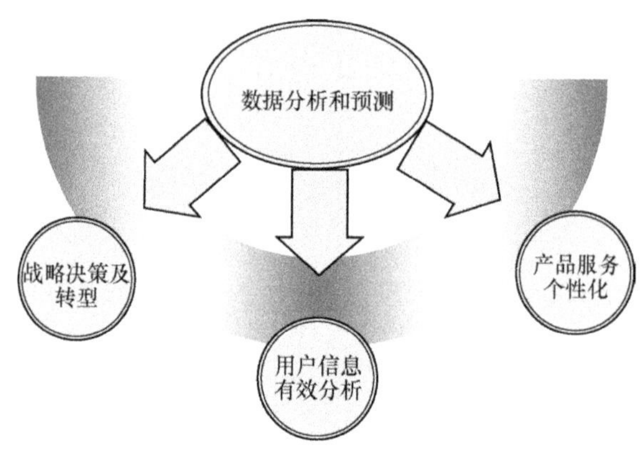

图 8-4 企业数字化决策价值

民众将全面开启数字化生活。移动生活已经从社交体验向生活服务深度挖掘迈进，一方面，以移动社交为中心带动广泛生活服务的移动化和数字化，当前中国微信的覆盖群体已经几乎达到饱和，正在从追求规模向追求效益转化，持续更新增添移动支付、互联网金融、城市缴费等新功能，逐渐形成移动生活的中心；另一方面，以滴滴打车等移动出行服务为代表的移动生活服务还在升级，2016 年火热的移动共享单车也在改变着人们的出行习惯。

8.5 数字经济相关测算和统计将进入官方指标体系

面对持续涌现的新业态、新产业、新经济，官方的宏观经济和产业指标体系存在不够细分、扩容性差、反应迟缓等缺陷。仅就数字经济的核心产业——数字技术产业（信息产业）而言，统计指标体系完全跟不上产品更新换代的速度。例如，由于产品性能介于笔记本电脑与智能手机之间，平板电脑就很难归类，究竟属于计算机及配套设备还是通信设备？虽然 2010 年问世的 iPad 平板电脑在 2011~2012 年实现了 200% 以上的爆炸式增长，但自 2013 年起逐渐降至负增长，经历了从成长到衰落的完整周期，直至今日平板电脑也未能成为纳入明确统计范畴的产品。同样，产业界翘首期盼可穿戴设备、汽车电子、金融电子、云计算、大数据等热门领域的官方数据，都以失望告终。可以说，当前的统计方法和统计手段已经完全跟不上数字经济时代新产品、新业态、新服务层出不穷的速度，有些产品甚至从亮相到谢幕，都迟迟没有官方数据回应。

更能反映数字经济的市场化数据、第三方数据加入已经是迟早的事情。当前，中国行业主管部门已经逐渐开始参考第三方数据，实现以官方数据为主、市场数据和调研数据为辅的产业运行分析体系。例如，国家宏观经济数据走势经常参考阿里巴巴和京东的电子商务数据以反映商业活跃程度，民政部门需要参考腾讯的社交数据了解民情甚至预判公众行为，在实施“中国制造 2025”“互联网 +”“分享经济”等新兴战略，以及管理战略性新兴产业、信息技术产业等瞬息万变的产业的过程中，政府部门也大量采用了市场渠道和调研数据以掌握最新情况。

信息技术和数字标准化为数字经济的统计奠定了良好的基础。当前，数字经济为经济和社会打造了数字基础，大数据存储技术又为数据的标准化和存储提供了前所未有的便捷手段，这就为构建和完善数字经济相关的官方统计目录提供了可能性。通过网络爬取等方式积累活跃的实时搜索数据，通过海量的互联网应用和移动互联网应用采集和获取垂直领域的经济社会活动数据，通过人工智能和大数据技术实现数据的自我生成和管理，通过计量方法或微观数据调取实现即时的（实时的）、微观与宏观相结合的、既符合管理需求又反映市场活跃方向和程度的科学指标体系。

8.6 企业社会化和社会平台化并存将挑战主流组织形态

企业从“去中心化”逐渐走向社会化。数字经济有利于降低社交交易成本，使企业和市场的边界再次发生变化。如图 8-5 所示，一方面，电子商务平台的发展和社交网络的渗透正在推动企业业务的社会化。据调研，当前已有 34% 的企业认为其业务已经与社交网络产生重要关联。未来，企业仍将充分利用社交媒体和新兴数字化技术，扩展与用户的交互方式渠道，将企业的业务环节和流程与社会整合。另一方面，企业将通过参与和组建产业联盟等社会化组织，推动企业跨界融合创新，弱化企业边界，增强企业生态理念。

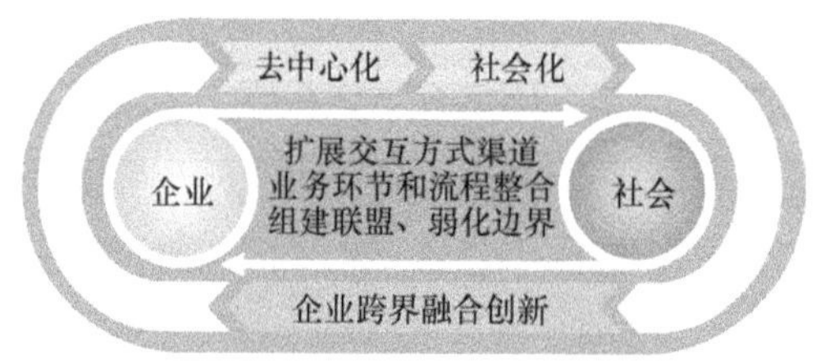

图 8-5 数字经济助推企业社会化发展

同时，社会平台化趋势显现。新兴数字技术将助力分散集中式的平台化社会演进，正如移动办公（BYOD，Bring Your Own Device）正在成为就业和工作的主流形态，信息汇聚的网络化社会服务平台的演进，也将以数字化形式聚合全社会的技术、人才、管理、资本等要素，创新创业并非一定要以企业的形式创立或存续，自由组合的人和社群不断增加，依附网络服务平台的创业和就业成为可能。

8.7 价值链将向有效数字交易和数字化服务延伸

数字经济为全球价值链带来新的价值内容和形式，数字本身的生产、服务和渗透融合也将逐渐形成价值链。一方面，数据成为重要的生产要素，使数字资源本身既具有价值，也具备交易的属性。类似股票和债券市场，数字资源的虚拟价格可以通过市场供需关系决定。当前，中国各地正在探索大数据交易中心发展模式，若要实现数字交易，需要对数字资产的所有权和使用权进行界定，并完成配套的知识产权保护制度革新。同时，由于数字化的普及和广泛存在，如何定义“有效数字交易”也是确保价值实现的重要内容，如图 8-6 所示。

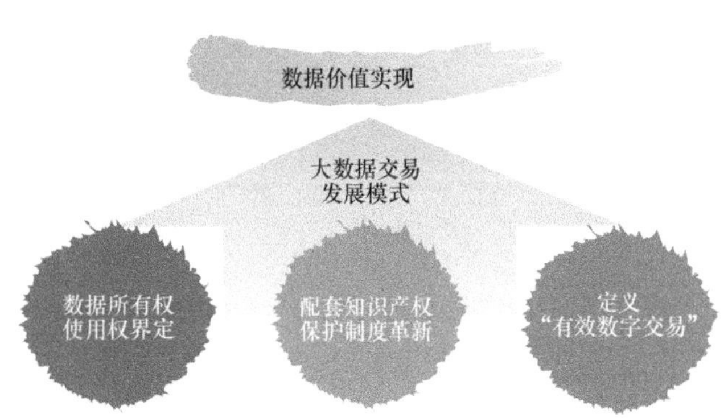

图 8-6 数字交易模式发展实现数据价值

另一方面，数字化服务将逐渐跻身价值链上游。在从消费互联网向产业互联网转型的过程中，数字化将通过深度渗透融合，为广大行业领域创造新的价值，创新型企业的商业化加速，社会知识创造不断涌现，都会使数字化服务的隐形价值逐渐显性化。

8.8 爆炸式信息将成为数字化生存和数字化社会的核心

时至今日，全球的信息仍然在爆炸中。全球 90% 的数据都是在过去的 2 年间创造出来的。2016 年，互联网每天新增的数据量达 2.5 EB（2.5×10^{18} byte）。面对庞大的数字世界，搜索、处理更多、更透明的信息成为提升效率的重要手段，增强信息索取与处理能力也就成为核心议题。信息爆炸对人类索取和处理信息的能力提出越来越高的要求。信息爆炸意味着信息获取的加速，大数据意味着数据形态和存储的无边界，我们既是数字的生成者，也是数字化生存的推动者和适应者，如何通过学习和使用各种数字化手段科学化管理、获取和处理数字信息，将决定人类数字化生存的核心竞争力，如图 8-7 所示。

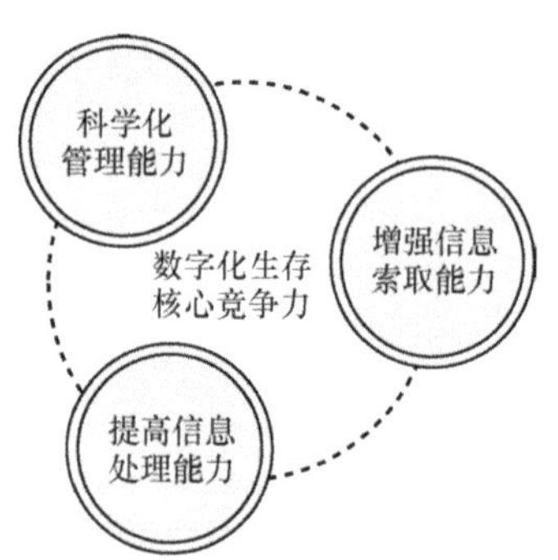

图 8-7 数字化生存核心竞争力

同时，社会似乎又进入另一个此消彼长的“信息不对称”的世界。受限于我们的脑容量、教育水平、心理状态等，爆炸的信息将我们的时间碎片化，将人类的生存状态向机器看齐，生活中无休止地进行工作和娱乐逐渐成为常态，大量搜索和下载无用信息花费了大量时间，结果除了增加数据中心的承载负担，实际上并没有为社会带来真实的生产力或满足感。如何能够从爆炸式的信息中提取更多有益和精炼的决策信息，也是社会进步的重要议题。

8.9 中国将面临数字经济理论和实践的“无人区”

中国被视为全球化和互联网发展的最大受益者。在国家战略部署和市场竞争合作的结合下，中国在互联网时代特别是移动互联网时代实现了跨越式赶超，短短10多年，已经从低附加值“世界加工厂”摇身变为互联网先驱者。展望数字经济时代，中国是否能够继续探索正确的发展路径，赶超和引领全球数字经济的新发展？

从理论看，数字经济发展正在进入“无人区”。数字经济尚未有系统的理论支撑，在这个时期，掌握数字经济发展理论的国家将抢占先机。正如华为认为的，从技术演进规律看，摩尔定律等已经碰到“天花板”，这就需要领先的实践引领理论创新，只有通过不断加强研讨和探索，并有开拓理论创新的勇气，才能从理论上明确数字经济的发展方向、趋势和路径。

从实践看，全球数字经济竞争格局尚不明晰。从中国的互联网发展历程看，在数字经济这样的新兴领域，由于技术变革期的出现和模式创新的不可预期，完全可能发生后来者居上的情况。当前，全球主要经济体都在争相参与数字经济角逐，俄罗斯、印度等新兴经济体也表现出前所未有的热情，未来还可能有来自中东、拉美、非洲地区的国家参与竞争。在实践路径不明晰的情况下，中国必须充分发挥已有的产业体系优势和龙头企业话语权，持续优化市场环境，推动数字经济新业态的发展和落地，才能把握全球数字经济发展新时期的主动权。

参考文献：

[1] 唐·泰普斯科特．数据时代的经济学：对网络智能时代机遇和风险的再思考[M]. 毕崇毅，译．北京：机械工业出版社，2016.

Chapter 9

第9章

加快我国数字经济发展的五大建议：赶超与引领

数字经济作为一种高级经济形态代表着未来发展方向，使信息技术不断创新，它与其他要素的深度融合将成为未来经济发展的重要驱动力，重塑制造优势并加速制造繁荣，巩固支撑创新和未来发展的以制造业为主的实体经济基础。面对数字经济社会形态的全面革新，应因势而谋、应势而动、顺势而为，率先引领数字经济发展，以构建数字经济结构、推动产业跨界融合、培育组织生态为重点，加快推动经济结构的战略性调整，促进经济提质增效升级。

在我国已成为全球第二大经济体和全球互联网大国的情形下，数字经济的发展成为重要的难得机遇。借此契机，我国应借助互联网和实体经济发展成效，加速融入全球数字经济阵地，引领未来数字经济发展。我们认为，我国可以通过统一概念加强意识、占领前瞻研究的主流话语权、建立科学测量统计体系、率先建立跨界管理机制、培育新组织形态等措施，建立面对数字经济的有效应对方式和路径。在数字经济时代摆脱成为“躲在树后的大象”，在未知中把握已知，在赶超中实现引领，通过系统和制度环境建设，真正扎实锐意创新的根基。

本章从 5 个维度展开对我国数字经济发展策略体系的分析，提出切实可行的政策建议，为我国抢占全球数字经济发展新高地提供路径和措施，图 9-1 所示。

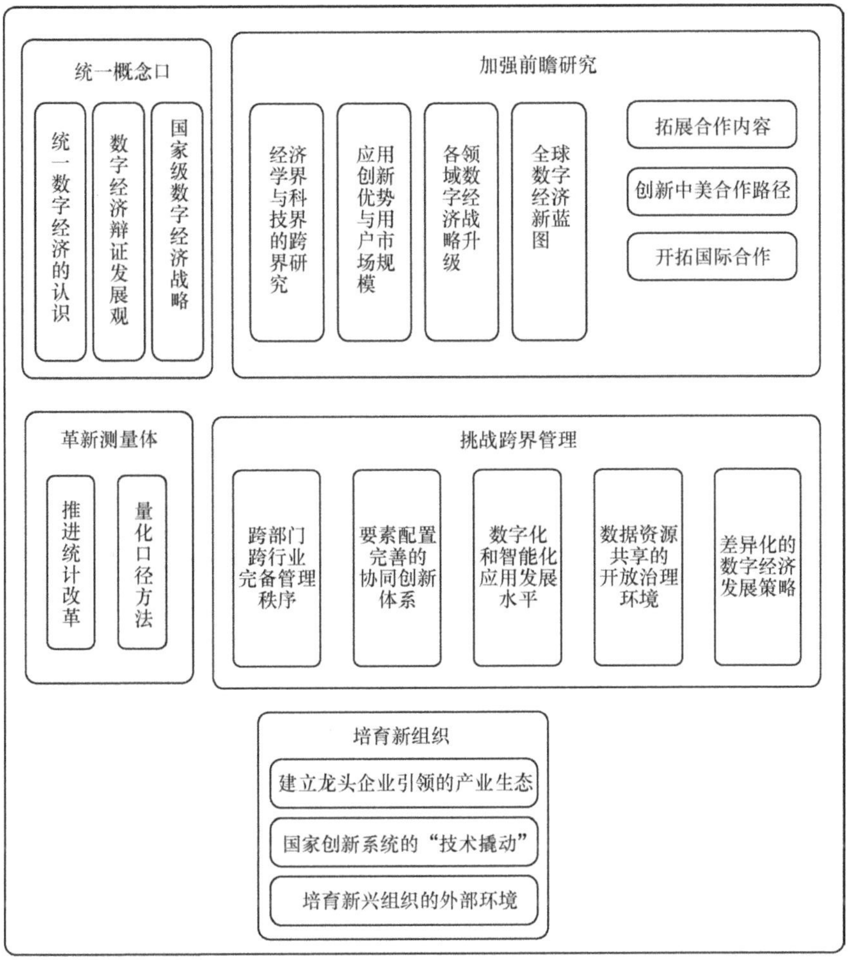

统一概念口
- 统一数字经济的认识
- 数字经济辩证发展观
- 国家级数字经济战略

加强前瞻研究
- 经济学界与科技界的跨界研究
- 应用创新优势与用户市场规模
- 各领域数字经济战略升级
- 全球数字经济新蓝图
- 拓展合作内容
- 创新中美合作路径
- 开拓国际合作

革新测量体
- 推进统计改革
- 量化口径方法

挑战跨界管理
- 跨部门跨行业完备管理秩序
- 要素配置完善的协同创新体系
- 数字化和智能化应用发展水平
- 数据资源共享的开放治理环境
- 差异化的数字经济发展策略

培育新组织
- 建立龙头企业引领的产业生态
- 国家创新系统的“技术撬动”
- 培育新兴组织的外部环境

图 9-1　我国数字经济发展策略体系

9.1　统一概念口径：明确国家级战略的定位

9.1.1　匡正概念内涵：统一数字经济的科学认识

明确数字经济及相关概念的关系。当前，数字经济尚未有明确定义，国内外研究机构和组织纷纷提出不同的理解和定义，对政策执行和公众理

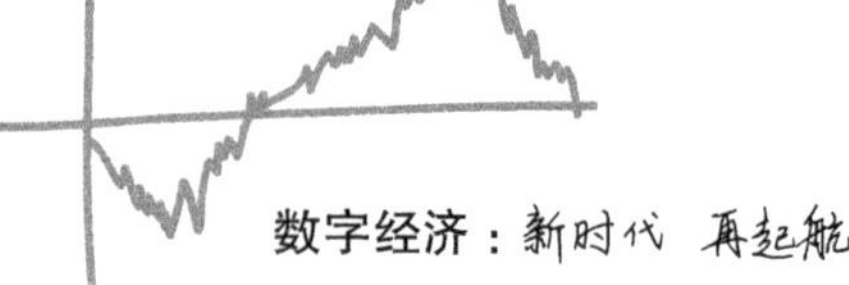

解有较大难度。因此，为提升政策执行一致性和效率，建议进一步界定数字经济的内涵和外延，解释与信息经济、信息技术经济、新经济、网络经济、互联网经济、“互联网 +”、虚拟经济等相关概念家族成员的关系。明确这些概念代表的不同阶段、适用的不同场合，并加强对官方定义的宣传，避免不同层面政策执行机构、非权威机构、公众的误解和曲解。

借鉴“互联网 +”行动文件开篇名义的做法，统一和宣贯概念内涵。国发〔2015〕40 号文件首段即明确了“互联网 +”是“把互联网的创新成果与经济社会各领域深度融合，推动技术进步、效率提升和组织变革，提升实体经济创新力和生产力，形成更广泛的以互联网为基础设施和创新要素的经济社会发展新形态”，概念结束针对“互联网 +”还是“+ 互联网”的争论，将舆论的焦点集中于跨界深度融合的本质上。数字经济的概念内涵一直在变化，也存在“互联网 +”类似的概念之争，应加强第三方研究机构研究和讨论，可参考第 1 章概念内涵，突出数字经济在技术进步、业态衍生、产业革新、经济动能等层面的不同含义，突出融合创新、持续演变、包容开放的本质特性，形成科学的、客观的、可延展的、面向未来的多维度立体概念。

9.1.2　革新发展思维：建立数字经济辩证发展观

树立既要立足数字化的信息技术产业，又要超越信息技术产业的新思维。一方面，数字经济的发展必须以新技术、新产品、新业态的发展为基础，这就需要继续将信息技术产业作为数字经济的根基，持续创新产业业态，持续推进信息技术应用实践。另一方面，数字经济的内涵、外延远超信息技术产业，以信息资源为基础、以信息技术为核心的所有产业形态都属于数字经济的范围。因此，发展数字经济不能自我设限，既要发展信息技术产业、推进各领域信息化，也要扶持电子商务、数字内容、互联网金融、智能汽车等新领域发展。

树立既要重视核心技术创新，又要加强发展模式创新的新思维。一方面，

数字经济的发展是以信息技术为核心的新一轮科技革命发酵的结果。以数据营销、处理、分析等为核心的新兴信息技术进入成熟期，云计算、大数据、移动互联网和物联网的技术、产品、服务从概念萌发期向实际应用期过渡，提供了不可或缺的技术基础，使数字经济的创新发展成为可能。另一方面，模式创新及其与科技创新融合的实践成为数字经济的重要组成部分和特征。

树立既要注重可统计经济规模，又要注重整体发展质量的新思维。传统经济的规模建立在以价格体现的统一价值的统计体系基础上。作为一种新兴的经济形态，数字经济发展对传统统计体系提出了挑战。随着信息技术持续进步，产品及应用的绝对价格呈下降趋势，但实际上，信息及其应用对经济发展质量和社会发展质量的提升作用日益增强。如何革新统计和评价体系，反映整体发展质量的提升，是全面认识数字经济并推动其发展的重要基础。

树立既要提供政策资金支持，又要完善法律机制建设的新思维。一方面，在传统经济中，投资与消费、出口并列为“三驾马车”。数字经济作为一种经济形态，也需要灵活的社会投融资和政策资金支持，提升产业链竞争能力。另一方面，数字经济更需要灵活机动、普惠性、高度自治的体制机制和法律规范。例如，智能制造和工业机器人、服务机器人对劳动力的替代对社会就业与保障措施，无人驾驶汽车对交通事故责任划分，云计算对信息安全保护体系、政务大数据与个人信息整合对数据隐私保护等，都提出了新的要求。所以，必须通过相关政策方向、重点的确定和调整，来提升数字经济的发展高度。

9.1.3 制订战略体系：明确国家级数字经济战略

制定国家级数字经济发展战略，针对数字经济发展的新模式、新业态，制定并落实政策体系，进一步做好政策实施的动态跟踪、研究、评估、完善和法制化工作。进一步加大在人才、投融资、技术创新、模式创新、知识产权保护等方面的政策扶持力度，出台并实施适应数字经济发展特点的税收优惠政策。从国家战略层面制定数字经济发展的相关规划和指导意见，并做好内容与国家其他相关政策的衔接工作。加强国家数字经济发展战略与网络强国战略、“互联网 +”行动、“中国制造 2025”等近期重要国家战略的对接和结合，特别是要时刻反映“十三五”时期我国经济社会真实需求，在跟踪和推进数字经济发展的过程中，不断增强对数字经济的认识，调整和评估政策效果，使规划目标协调、任务衔接，实现优势互补、分工合作、资源共享、协同推进。

9.2 加强前瞻研究：占领理论高地和发展话语权

9.2.1 提升理论认知：开展经济学界与科技界的跨界研究

数字经济是新时期新型经济形态的综合表现，也是实践倒逼理论反思的难得机遇。长期以来，经济学界对是否存在“中国模式”不断进行探讨，由于议题在全球范围的局限性和在主流经济学界缺乏话语权，中国学者也未曾创建中国经济学派并对此建立成套理论体系，或这套理论未能获得主流经济学界认可。数字经济的发展是再次探讨理论的绝佳机遇，也是促成科技界与经济学界合作研究的机遇：（1）我国数字经济相关技术和应用的发展已经处于世界前列，有大量鲜活的案例可供探讨；（2）数字经济是一个全球性的课题，可预测其具有较为持久的生命力和较大的不确定性，具备成为经济学理论重要议题的条件；（3）中国是新制度经济学的重要阵地[1]，应贯彻“真实世界的经济学”的核心要义，将数字经济作为重要的议题展开深入和持续的研究，率先掌握未来经济新形态的本质、趋势和特征。

数字经济诞生于新一轮技术浪潮，也是跨界融合的典型代表。因此，建议经济学界和科技界加强跨界研究，针对当前数字经济的特征、未来全

球数字经济演化形态、数字经济对经济发展模式的影响和意义等核心议题展开深入探讨和研究，抢占全球数字经济研究高地。

9.2.2 紧抓独特优势：发挥应用创新优势与用户规模

中国在成为世界互联网强国的过程中积累了独特的优势，其中，最为突出的就是全球首屈一指的用户市场规模和强大的应用创新能力。作为天生具有“用户缘”的数字经济，由于其近乎零边际成本和长尾效应的特点，规模越大就越受益，因此，与全球主要国家和地区相比，我国应充分发挥10.8 亿移动互联网用户的绝佳优势，以互联网和各领域的龙头企业为依托，加强面向市场的应用创新，将消费互联网时代的优势继续延伸至产业互联网时代。

数字经济的发展既取决于数字化技术创新能力，又取决于实体经济发展水平。在技术层面，我国依然存在基础关键技术薄弱的问题，产业整体发展呈现出应用强、基础弱的“倒三角”形态，亟待着力核心突破点实现由大变强的历史使命；在实体经济层面，较全球平均水平，我国企业信息化程度较低，这也阻碍了经济社会各领域的数字化。因此，正如习近平总书记在网络安全和信息化工作座谈会上讲话的重要指示，要尽快在核心技术上取得突破，“聚天下英才而用之”，才能实现“两个一百年”奋斗目标。

9.2.3 接续战略升级：加速推动各领域跨界拥抱数字经济

“互联网 +”和“中国制造 2025”是我国面向未来 5~10 年发展的重要中长期战略，代表我国对行业跨界融合发展和智能制造等着力点的重视，这些也是数字经济发展的关键核心发力点。未来，我国应在接续“互联网 +”和“中国制造 2025”等两大国家级战略的基础上，继续明确智能制造、互联网跨界融合、互联网创业创新的推进方式和路径，进一步明晰数字经济高效发展的路径和方式，推动各领域跨界拥抱数字经济。

9.2.4 推进改革突破：形成数字经济发展良好氛围和支撑

以数字经济体制机制创新为突破点，通过数字政府打造和提供数字政务服务，提高政府治理水平，通过管理机制和产业政策创新，优化发展环境。重点可考虑推进三方面改革突破。

探索行政管理改革，建立协同高效的治理特区。一是探索构建大部制治理模式和监管机制，使特区具备更高级别的统筹协调机制，从根本上打破部门监管执法与特区属地管辖的条块分割壁垒，破解由数字经济跨界特征带来的多头管理难题。二是探索特区内数字经济分类分级治理模式，使监管模式从事前监管向事中事后监管转变，由被动监管向主动监管转变，由管用户向管平台转变，由管数量向管质量转变。三是探索政府权力清单、责任清单和市场负面清单相结合的市场监管方式，构建促进发展、避免“拦住”“管死”的管理制度。四是探索建立数字经济统计测量机制，形成较为完善的数字经济统计指标体系和统计体系。

探索法规规章改革，建立公平竞争的法治特区。一是确立柔性化的立法理念，重点强化数字经济融合交叉领域的法律引导，着眼于整个经济效率、社会环境和全民福利的提升与改善，不以既得利益群体和结构作为法律裁决标准。二是授予特区单独制定和实施数字经济法规、规章的权力，并明确对于我国现有的与数字经济健康快速发展需要产生冲突的经济政策和法规，在备案后，可不再适用。

探索经济政策改革，建立开放创新的经济特区。一是创新适应数字经济及其细分领域特点的税收政策，建立符合国际惯例的税收制度。二是推进市场准入制度、政府采购制度、投资促进制度等方面的创新，营造更加灵活优化的发展环境。三是建立适合高层次数字经济人才特点的使用、培养、管理、考核和激励机制，营造更具活力的引才、用才、留才环境。四是营造开放的国际市场环境，原则上有序放开具备竞争条件的商品和服务，同时尝试部分放开网络限制，降低数字经济企业“走出去”成本，实现全

球资源优化配置，最大限度获取数字经济开放发展红利。

9.2.5 推动全球合作：全面参与构绘全球数字经济新蓝图

拓展数字经济领域合作内容。推动“中国制造 2025”“互联网 +”战略与美国的“工业互联网”、德国的“工业 4.0”、印度的“印度制造”战略对接，制订和完善各主要国家和地区的数字经济战略。探索建立并加强全球在大数据、物联网、人工智能、虚拟现实、机器人、区块链等新兴技术领域研发合作，构建基于信息网络技术和数字流动的新的全球生产网络，共同引领全球制造业变革，共同推动各国实体经济增长并优化升级。在技术、标准等方面进行合作，成立联合推进组织，召开中美技术与产业交流论坛，进一步拓展双方的合作空间。

创新中外数字经济领域合作路径。数字经济创新方面有许多需要探索的地方，也需要进行较多的政策全作与市场合作。因此，可以建立服务平台和政策体系，鼓励和支持中小企业特别是高科技中小企业进入对方市场并提供优质产品和服务；可以联合探索以在国外设立“互联网特色小镇”等方式，支持中国企业集聚发展互联网业务，探索全球数字经济领域合作新模式。

开拓广泛的数字经济领域国际合作。在“一带一路”倡议下分设现代“数字丝绸之路”议题，形成全球数字经济命运共同体。共同支持发展中国家完善信息网络基础设施，提升信息技术服务数字产业发展水平，共同为发展中国家提供技术支持，培养信息网络和数字经济人才。

9.3 革新测量体系：推进统计和量化工作的科学化

9.3.1 量化口径方法：研究制定数字经济统计口径和量化方法

确定科学的数字经济统计口径与量化方法。由于交叉融合的特性，数

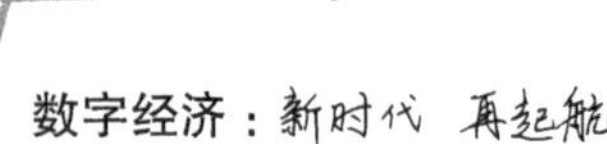

字经济并不能根据现有的统计数据加总，而 OECD 和各研究机构的测算口径出现了较大差异，导致无法精准测量数字经济发展水平。因此，建议参考已有研究方法，由国家统计局与智库合作，科学制定我国数字经济的统计口径和量化方法，推出全球首个国家层面的数字经济统计与量化方案。联合研究建立数字经济价值评估指标体系，研究数字经济基础投入、产出规模和作用效益，全面衡量数字经济对经济社会发展的价值。共同研究和推动数字贸易的统计，更加客观全面反映中美贸易的结构。

9.3.2 推进统计改革：重构适应数字经济的统计和调查体系

革新统计指标体系，推动发展速度与发展质量协同。一是在现有国民经济核算体系上创新指标，突出信息资源、数字化技术和产业、数字经济相关经济活动的价值，科学全面测算数字经济规模。二是建立数字经济统计调查制度，强化统计、监测、分析和预警工作。在现有国家和地方统计调查制度基础上，调整反映经济发展质量的价格体系，鼓励技术创新、模式创新引领的劳动生产率提升。在统计局对全国宏观经济发展情况进行综合评价的基础上，建立与大型数据企业、第三方机构资源的对接和合作，建立全面反映数字经济发展现状的数字经济指标体系。三是建立更加全面的全社会经济效应反馈指标体系，纳入数字经济的协同共享效应具有的正外部性。四是选择有条件的地区或产业园区，建立实时经济运行监测体系的示范区。

9.4 挑战跨界管理：建立完备和自适应的管理规则

9.4.1 增进跨界能力：建立跨部门跨行业完备管理秩序

受限于专业能力，目前实体经济难以借力互联网优势，而管理体制分

割阻碍制造业与互联网跨界融合。因此，应厘清政府与市场界限，加快行业管理部门之间的协同合作，通过构建跨部门协调小组机制、政产学研用协同研发机制、行业资源整合共享平台等产业生态等方式，培育精准化、个性化、实时性的行业公共服务能力和反馈能力，形成数字经济发展的有效管理和服务。

一是以推动技术创新和模式创新融合为目标，发挥企业等创新主体在基础研究、核心技术开发、专利布局、开放性平台建设等方面的作用，与合作伙伴一起构建包含研发能力、工艺水平、营销渠道、客户需求管理、标准体系建设等在内的全向度创新系统。

二是引导鼓励产业界建立跨越现有产业边界的产业创新组织，统合学界、产业界和中介组织优势，建立跨学科、跨产业、跨资源的创新平台。

三是政府应进一步推进科技支撑体系的分类改革，鼓励具备条件的企业和创客主导应用类研发与创新，推动模式创新纳入技术创新评价体系。

9.4.2 推进协同创新：构建要素配置完善的协同创新体系

加强支持和引导多主体协同创新。支持开展以企业为主体的创新活动，组织产业创新联盟，提供创新中介服务，重点发挥数字经济领域龙头企业的示范带头作用，形成以企业为主体、市场为导向、产学研相结合的技术创新体系。鼓励有条件的企业建立技术研发中心，支持大企业采取产学研联合或企业技术联盟等多种方式承接和参与国家科技重大专项，开展产业共性关键技术和支撑工具研发，培育和增强龙头企业自主创新能力，逐步向高附加值的产业链上游拓展。

整合数字资源、市场、技术、人才等各类要素。充分发挥骨干企业、高校、科研院所的创新能力，鼓励和支持企业在云计算、大数据、物联网、人工智能、3D 打印等重点和新兴产业领域开展技术、产品、服务等创新型研究，持续探索新的商业模式。重点支持在数字经济领域推进新产品开发、新服务体系构建、新技术架构升级、新商业模式培育和新开放平台建设。

重视和加强国内和国际知识产权工作。加大对数字经济相关技术、产品和解决方案的知识产权保护力度。在与数字经济相关的重要技术研发、标准制定和产业化应用项目管理和实施机制中，探索引入知识产权评议和知识产权集群管理，推动知识产权全过程管理，并给予一定的引导资金支持。

9.4.3 加快市场培育：提升数字化和智能化应用发展水平

以提升政务效能、促进经济转型发展、改善社会民生为应用主线，以市场应用需求为导向，以产学研结合为手段，整合政府和社会资源，积极发挥数字技术、数字资源在产业发展、经济增长、社会进步中的重要作用，由点及面推进我国数字经济持续快速发展。

充分发挥政府及公共服务部门的引领和表率作用，加强对云计算、大数据等数字技术以及大型数据库、案例库等数字资源的分析和应用，提升政府决策管理水平和公共服务能力。

选择关系国计民生的重点行业和领域，以应用模式创新和商业模式创新为重点，开展试点示范，重点在金融、财税、统计等经济管理领域，医疗、教育、城市交通等民生服务领域，以及信息安全、自然灾害、各类突发事件的预警处置及环境监测保护等社会管理领域开展数字技术和数字资源相关的应用和发展，重点完善数据采集和监测体系，加强大数据分析和应用。

支持和鼓励企业在市场需求明确、商业模式清晰、具备一定基础的领域（如电子商务、电信、金融、能源等）开展云计算、大数据以及移动互联网等方面的应用和普及。

9.4.4 优化治理环境：培育数据资源共享的开放治理环境

按照国家对政府数据资源开放的总体要求，给市场主体创造开放空间，打造自由竞争的环境，加强跨部门间的协同合作，促进公共数据的对外共享。

着力推进国家人口基础信息库、法人单位信息资源库、自然资源和空间地理基础信息库等国家基础数据资源，以及金税、金关等信息系统跨部

门、跨区域共享和脱敏后公开，力争使公共数据的互联互通走在社会前列。

9.4.5 发挥区域特色：制定差异化的数字经济发展策略

区别对待不同区域的数字经济发展路径。一方面，针对广东、江苏、浙江、山东、上海、北京等互联网发展较为活跃的地区，信息技术产业支撑能力更为强劲，经济发展的转型升级需求更为迫切，数字经济向高端化、便利化、智能化发展更为迅速。在此背景下，应当更加注重推动互联网与实体经济的融合，充分发挥优势产业的能动性，将前沿技术变革与产业升级相结合，推动形成数字经济发展的典型案例，总结经验、汲取教训，尽快形成各领域具有特色的可推广模板。

另一方面，针对互联网发展和经济社会发展较为落后的地区，应当进一步增强网络和云的基础设施建设，培育信息技术服务能力，现阶段以学习为主，从信息化开始向数字化和智能化过渡，在优先发展地区的成功经验基础上，结合本地实际形成具有数字经济赶超发展的成功模式和经验。

9.5 培育新组织：激发国家创新和社会创新的共同活力

9.5.1 拥抱主流形态：加快构建龙头企业引领的产业生态

依托不断改革创新，推动形成多层次产业生态。培育壮大具有凝聚力的单一行业领域以及跨界行业领域的领军企业，继续提升我国数字经济的国际影响力和国内发展引领能力。相较国际大型跨国企业，我国龙头企业供应链统合能力较弱，应从以下 2 个方面入手，加快构建我国自主创新的“互联网 +”生态体系。

一是充分发挥各领域龙头企业的带动作用，形成以下游生产需求带动上游供应的良好生态，形成智能化的全产业链协同生产。

二是依托具有国际竞争力的龙头企业及行业联盟，率先建立行业资源整合共享平台，从政策、技术、市场、服务、人才、管理、资金等方面引领行业智能化升级。

9.5.2 发挥国家优势：增强国家创新系统的“技术撬动”功能

加强将系统管理能力建设成为各国政府推进创新的重要举措。推进实施改革方案，变科技管理为创新管理，以产业化为中心统筹创新的各个环节，在国家宏观管理层面把创新、工业和科研结合起来，通过系统性创新提升国家竞争力。切实加快实施创新驱动战略，将“创新”作为着力点，“发展”作为落脚点，核心在于如何建立“驱动”的体制机制。

充分发挥国家创新系统优势，统筹部署相关改革，让科技和经济有机结合起来，真正发挥驱动的作用。创新驱动的核心是科技创新，但必须同步推进制度创新、管理创新和商业模式创新。构建制度环境也要同经济社会领域改革紧密结合起来。政府在完善监管制度基础上，营造宽松发展环境是长久之计，这样才能维持创新的积极性。

从国家层面推动创新驱动的“技术撬动”[2]倍增效应升级。借鉴全球数字经济创新的先进经验，吸收和拓展已被验证的优秀国家创新政策，更新和丰富我国创新政策体系，保持国家创新优势。充分发挥我国近年来在基础科学取得的重要进步，将推进协同创新作为加快创新成果产业化的重要方式，关注将技术突破、共享、转化及市场化等环节连接起来，实现从创新环节向创新链的协同式创新。

9.5.3 引导新兴组织：培育新型社会组织萌芽发展的外部环境

健全政策法律体系，提升适应性、灵活性、普惠性，支持和培育各种新型社会组织形态，推动企业社会化和社会平台化。一是鼓励大众创业万众创新，制定适应众包、众筹、创客的产业政策和投融资政策，为新业态新模式留有较为宽松的试水区，营造鼓励创新创业的配套环境。二是加强

研究智能制造、无人驾驶汽车、云计算大数据等发展带来的社会挑战，形成灵活反应、兼容与可持续的政策法律体系。三是推进全社会信息资源的协同共享，提升信息资源开发与共享的认识水平，制定国家信息资源共享的政策及运行机制，以政府大数据共享共建为表率，建立惠及全社会的“信息共享、协同服务、节约高效”的数字经济社会体系。

参考文献：

[1] 高良谋 . 新制度经济学与中国经济改革研讨会综述 [J]. 经济研究，1998.

[2] 约翰·马修斯，赵东成 . 技术撬动战略 :21 世纪产业升级之路 [M]. 北京 : 北京大学出版社，2009.

www.ingramcontent.com/pod-product-compliance
Ingram Content Group UK Ltd.
Pitfield, Milton Keynes, MK11 3LW, UK
UKHW062004290726
14090UKWH00022B/1385